Conectados

Según las Leyes de la Naturaleza

Michael Laitman

ARI
Publishers

Conectados
Según las Leyes de la Naturaleza

Publicado por ARI Publishers
www.ariresearch.org   info@ariresearch.org
1057 Steeles Avenue West, Suite 532, Toronto, ON, M2R3X1, Canadá
2009 85th Street #51, Brooklyn, New York, 11214, USA

Primera Edición Julio 2014
Impreso en Chile

Traducción: Gloria Cantú
Revisión: Silvana Pisari
Prueba de lectura: Susana Herrera
Fotografía de tapa: Araceli León
Diseño gráfico: Henry Aponte
Coordinador del proyecto: Tal Tzitayat

ÍNDICE

Prólogo

Nuestras vidas giran en torno a las relaciones y conexiones que establecemos con las personas. En última instancia, nuestras vidas son el reflejo de los sentimientos que compartimos. Los cambios en nuestra existencia nos conducen a comprender la importancia de nuestras interconexiones. Cuanto más abrevemos de esta corriente de pensamiento y la cultivemos, más cercanos estaremos de alcanzar el amor recíproco.

Si nos concentramos en las conexiones que existen entre nosotros, podemos experimentar una nueva realidad en un mundo nuevo. Sería una manera de lograr el mundo pacífico, agradable y equilibrado que todos aspiramos.

Debemos permanecer alertas a lo que está ocurriendo entre nosotros. Sin advertirlo, a menudo nos encontramos involucrados en relaciones basadas en el egocentrismo y el odio, dentro de las cuales los individuos son incapaces de tolerarse incluso dentro de las propias familias. Nuestro modo de vida en la actualidad nos está apartando de la realidad, el amor y la consideración recíproca.

Todos nuestros esfuerzos por solucionar las crisis utilizando los instrumentos ya conocidos han fallado; ahora debemos adquirir la sabiduría y también las técnicas con las cuales podremos desarrollar nuevas sensaciones e interconexiones. La vida misma nos está llevando a examinar nuestras relaciones y reconstruirlas. En cierta forma se trata de un renacimiento a una nueva realidad.

Conectados Según las Leyes de la Naturaleza desarrollará en nosotros una nueva perspectiva a partir de la cual intentaremos resolver los problemas a un nivel más profundo, en donde exista la interconexión con los otros. Al solucionar cada problema que encontremos, alcanzaremos el amor, las concesiones y la consideración entre nosotros y los demás, lo mismo que una familia amorosa.

Si abrimos los ojos

Si abrimos los ojos

Sentiremos que estamos todos conectados

Porque nosotros y nuestras conexiones

Son lo más importante en nuestra existencia

Introducción:
Esclavos de los tiempos modernos

Para cualquier persona viviendo en la sociedad del Siglo 21, el trabajo se halla precisamente en el centro de su existencia. La sociedad misma es la que ha creado esta situación, a tal punto que incluso nuestro tiempo libre, esto es, nuestras vacaciones y actividades sociales a menudo se inician y se manejan desde nuestro centro de trabajo, organizadas por las empresas para fortalecer las conexiones entre los trabajadores. Tales eventos pueden incluir desde entrenamiento deportivo, días de campo, viajes organizados, paseos culturales, hasta iniciativas para apoyar a la familia, como guarderías y campamentos de verano. En parte, ésta es la razón por la cual la adicción al trabajo se ha vuelto tan común, particularmente en la clase media.

En épocas pasadas, las personas no estaban tan encadenadas a su quehacer. Se sentían más libres en comparación con la "esclavitud de los tiempos modernos". Hoy en día la mayor parte del tiempo la pasamos en el trabajo, como también en los trayectos de ida y de regreso. Convirtiéndose en la principal actividad y acapara nuestra existencia.

Cuando nos presentan a alguien, de inmediato inquirimos sobre su ocupación y evaluamos a la persona en consecuencia. No le preguntamos "¿qué es lo que te gusta hacer?" o "¿cuál es tu pasatiempo favorito?"; más bien le preguntamos "¿cómo te ganas la vida?", ya que el trabajo juega un papel muy importante en nuestras vidas. Es debido a esto que a muchos de nosotros nos preocupa sobremanera si seremos despedidos en un futuro, y en este caso, si encontraremos otro empleo.

En la actualidad, nuestra perspectiva es ocupada por nuestro empleo. Sentimos temor de la jubilación; dudando si sabremos qué hacer con todo el tiempo libre. No tenemos la más mínima idea lo que significa ser libres, ni siquiera tenemos el deseo de serlo.

Incluso cuando llegamos a casa después del trabajo, durante las vacaciones, continuamos enfrascados en él, leyendo nuestros correos y telefoneando a la oficina. Las comunicaciones modernas nos ayudan a estar en contacto con el sistema, que nos mantiene prisioneros de nuestra vida laboral.

Durante las últimas décadas, nuestra visión de la existencia se ha transformado al punto, que no nos percibimos ya como seres libres. "La libertad" debería significar poder limitar a tres horas por día nuestra dedicación a las labores requeridas para el sustento de la sociedad. De esta forma, podríamos proveer a la comunidad en sus necesidades luego de haber provisto las propias. El tiempo restante deberíamos emplearlo para disfrutar de otras actividades.

Y no obstante, no podemos creer que esto podría ser posible. Pensamos que si no trabajamos no tendremos nada que hacer y nada podría estar más alejado de la verdad.

Este paradigma laboral -trabajo, trabajo, trabajo- no nos favorece como seres humanos. Estamos arruinando y agotando los recursos de la Tierra y estamos sumergidos en este patrón similar al de los infantes que se enfrascan en sus juegos hasta que llega un adulto y les dice: "Ya es suficiente, necesitas dedicarte a otras actividades".

Por desgracia, no podemos abandonar el juego porque nos hemos vuelto adictos. El mundo y la opinión pública nos tienen "enganchados". La sociedad moderna ha creado una realidad basada en conexiones limitadas, cuyo objetivo es lograr metas muy estrechas. Aunados a esta orientación de conexiones limitadas, empezamos a sentir una falta de sentido en nuestra vida, creando una crisis en cada aspecto de nuestra vida personal y social.

Hoy nos encontramos en el umbral de una revolución. La brecha entre el medio ambiente que hemos creado y los imperativos de la Naturaleza están cobrando su cuota. Las nuevas condiciones, dentro de nosotros y de nuestro ambiente, ejercen su presión con una intensidad creciente, transformándonos interiormente y desintegrando los patrones opresivos de la sociedad humana. La Naturaleza nos empuja a salir al encuentro de la siguiente etapa de nuestra evolución como seres humanos y visualizar la vida desde una perspectiva distinta.

La realidad en la que el trabajo acapara la mayor parte de nuestro tiempo está a punto de dar un giro. Cuando esto suceda, las personas no permanecerán ociosas, sino que buscarán otro propósito en su vida. Y en este momento aprehenderemos lo que significa "un ser humano". A medida que se reduzcan las horas de trabajo al mínimo necesario para el sustento, llenaremos nuestras vidas con ocupaciones prácticas propias de nuestro nivel de seres humanos, mediante las cuales estaremos conectados a nuestra alma.

Será este un cambio radical que implicará la reorganización de toda la sociedad humana. Este cambio es obligatorio y tendremos que pasar por este proceso debido a las presiones internas y externas que se harán sentir. Y por iniciativa propia empezar de inmediato a pavimentar el camino hacia un nuevo destino. Cambiará entonces la percepción de nuestra propia existencia, como lo hará la economía. Las industrias se reducirán y pasarán de una superproducción, a fabricar únicamente lo necesario para el sustento de todos.

El trabajo desempeñará únicamente el papel necesario para la supervivencia, y nuestra percepción del desempleo desaforado se transformará. Nuestro tiempo libre se canalizará hacia el propósito primario de nuestras vidas que es dar respuesta a la pregunta "¿Por qué estamos aquí en esta vida?". Esta pregunta se la planteará la mayoría de la humanidad y se convertirá en la cuestión que dará significado a nuestra vida y a nuestras ocupaciones.

Nuestra tarea por ahora es establecer la infraestructura para un ambiente alternativo que nos abra otro camino por el cual conducir nuestras relaciones. Por ejemplo, en la sociedad del futuro, cuando conozca a alguien, no le preguntaré sobre su trabajo o profesión (la especialidad que tiene). No tendrá importancia si se dedica a la tecnología de punta, si es banquero, o mecánico. En lugar de esto, me interesará lo que estudia, sus áreas de interés y el entorno social al que pertenece.

En otras palabras, me relacionaré con ella como el ser humano que es, y no como a un esclavo adjudicado a un "amo", o dicho de otro modo, a un trabajo. Su trabajo perderá la postura de regente de una persona, porque la gente se dedicará sólo a lo que es esencial para la sociedad.

Para adaptarnos a esta imagen del futuro, necesitamos imaginarla y planear cómo pasar de la imagen actual a la proyectada. Debemos transformarnos interiormente, lo que no es tarea sencilla. Supondrá revolucionar nuestras percepciones, sensaciones e impresiones preconcebidas de la realidad, que implica rediseñar nuestros patrones de pensamiento. No existe una revolución mayor que ésta.

Un cambio de esta envergadura afecta la esencia de la vida, la razón por la cual despertamos cada día y vamos a la cama por la noche, los pensamientos que nos invaden durante el día, nuestros logros y cómo los otros se relacionan con nosotros. Incluso la estructura de la sociedad cambiará en consecuencia y desde luego el sistema educativo evolucionará de manera radical para convertirse en algo muy distinto.

Aun cuando desconocemos la naturaleza de este cambio, no obstante, se trata de nuestro futuro. Los pequeños pasos que damos como preparación, gradualmente avanzando hacia éste, nos permitirán hallar la dirección en esta transición y comprender y dar la bienvenida al proceso que empezará a desarrollarse.

Es similar a un infante que da sus primeros pasos en el jardín de niños por primera vez. No tiene idea de lo que le espera. No sabe que todo es parte de un sistema total educativo que lo acompañará por el resto de sus días. De igual forma, nosotros aún no somos conscientes del sistema global y de los procesos que están a punto de desplegarse.

La Naturaleza nos exige que nos equiparemos a ella, esto es, que nos encontremos en equilibrio con ella. En vista de que la Naturaleza es circular, un sistema perfecto y armonioso en todas sus acciones, en forma similar deberá construirse la sociedad humana, circular y en sincronía con todas sus partes. Todos saldremos beneficiados al ser parte de un estado equilibrado, y las conexiones correctas entre nosotros nos acarrearán la bendición de la Naturaleza.

La "conexión apropiada" significa actuar integralmente en cada campo de la existencia, incluyendo la educación, la cultura, la vida familiar, nuestra actitud con la Naturaleza y en cada esfera de nuestra vida. Es la única manera en que podremos esquivar los embates que se avecinan, cuya amenaza ya podemos vislumbrar en la tirantez de las crisis globales de la ecología, la economía, los valores familiares y la sociedad en general.

Ciertamente, se abrirá ante nosotros una nueva perspectiva, colocándonos en camino a la resolución de la crisis mayor que enfrentamos hoy en día. Después de todo, la crisis es tan sólo el punto de contradicción entre la forma en que nos estamos conduciendo y la esencia de la Naturaleza que se presenta como integral en todos los niveles de nuestra vida.

Esta realidad de la Naturaleza apenas empezó a revelarse en el siglo pasado. Previamente, la crisis no era exhaustiva, sino que parecía ser parte de un proceso gradual en el desarrollo y crecimiento de la sociedad humana. Sólo últimamente empezamos a notar que la Naturaleza nos sale al paso, presentándose como una red integral y mostrándonos la incapacidad que tenemos de conectarnos con ella.

Los ímpetus de la humanidad se han vuelto contrarios a la Naturaleza y el contraste lo percibimos como una crisis. Esta es la esencia del problema. La solución es sencilla: necesitamos alcanzar un equilibrio con la Naturaleza, alinearnos con ella. Esta es la meta de los estudios que ahora ofrecemos. Nos queda cada vez más claro que a pesar de nuestra sofisticación, la Naturaleza ganará y este entendimiento es cada día mayor en vista de los problemas que presenciamos en todos los sistemas que hemos construido, que apenas podemos administrar.

En los años venideros, el desempleo se extenderá por todo el mundo. Los afectados comprenderán que la oportunidad de encontrar un trabajo será nula, y al ser eliminados del mercado laboral acarrearán sólo desilusión y frustración.

Sin embargo, este proceso se irá desplegando junto al gran cambio que se aproxima, en el cual el tiempo libre se convertirá en muy cualitativo y los desempleados aprenderán las verdaderas "humanidades", es decir, lo que significa ser un ser humano. Toda la sociedad recibirá esta nueva información que ayudará a la gente a transitar a la siguiente etapa evolutiva.

Con la ayuda de los materiales de estudio integral, entenderemos nuestra situación, el estado del mundo y las razones de todo lo que ocurre. Sin este conocimiento, será imposible alcanzar el nivel de ser humano. La diferencia entre un ser humano y cualquier otro animal es que el Hombre tiene consciencia: entendemos, y conscientemente participamos en la vida. Sabremos en dónde vivimos, en qué forma se nos maneja y cómo debemos operar. A la larga, aprenderemos a actuar como partes integrales de la humanidad, porque así lo dicta la realidad.

Los marcos de estudio se convertirán en nuevas estructuras para todos por una cantidad de tiempo ilimitada. Los individuos se referirán a ellas como a un trabajo, pero a diferencia de la forma actual de pensamiento, descubriremos en los estudios una fuente de rejuvenecimiento constante, como lo hacen los niños.

Las leyes integrales tendrán un impacto poderoso en nuestras vidas. Por ejemplo, una empresa que funcione sin la aspiración de ser nuestro sustento, será tratada como una infección que debe curarse. Esto significa que el sistema ecológico dictamina que conservemos sólo lo que es necesario. Este es un enfoque muy distinto del actual que nos indica: "Tengo deseos de producir algo nuevo, porque creo que se puede vender". En lugar de esto, adoptaremos un rumbo opuesto: entre menos produzcamos y menos vendamos, todo irá mejor. Como resultado, todo se transformará.

En un futuro cercano, se presentará una pronunciada pendiente de desempleo, de escasez de alimentos, y otros problemas que se derivarán de las complicaciones ecológicas que hemos creado. Las tasas elevadas de desempleo provocarán levantamientos que conducirán a la desintegración de los gobiernos y después a la anarquía. Los gobiernos no tendrán otra elección más que colaborar y dividir los recursos existentes. Tendrán que implementar e innovar un proyecto global, similar al que presentamos aquí. De otra forma, la sociedad humana en su conjunto colapsará y sobrevendrá una guerra.

Con la división global de los recursos, la participación económica en la sociedad, ocurrirá sólo de conformidad con las necesidades esenciales de la sociedad misma. Los horarios de los individuos se administrarán por Internet para que puedan trabajar tres horas, aproximadamente, destinadas a satisfacer sus necesidades básicas y poder dedicar la mayor parte de su tiempo -digamos cinco horas al día- a estudios académicos que se apreciarán como si fuera un trabajo.

El desempleado del futuro no será considerado como un marginado, sino que ganará un salario decente y se le recompensará por sus horas de estudio a las que dedicará la mayor parte de su tiempo; esto constituirá su contribución e inversión a futuro en el desarrollo de la sociedad humana.

Nuestros horarios no cambiarán en relación con lo acostumbrado, pero el contenido de nuestro tiempo, así como el tipo de labor que realizamos, se verán transformados. Ya no se dará tanto énfasis al trabajo que sirve para que los individuos busquen la forma de triunfar y sacar provecho. Más bien, el nuevo marco servirá como un "apoyo amistoso", que nos asegure que no seremos lanzados a la calle, sino que continuaremos ganándonos la vida dignamente.

Cada mes, millones de personas pierden su trabajo sin vislumbrar la posibilidad de sustituirlo. A menudo se los envía a recibir adiestramientos innecesarios. Pero en el nuevo esquema de vida, no se ofrecerá trabajo a los desempleados como sucede hoy en día. Más bien, se les ofrecerá una nueva perspectiva del mundo, que l e s prepare el camino hacia la siguiente etapa que nos convertirá en humanos y humanistas.

El problema es que en la actualidad todos quieren ser esclavos, salvo algún que otro magnate que disfruta de su ilusoria libertad y tiempo libre. Las personas sienten que estar preocupados por algo llena su existencia. De otra forma, ¿con qué podrían llenarla?

Una persona que desea sentirse plena, va persiguiendo aquello que le ayuda a realizar su potencial. Puede radicar en la educación, la cultura o la tecnología, pero los individuos quieren ser especiales, expertos en un campo, sentirse seguros y confiados. Piensan que el trabajo les brindará satisfacción y hará las funciones de un círculo social. Todos estamos buscando lo mismo.

Por lo tanto, la gente tendrá muchas opciones con las cuales desarrollar esta nueva existencia integral: en las comunicaciones, en las relaciones humanas, en la tecnología de punta y cualquier área que sirva para integrar a las personas al sistema.

El sistema integral requiere de toda profesión que ayude a entrenar y adaptar a los individuos a este sistema. Las personas pueden volverse productivas y creativas con todo lo que aprendan y cómo lo quieran aplicar. Junto con sus nuevos estudios, de inmediato subirá su nivel de consciencia y percepción general.

Es debido a esto que necesitamos leyes que dictaminen educación y ocupación obligatorias. De lo contrario, en un estado futuro, cuando el 80% de las personas se encuentren sin trabajo -pero de cualquier forma necesiten sustento-, éstas destruirán al 20% restante.

Los apuros financieros no estarán únicamente limitados a los desempleados, ya que los alimentos, la calefacción, el cuidado de la salud y la vivienda son necesidades a las que toda la población debe acceder, no sólo los desempleados; de lo contrario, llegará la violencia. Actualmente las personas ahorran para su retiro, pensando que vivirán con dignidad cuando se jubilen y se sentarán cómodamente en el Caribe a disfrutar de su vejez. Esto no va a ocurrir; apenas si podrán procurarse comida y medicamentos.

El mundo no podrá proveer más que los requerimientos básicos para la vida y deberán organizarse de tal modo que todos puedan acceder a estas necesidades vitales. Sin embargo, serán entregados sólo a aquellos que se unan al nuevo proyecto de trabajo, que se sumen al estudio obligatorio y cumplan con las demandas de la comunidad.

En resumen, en el nuevo mundo, las personas que piensen sólo en sí mismas, ya no podrán hacerle frente. Será indispensable considerar el bienestar de la comunidad entera. Esta es la Ley de la Naturaleza que se manifiesta ahora. La sociedad debe cultivar el cuidado mutuo, es decir que cada persona tome interés en los demás como si se tratara de un cuerpo único, que se preocupa por cada uno de sus miembros.

Ya hemos empezado a sentir lo que representa el cuidado mutuo, el deseo mutuo, bajo la forma de nuestra vida común, la sensación de unión y de participación entre nosotros. A través de esta percepción habremos de sentirnos intemporales porque abandonaremos nuestros deseos personales y experimentaremos aquellos que son ilimitados: los de la colectividad.

El mundo debe construirse a partir de sistemas desprovistos de egoísmo, y todos deben aspirar a esa meta, a un plan único basado en la integralidad de la "garantía mutua", que resulta indispensable para la sociedad contemporánea. Si nos abstenemos de hacerlo caeremos presos del oportunismo y la destrucción para situarnos en un contraste mayor con la Naturaleza. Necesitamos asegurarnos que vivimos como una familia, en un buen vecindario, en una buena ciudad y un buen país: en un buen mundo.

Hoy en día podemos estudiar y captar el proceso por el que atravesamos. Esto ya es muy positivo. No andamos a ciegas en la oscuridad, huyendo del campo de batalla sin dirección alguna. Podemos unirnos, avanzar hacia adelante y lograr mitigar los procesos en los que nos encontramos.

La "Educación Integral" se relaciona con la estructura de la nueva sociedad y el nuevo mundo desde tres aspectos: el mundo, que es la Naturaleza; la humanidad dentro de la Naturaleza; y el ser humano como parte de la humanidad. La Educación Integral explica también cómo hemos llegado al estado actual a través de la evolución de nuestro ego y cómo debemos proceder en adelante hacia una nueva meta común y un futuro compartido.

Capítulo 1
Una crisis o un renacimiento

¿Estamos experimentando los resultados de nuestros errores del pasado? ¿La vida se rige por una ley absoluta, una tendencia universal? ¿Es un proceso inevitable que debemos atravesar y más adelante alcanzar los beneficios?

La verdad es que la palabra "crisis" no es un término negativo. A pesar de que así definimos las situaciones actuales -una crisis económica, una crisis en educación, o una crisis en la ciencia- son aspectos de una crisis global integral y única; una crisis en todas las esferas del quehacer humano. Empleamos el término "crisis" para denotar un problema, cuando en realidad el sentido de la palabra es de hecho "el nacimiento a un nuevo estado"; en este caso, un estado del ser.

Sabemos por experiencia que tendemos a complacernos y permanecer en una zona que nos resulta familiar. Tenemos dificultades para dejar nuestro empleo o bien optar por nuevas situaciones en la vida. El hábito lleva las de ganar y como todos sabemos, las costumbres son difíciles de cambiar, particularmente si son malas. Una vez que el sistema está en su lugar y no necesitamos invertir mucha energía para mantenerlo, nos volvemos perezosos, inclinándonos hacia lo que nos es seguro y familiar.

Sin embargo, si vemos un futuro feliz destinado para nosotros, marchamos hacia él con confianza y alegría, convencidos que la transición resultará sencilla. Pero si ésta se perfila difícil y amenazante -y no podemos ver el futuro- nuestra situación nos parecerá verdaderamente trágica.

Por consiguiente, en primer lugar debemos determinar si nuestra situación es realmente trágica. Imaginen un feto creciendo en el vientre de su madre. Se encuentra allí en un refugio bien protegido cuando de pronto se inicia un proceso muy desagradable: ¡el nacimiento! Tanto la madre como el feto experimentan una gran tensión y la presión se acumula al punto que se repelen y el feto tiene que salir. Traducido a emociones, es como si el feto detestara sentirse dentro de su madre, mientras que ella no quiere o no puede conservarlo en su cuerpo por más tiempo

Entonces, a través del rechazo mutuo, sucede el nacimiento y nace el bebé a un mundo hermoso, lleno de luz; todos le dan la bienvenida como quien ha sido recompensado con una nueva vida en otro nivel. En donde antes hubo unos cuantos gramos de músculos y tejidos creciendo dentro de un organismo, un ser humano ha hecho su aparición. Aún es pequeño, incapaz de percibir su ambiente, pero es el comienzo de una nueva vida.

Este ejemplo es muy similar al proceso que nosotros, como sociedad, estamos atravesando. Es debido a esto que nuestra situación se asemeja a los dolores de parto, justo antes del surgimiento a un mundo diferente. Anteriormente, las crisis no eran tan radicales como para definirlas y relacionarlas con "nacimientos". Las denominábamos "los pasos de nuestra evolución". Tales pasos se han sucedido en la historia de la humanidad, pero la crisis actual es fundamentalmente distinta a todo lo acontecido en el pasado.

Siempre hemos querido descubrir el próximo estado (al darnos cuenta de que algún tipo de revolución en nuestra vida era obligatoria). Podía tratarse de una revolución social, política, tecnológica, o bien, provocada por un descubrimiento insólito, tal como el de un continente hasta entonces desconocido, un arma innovadora, o una tecnología como Internet que nos ha permitido acrecentar las conexiones.

Sin embargo, hasta ahora, no se había presentado una revolución que cambiara tan radicalmente cada aspecto de nuestras vidas y las de toda la humanidad, afectando cada continente, país, familia e individuo.

A pesar de que aún nos encontramos en la etapa prenatal del proceso, no podemos afirmar con certeza cuál es la fase a la que atravesamos. No obstante, sí podemos observar que nos perfilamos hacia el nacimiento. La situación que definiremos como "la crisis prenatal", ejerce su presión creciente en nosotros, tanto colectiva, como individualmente. Es por esta razón que cada vez somos más incapaces de mantener lazos familiares, no queremos casarnos; y si lo hacemos, al poco tiempo recurrimos al divorcio; ignoramos cómo criar a nuestros hijos y no podemos hacer frente a nuestro empleo o a nuestras relaciones sociales. En general nos vemos arrastrados hacia un estado de desorientación y caos.

La razón por la cual definimos el nuevo estado como "una revolución trascendente" o un "nacimiento" de toda la humanidad -y no tan sólo el de un determinado país o sociedad- es que éste se manifiesta alrededor del mundo. Nos señala que estamos conectados y nuestras acciones repercuten en nuestros semejantes. Este es un estado global, que ocurre simultáneamente en todo país y en cada persona. Es indudable que se trata de una situación sin precedentes, pero lo más importante es que no podemos prever hacia dónde nos conduce.

A través de la historia, siempre hemos avanzado para establecer sociedades más evolucionadas, reemplazando una por otra. Es cierto que estos cambios ocurrieron luego de revoluciones y guerras ocasionadas por la religión, los recursos o los territorios. Incluso entonces, siempre tuvimos confianza que marchábamos hacia un estado nuevo y favorable.

Pero si bien en el pasado una parte de la sociedad se conformaba y aceptaba la situación recién lograda y otra parte la rechazaba, o un país advertía el cambio y otro no, hoy en día nadie tiene la menor idea acerca de la naturaleza del estado que se viene gestando. Nunca antes le había ocurrido a la humanidad algo parecido.

Por todo el mundo, adquiere forma el eco de un cambio global. Las variaciones climáticas anteriores ocasionaron las grandes transformaciones de la humanidad, que estimularon las revoluciones.

La era de hielo, por ejemplo, forzó a los pueblos del norte a emigrar hacia el sur, a mudarse de Siberia y Asia y trasladarse a Europa.

Algunos otros cambios fueron resultado de avances tecnológicos o de la resistencia a un cierto régimen gubernamental. Pero ahora, los cambios se suceden simultáneamente, debido a la ecología y la naturaleza del hombre. Ya no podemos hacer frente ni siquiera a tales factores primarios como la continuación de la siguiente generación, o el sistema indispensable para el abastecimiento de alimentos, calefacción, familia, salud, educación. Nos hemos vuelto disfuncionales y lo más importante, no podemos prever el futuro hacia el que se dirigen nuestros pasos.

¿Podemos vislumbrar el futuro? ¿Será posible abordarlo desde la lógica y el entendimiento humano? Una persona prudente mira el futuro, examina y realiza cálculos. De esta forma, el camino será más fácil y expedito, y no caminará a tientas en la oscuridad como un ciego.

Particularmente, ahora que las proporciones son globales, la idea de andar errantes es alarmante.

La noticia de que el mundo es nuevo y está conectado, nos abrirá los ojos para ver la realidad desde una perspectiva novedosa. Ante todo, nos introducirá a l a futura fase de la humanidad y nos revelará la mejor forma para llegar a ella.

Para lograr una transición agradable y fluida, debemos conocer la naturaleza de los cambios que se avecinan, específicamente por qué deben ocurrir, las razones que han causado nuestros fracasos manejando la realidad y los medios para transitar hacia esa nueva etapa.

¿Podemos efectivamente referirnos a nuestro período actual como una crisis prenatal, en la cual la Naturaleza oficiaría de "partera", experimentando la presión humana y de la Naturaleza misma que nos obliga a transformarnos y alcanzar el nuevo estado? ¿Este proceso es natural para el desarrollo humano? Si pudiéramos responder a estas preguntas, ¿sería posible predecir cuál será este nuevo nivel de evolución?

Los pueblos que fueron sometidos a la esclavitud no supieron que su siguiente etapa sería la de una relativa libertad. Pensaron que su condición era la más conveniente. No sentían deseos de pensar de manera interdependiente y estaban dispuestos a trabajar para recibir techo y alimento.

Era todo lo que requerían. El amo cuidaba de sus esclavos para sacar provecho de su trabajo y todo lo que proveía era vivienda, alimentos y salud, obteniendo más ganancia que de lo que invertía en ellos; de esta forma ambas partes salían beneficiadas.

Pero los amos de los esclavos descubrieron que se beneficiarían más si les otorgaban su libertad porque el rendimiento era insuficiente como para sostenerlos en sus propiedades. Si les concedían la libertad, los esclavos tendrían que seguir trabajando, los dueños conservarían su parte, y sería más rentable que mantenerlos como esclavos y darles cuidados. Así fue como la sociedad evolucionó hacia la siguiente fase.

Hoy en día, como en aquella época, avanzamos hacia un nuevo estado. Pero, ¿por qué no lo podemos percibir?, ¿por qué no lo podemos planificar? Tenemos abundancia de personas inteligentes y la vasta experiencia legada por la historia y la ciencia, entonces, ¿por qué andamos a tientas como ciegos o incompetentes? Podemos observar el desconcierto que prevalece en las conferencias internacionales, en cada instituto de investigaciones y en toda universidad. Podemos decir que los sociólogos, psicólogos y economistas no tienen la capacidad para descubrir la solución a la crisis.

Percibimos que algo debe cambiar, tal vez todo deba variar; sin embargo, no sabemos por dónde empezar. No tenemos ni los medios ni la finalidad. Ciertamente nos hallamos indefensos.

El desarrollo social provoca el avance político, así como el de otras distintas esferas de la existencia: familiar, económica, educativa, cultural, científica y tecnológica. Nuestra vida social actual empezó este proceso hace miles de años, cuando nos percatamos que no podíamos suplir aisladamente nuestras necesidades.

Está impreso en nuestra naturaleza crecer, evolucionar, transformar nuestro ambiente, aprender el significado de la vida y descubrir cómo podemos perfeccionar nuestro estado. Es un impulso egoísta. Cada quien quiere una vida más segura, próspera y apacible.

Asimismo queremos ser superiores a los demás. Somos envidiosos, codiciosos y buscamos poder y respeto. En efecto, estas cualidades han motivado nuestro desarrollo y progreso; pero para ello las personas debemos tener una vida social apropiada
Si bien podríamos sobrevivir en los bosques si lo intentáramos, evolucionaríamos como animales. Tenemos casos de personas perdidas en ambientes naturales despoblados que crecieron como animales. Bajo tales condiciones, el individuo adquiere tal aspecto, perdiendo sus características humanas al grado que se torna imposible restaurar su habilidad para socializar y reintegrarse a la sociedad humana. Por consiguiente, a través de las generaciones, nuestro decidido empuje ha sido el promotor de la sociedad y de nuestro ambiente social.

Constatamos que el hombre no evoluciona solo, sino que todo depende de la sociedad, es decir, que desarrollamos a la sociedad y en virtud de ello nuestras propias vidas siguen el mismo curso; somos interdependientes.

Podría decirse que en la actualidad, cada uno de nosotros depende de miles de personas alrededor del mundo. No existe un solo país que no cubra de alguna manera nuestras necesidades tanto de alimentos como de vestido, materiales de construcción, calefacción, refrigeración y todo lo demás que poseemos. Y si la producción interna no es factible, entonces la interacción se lleva a cabo entre países: uno provee la materia prima y otro tiene la tecnología para entregar el producto terminado.

Cuanto más se diversifica el mundo en especialidades, más incide esto en nuestro empleo. Sin embargo, nuestras funciones están conectadas y sincronizadas a los demás trabajadores del planeta. Así es como podemos producir una enorme cantidad de artículos que rebasan el alimento y vestido básicos que fueron suficientes en el pasado.

Al ir evolucionando, fuimos perfeccionando los procesos de producción de alimentos y vestido, por lo que más adelante proyectamos los medios de transporte y otras tecnologías que derivaron en maestrías singulares, como la economía, agricultura y maquinaria, como así también en las artes y la cultura.

Hoy en día, contamos con industrias enteras dedicadas a desarrollar bienes y servicios que no necesitamos, como la del deporte o el turismo; sin embargo, pensamos que no podríamos prescindir de ellas. Un músico famoso puede ganar en una hora de representación lo que un obrero no ganaría en un año o en toda su vida. Valoramos y veneramos mercancías que no necesitamos para nuestro sustento, pero que se han vuelto indispensables.

Si calculamos lo que necesitamos hacer cada día para abastecernos de nuestras necesidades básicas, comparado con todo lo que producimos, constataremos que el 90% de toda esa producción es en realidad innecesaria para nuestra subsistencia. Sin embargo, sin ella sentiríamos que no vale la pena estar vivos, ya que estos artículos pertenecen al nivel humano de la existencia.

Por consiguiente, no cabe duda de que dependemos inevitablemente de la sociedad. Podríamos vivir en cuevas si no tuviéramos otra opción, pero nuestra evolución humana nos obliga a tener mayores aspiraciones.

En la actualidad nos encontramos en una etapa en la que apartar a una persona de la sociedad significa sentenciarla a una vida de infortunio. Podría disponer de lo básico para evitar morir de hambre, pero en cuanto al resto, dependerá de todos los demás. Necesitamos producir todo lo que la sociedad requiere y sólo así recibiremos lo que queremos de ella; por ende, dicha dependencia es un hecho.

En verdad, ¿cuál ha sido nuestro error?, ¿cómo terminamos en esta situación en la que no sabemos comportarnos? Experimentamos crisis dentro de la sociedad y en nuestras propias vidas, porque en este momento sólo percibimos el aspecto negativo de la crisis, sólo los dolores de parto, no así del nacimiento.

Si examinamos nuestro desarrollo y a nosotros mismos como seres humanos, descubriremos que éste último surge de nuestros deseos, del hecho que constantemente aspiramos a más. En épocas pasadas el hombre tenía deseos limitados; quería vivir en el campo, tenía suficiente con unas cuantas vacas, unas gallinas y una parcela de tierra. Al lado de su esposa y sus hijos, transcurrían sus días y sabía que todo esto conformaba su existencia.

Más tarde, crecieron nuestros deseos forzándonos a comerciar para conseguir lo que queríamos, vendiendo nuestros productos en el mercado para poder comprar otros. Por ejemplo, un granjero que visitaba la ciudad y encontraba un arado moderno para labrar la tierra, trabajaría duro o pediría dinero prestado para adquirirlo, y en consecuencia aumentaría su cosecha. Así fuimos avanzando, conectándonos e interconectándonos a medida que nuestro creciente ego nos urgió a progresar.

Toda nuestra historia deriva de este tipo de desarrollo de los deseos humanos. Siempre queremos más porque nuestros deseos crecen constantemente, al adelantarnos en observar a los demás y envidiarlos. Una persona alcanza grandes logros en una empresa en particular, mientras que otros se realizan en otros campos. Aprendemos porque nos motiva la envidia, la codicia, la búsqueda del honor y la voluntad de dominar. Queremos emular de los demás todo aquello que nos beneficie y conseguir tanto éxito como ellos, porque nuestro ego no nos permite sentirnos perdedores.

El desarrollo de los deseos humanos ha sido la causa de todos los cambios y las revoluciones en la historia de la humanidad. Es éste el que ha dado inicio a las guerras para conquistar territorios e imperios. Luego vino el descubrimiento de nuevos horizontes que se aprovecharon, como nuevas zonas de desarrollo. A medida que el comercio y la tecnología se perfeccionaron, aprendimos a procesar la materia en diversas formas. Ahora, al fin hemos llegado a la frontera final: el espacio.

Y sin embargo, a la larga, el progreso y el desarrollo nos han llevado a un callejón sin salida. Empezó a ser evidente durante los años sesenta, cuando los ambientalistas y los sociólogos nos advirtieron que la humanidad se hallaba en suspenso al no poder determinar en qué sentido enfocar el crecimiento futuro. El programa espacial nos ayudó a olvidarnos de ello por algún tiempo, pero también su carrera finalizó prematuramente.

Circundamos la Tierra y llegamos a la Luna, pero ¿y después? No fue de gran ayuda. Todas nuestras esperanzas de encontrar vida extraterrestre, concluyeron al descubrir sólo materia inerte, sin vida, vegetación o animales y ciertamente sin seres humanos.

En lugar de esto, hemos desembocado a una especie de vacío. Hemos evolucionado al punto que no tenemos ya a dónde ir; no vemos en qué dirección podríamos continuar. Nuestra propia naturaleza y la Naturaleza que observamos a nuestro alrededor han dejado de abrirse ante nosotros.

Los pensadores y los científicos de varios campos nos advierten que hemos llegado al final del desarrollo del hombre: de hecho, se han escrito muchos tratados acerca de ello.

El ego humano se infló, evolucionó y creímos que nuestro desarrollo sería ilimitado, que produciríamos otros medios de comunicación, vehículos ¡e incluso nuestros aviones privados! Pero, a la larga, quien prueba todos estos productos permanece vacío y descubre que no le proporcionan la satisfacción prometida.

Todo nuestro progreso ha nacido de nuestros deseos congénitos, que crecían sin cesar. Sin embargo, de pronto han interrumpido su progresión y en su lugar sentimos la decadencia.

Las personas trabajan y gastan todo su salario en ellas mismas. No sienten la necesidad de tener una familia. Se sienten libres, lo disfrutan, mientras sus madres los atienden. Cuando los padres se jubilan viven de su pensión y del seguro social y sus hijos les ayudan y se sienten felices de poder hacerlo.

Hemos construido una sociedad que ha evolucionado a tal grado que podemos comprar comida ya preparada que sólo necesitas calentar en el horno a microondas unos cuantos minutos. Cada individuo tiene su apartamento que no comparte con nadie y cuando envejece allí está el seguro social, el seguro de gastos médicos y los hospitales para cuidarlo. Muchos están convencidos que trabajar duro sencillamente no es redituable.

Nuestro ego ha crecido de tal forma que no podemos conectarnos con los demás, esforzarnos por ellos, atenderlos de la manera que ellos quieren ser atendidos. No sentimos que podemos conectarnos con otra persona a menos que surja algún interés de ayuda recíproca.

Las parejas de hoy administran sus relaciones como una empresa. Ambos trabajan y comparten los pagos. En el pasado, el hombre era el proveedor y la mujer se quedaba en casa con los hijos.

En nuestros días, ambos salen de casa por la mañana para ir al trabajo, llevan a los niños a la escuela en donde supuestamente reciben una educación, los recogen por la tarde de regreso a casa. Allí, cada uno ve por sí mismo. Los adultos comparten los mismos deberes y tareas y no existe diferencia entre el padre y la madre.

Resulta que hemos llegado a un estado en el cual la familia ha perdido su estructura y se ha convertido en una sociedad empresarial y como en cualquier sociedad, debemos examinar si vale la pena conservarla o desintegrarla. Es debido a ello que tenemos tantos divorcios, o individuos que para comenzar no quieren convertirse en socios. El ego creciente nos desaconseja formar parte de una "asociación familiar".

La educación que reciben nuestros hijos es muy diferente de la que nos impartieron. La brecha generacional es tal que es frecuente que se hallen totalmente aislados de nosotros, como si se tratara de una especie distinta. Tienen una educación diferente, otros intereses, y a duras penas entendemos quiénes son, cómo hablan, lo que hacen y lo que les agrada: la conexión entre las generaciones se ha roto.

Esta situación nos hace pensar "¿para qué necesito hijos si no me dan satisfacción alguna y me tratan como a un cajero automático? Es cierto que cuando son pequeños disfruto mucho, pero cuando llegan a la adolescencia pierdo totalmente el contacto con ellos".

En la generación anterior podíamos esperar unos cuantos años para tener nietos a quienes consentir -mientras fueran pequeños- ¡y nos proporcionaban tanta alegría! Pero incluso ahora esto se ha olvidado, porque los hijos no quieren casarse y tener hijos, por lo que no podemos disfrutar de nietos. En este estado de cosas, ¿quién quiere tener hijos? Por supuesto que no lo calculamos conscientemente, pero se encuentra escondido en el subconsciente y concluimos que estamos mejor sin ellos.

Todo es resultado del desarrollo del ego. Demográficamente crecimos muy rápido, pero ahora el ascenso se ha nivelado y de hecho los estudios muestran que las tasas de natalidad en el mundo están decayendo y pronto el número de infantes disminuirá.

Existen aún algunas civilizaciones, como en los países árabes, que por motivos hereditarios y religiosos engendran muchos hijos. Pero en la mayor parte de la población mundial, ha cesado la motivación; y en lugar de tener familias con diez hijos, sólo hay dos o tres niños en cada una.

De la mano de la desintegración de la unidad familiar y el sentido de parentesco, está esbozándose otro fenómeno muy interesante: nuestra sociedad se está conectando. Más allá de que estamos conscientes de que los bancos, la industria y los fabricantes están conectados globalmente y comercializan con materias primas y productos terminados, nosotros nos estamos volviendo dependientes unos de otros en nuestra cultura y educación. No se trata de conocer a través de los medios lo que sucede en todo el planeta; más bien, nos volvemos dependientes unos de otros.

Si esa dependencia es del tipo que reina en una familia armoniosa, nos brindará seguridad y bienestar. Pero si es una dependencia negativa, conducirá al divorcio y lo que es peor, a la violencia.

Pero a pesar de que cada vez detestamos más a los otros y nos repelemos mutuamente a escala global, ¿cómo sería posible divorciarnos si la Naturaleza nos ha encerrado en esta delgada corteza? De hecho somos interdependientes y no podemos divorciarnos, ni podemos huir.

Además, cada día nos estamos volviendo más interdependientes. Antiguamente, cuando mediaba cierta distancia entre nosotros, si teníamos conflictos, en el peor de los casos nos matábamos. Pero con el armamento del que disponemos hoy, cualquier hostilidad mayor puede conducir a la destrucción de todo el mundo. Hoy en día todos dependen de los demás para bien o para mal.

Se trata de un problema mayúsculo porque al mismo tiempo, nuestro ego es más intolerante e intransigente que nunca. Nuestra capacidad de razonamiento está ensordecida debido al odio intenso que priva entre nosotros y vivimos con el temor que si alguien une el armamento a nuestra crueldad, envidia, codicia, deseos de honor y dominio, podríamos terminar por destruir al mundo. Observamos que la Naturaleza nos conduce a la interdependencia ineludible, a diferencia de una familia de la que nos podemos divorciar.

¿Qué hacemos? La única solución es la reconciliación entre todos los "miembros de la familia", en todos los países. Y no lo debemos lograr mediante presión o coerción, sino a través de un compromiso mutuo que nos lleve a complementarnos entre nosotros y con todas las naciones del mundo.

Fuera de esa solución -de la que depende nuestra vida- no podremos reorganizar nuestra vida social y nuestras relaciones como una familia. Debemos examinar lo que cada uno de nosotros necesita para complementar las necesidades de los demás. Tenemos que averiguar qué tipo de educación debemos inculcar los adultos a los niños, para que en la próxima generación encuentren más sencillo integrarse a un mundo bueno, cálido y amistoso. Al mismo tiempo, debemos pensar en cómo evitar los enfrentamientos entre las personas.

Muchos estudios científicos nos han demostrado que el mundo se ha vuelto "circular", conectado e interdependiente y que no podemos escaparnos de él. En realidad, resulta que no sólo no podemos zafarnos de nuestra mutua interdependencia, sino que cada día que pasa los pueblos y las naciones avanzan hacia una mayor colaboración.

Cada vez es más evidente que el aislamiento va en contra del proceso que hemos estado experimentando desde el inicio de la evolución humana hasta nuestros días. Resistirse a las leyes de la Naturaleza nunca ha funcionado. En este caso es incluso peligroso, tanto para el país que lo intente como para el resto del mundo.

Si el individuo conoce las leyes de la Naturaleza pero no las cumple, de inmediato se causa daño. Todas las tecnologías y las ciencias emulan a la Naturaleza. Desarrollamos herramientas para descubrir los secretos que aún guarda para utilizarlos en nuestro beneficio. Podemos deducir que si conocemos y aprovechamos dichas leyes, particularmente las que se refieren a la sociedad y la psicología social, conseguiremos grandes beneficios. De lo contrario, habremos de iniciar un juicio de divorcio que a la larga se manifestará en una guerra.

Es importante resaltar a qué nos referimos cuando señalamos que triunfaremos si observamos de cerca las leyes de la Naturaleza en el nivel humano y psicológico. Se trata de leyes que operan en el interior de los seres humanos, incluyendo la psicología humana y la psicología de la sociedad y la familia. La psicología trabaja para entender la naturaleza y las relaciones humanas.

Cuanto más comprendamos la naturaleza humana y cómo manejar nuestras relaciones, mayor capacidad tendremos para construir una sociedad en donde todos encuentren bienestar y estén dispuestos a hacer concesiones.

Es verdad que cada uno quiere ser el "número uno", pero se puede demostrar que el individuo se beneficia más si trata a los otros como iguales, brindando apoyo a sus pares. Si logramos probarlo, la gente se prestará voluntariamente a las concesiones recíprocas, al entender que no queda otro camino en un sistema interdependiente. De esta forma, estableceremos una sociedad en la cual todos encontrarán satisfacción.

Es evidente que nuestro ego constantemente nos incitará a resistirnos al cambio porque desea tener predominio; pero la opinión pública nos ayudará a combatirlo. Comprobaremos en qué forma el ambiente social afecta y educa al individuo controlando su ego. Por supuesto, la opinión pública puede vigilar que no le concedamos su libertad causando daño a la sociedad. Cuando tengamos el ego bajo control, descubriremos que podemos ganar mucho más utilizándolo de manera que favorezca a la sociedad y que incluso el mismo se beneficiará con esta interacción social.

Nuestra visión de la sociedad y su influencia debería ser el elemento dominante, decisivo, determinante. Debemos aprender qué es el hombre, cuál es su entorno y en qué medida ejerce su influencia recíproca. Estas relaciones se basan en las leyes de la Naturaleza y nosotros somos parte integral de ella.

Es necesario analizarnos y analizar nuestra sociedad humana; de esta forma podremos entender las relaciones interpersonales y cómo manejarlas positivamente.

Es indispensable conocernos, entender por qué evolucionamos así y si podemos o no oponernos a este desarrollo. Es como si la Naturaleza nos llevara hacia algo desconocido pero mejor, por lo que sería conveniente conocer el por qué y después unirnos a ella.

También necesitamos entender por qué no percibimos la imagen del futuro. Después de todo, hasta ahora lo habíamos entrevisto, evolucionando a través de nuestro entusiasmo por descubrir, superarnos y crecer. Hoy ya no es así, sino que nos marchitamos, nos desesperamos y perdemos el deseo de acción.

Parece que este estado también es necesario para despertar el siguiente nivel de desarrollo. Significa que debemos abandonar el estado actual y elevarnos a uno completamente diferente.

La razón de nuestra desilusión, fatiga e impotencia se debe a que no queremos permanecer en el nivel actual. Pero al estudiarlo se diría que lo estamos abandonando, que nos estamos purificando, revistiendo de un atuendo para entrar en ese nuevo mundo; que queremos perder el contacto con el mundo antiguo que ensuciamos y en el que dañamos a los otros, tanto como a nosotros mismos.

Si examinamos lo que podríamos conservar de nuestro mundo actual para llevarlo a un mundo ideal, veríamos que no hay nada que podamos guardar: ni nuestra célula familiar rota, ni nuestras relaciones con nuestros hijos, ni las amistades o nuestros empleos, si es que aún tenemos uno. Al reflexionar en nuestra vida, nos damos cuenta que nos hallamos en una situación lamentable.

Estamos experimentando una situación particular. La investigación nos muestra que nos alejamos de los sucesos actuales hacia un nuevo nivel de existencia. De hecho estamos dando un salto hacia un nuevo grado y naciendo a un nuevo mundo.

Será un mundo con reglas diferentes, que la Naturaleza ya ha comenzado a presentarnos. Nos referimos a las reglas integrales, las leyes de dependencia mutua, el "mundo circular", un mundo de igualdad y unidad. Son leyes a través de las cuales hemos de vivir como una familia saludable.

Pero, ¿será sólo una conjetura que nos estamos encaminando hacia ese mundo?, ¿no será tan sólo un sueño? o ¿será el estado real que le aguarda a la humanidad y al que deberemos llegar, ya sea conscientemente y de buena gana, o por medio de fuerzas que nos obligarán a ello? Si esta es la situación valdría la pena estudiar las leyes del mundo integral, porque entonces sabremos cómo llegar a ese estado de forma placentera y cómoda. Tenemos que estudiar estas leyes porque en nuestro estado anterior de desarrollo, evolucionamos porque la Naturaleza nos empujó por detrás, con nuevos deseos que despertaba en nosotros.

Cuando abramos el portón de esta nueva vida, veremos lo que se presentará ante nuestros ojos. También habremos aprendido los medios a través de los cuales llegamos allí. A diferencia del desarrollo instintivo que tuvimos en generaciones previas, pasando de un estado a otro, de un nivel social a otro y luego a diversos modelos de sociedad, ahora evolucionaremos con conocimiento de causa. Por eso es necesario estudiar las leyes de la Naturaleza. Entonces, al mismo tiempo que reconocemos las leyes, las comprendemos; y estudiando la sociedad humana y a nosotros mismos, pasaremos al nuevo estado.

Es como si nos estuviéramos dando a luz a nosotros mismos. Esta vez deberemos ascender para observarnos, examinar nuestra situación y todo lo que sucede desde una perspectiva más alta. En el pasado nos dejamos llevar por la corriente, aprovechamos las oportunidades que se nos presentaron, nos sublevamos y provocamos revoluciones en el gobierno y en la sociedad. Hoy en día es indispensable elevar nuestro nivel de consciencia por encima de nuestras vidas y observar la Tierra y la sociedad humana desde una perspectiva global; luego, a partir de esto, seguiremos evolucionando.

Esta es la primera ocasión en que la Naturaleza exige a cada uno de nosotros que reconozcamos quiénes somos, el mundo en el que vivimos y el estado hacia el cual dirigirnos. Es la primera vez que se nos pide ser "humanos" en el sentido de saber y aprehender la esencia de la vida.

Por lo tanto, es necesario entender que nuestros estudios tienen como propósito ayudarnos a llevar a cabo una revolución en nuestras vidas y alcanzar un nuevo nivel de perfección.

Cuando investigamos la naturaleza inerte, vegetal y animal, así como al hombre que se encuentra dentro de este marco, encontramos diversas leyes. Avanzamos conforme a ellas y las llamamos "Naturaleza". Somos parte integral de la Naturaleza, no estamos fuera de ella, somos el resultado de su evolución.

La psicología humana, la ciencia del comportamiento humano, forma también parte de las leyes de la Naturaleza. Es una ciencia que evolucionó en los últimos tiempos, hace casi cien años, porque sólo entonces empezamos a sentir que podíamos progresar de una manera única, con toda nuestra consciencia. Empezamos a examinar el dominio del desarrollo, quiénes somos, cómo nos relacionamos con los demás y porqué.

Hasta hace sólo un siglo se escribieron libros describiendo nuestro comportamiento y a partir de entonces hemos comenzado a investigar el por qué de nuestros actos. La psicología es el estudio de las leyes que afectan a la humanidad, dándole sentido a su comportamiento. Por lo tanto, es un importante campo de investigación porque nos ayuda a comprender quiénes somos, quiénes son los demás y cómo podemos construir vidas plenas.

Las leyes de la Naturaleza en el nivel inerte son explicadas por la "física", en el nivel vegetal, por la "botánica", en el nivel animal, por la "zoología" y en el nivel humano por la "psicología". Los niños progresan paulatinamente porque en su interior, su naturaleza pasa por un proceso que acrecienta su entendimiento, cognición y comportamiento, física, psicológica y mentalmente. Esto responde a la ley de desarrollo de la Naturaleza.

Podemos definir las habilidades apropiadas de un infante a determinada edad y las capacidades físicas que debería adquirir. Estamos al tanto de estas mediciones porque ya conocemos la ley del desarrollo, su dinámica y el proceso y no podemos actuar de otra forma porque todo ello constituye la base de nuestro funcionamiento y van a la par de nosotros.

Somos parte de la Naturaleza; en nuestro interior se encuentra una "maquinaria" que nos desarrolla como individuos a través de nuestras vidas y colectivamente a través de la historia. En retrospectiva, podemos sacar conclusiones sobre el porqué de nuestra evolución y lo que nos ha motivado.

Se puede comparar esta evolución a la de un niño, que contiene en su interior partículas de datos en constante expansión, o a un cachorro, cuyo crecimiento podemos anticipar. De igual forma, las sociedades también tienen leyes de desarrollo; las denominamos "sociología". Nuestro mundo está conformado por leyes. En realidad no las entendemos porque son ciencias nuevas, pero entre más aprendemos de ellas más nos percatamos que las leyes de la sociedad son iguales a cualquier otra ley.

Las personas se desarrollan tanto personal como socialmente. Todo esto surge de los datos que están incrustados en nosotros. Las leyes dictaminan cómo construiremos la sociedad de la misma forma en que se construye una persona. A medida que el tiempo afecta estos datos, nos desarrolla como corresponde.

Si alimentamos a un infante y cuidamos de él, veremos que crece año tras año. Sin embargo, no es la comida lo que provoca su crecimiento. El alimento permite el desarrollo de los genes y a través de ellos un niño se convierte en adulto.

Cuando vemos a un recién nacido que procede de una sola célula, sabemos que no fueron los padres que decidieron que así ocurriría, ni se trata de una casualidad. Los padres saben por anticipado que la célula se convertirá en un bebé, y que el bebé llegará a ser un adulto. Todo esto proviene de un gen informativo, de ciertos datos que se encuentran allí presentes. Estos datos reciben "alimento" desde el exterior y se desarrollan. Todo está regido por leyes al igual que todo lo que sucede en la sociedad humana.

La Naturaleza evoluciona, desarrolla e influye a los niveles inerte, vegetal, animal y también al Hombre. Todos hemos evolucionado: primero lo hizo la Tierra, luego llegaron las plantas, después los animales y finalmente los seres humanos. La evolución comenzó con el «Big Bang», y continúa a través de un proceso de integración de sus partes, desarrollándose hacia la unidad, en calidad y cantidad.

Primero, le tocó el turno al nivel inanimado. Después comenzaron a crecer las plantas como seres vivos. Luego evolucionó el nivel animal a tal grado que cada especie lo hizo individualmente. Finalmente el hombre hizo su aparición.

La pregunta es: ¿Existe consistencia, una ley detrás de este desarrollo?

Las leyes están allí; lo sabemos por el pasado. Es posible que no las entendamos, pero las leyes existen.

Observamos la Naturaleza y aprendemos la manera en que nos desarrolla como parte de ella. Por lo tanto, ¿quién es el hombre?, ¿todo nuestro conocimiento nos exenta de formar parte de ella? Existimos en una burbuja que conocemos como "Universo", estudiamos nuestra situación e intentamos descubrir las leyes que rigen a esta burbuja.

La sabiduría de la Naturaleza no tiene límites; apenas si estamos rozando su superficie y la mera profundidad que conseguimos es nuestra llamada ciencia. Y sin embargo, no podemos descubrir el camino a seguir, lo que significa que debemos continuar estudiando estas leyes.

En realidad es muy positivo que nuestro malestar nos incite a estudiar la Naturaleza para mejorar nuestra situación.

En resumen, imaginen que la Naturaleza es una burbuja o una pelota. Existimos dentro de la pelota y en ella hay leyes absolutas que nos gobiernan. Cuando la estudiamos tomamos consciencia de sus reglas. Esta exploración es lo que conocemos como "ciencia". No obstante, queda por descubrir todavía la vastedad de la realidad.

Conocer las leyes de la Naturaleza nos ayuda como colectivo a construir una vida mejor. Tenemos televisión, Internet, lavadoras, secadoras y otros electrodomésticos. Todos ellos son el resultado de los estudios que hemos llevado a cabo con el correr de los años. En comparación con una persona que vive en algún pueblo lejano, bombeando agua de un pozo, cocinando con leña, lavando sus prendas a mano, nosotros tenemos la posibilidad de realizar estas tareas rápidamente y sin esfuerzo. En nuestras casas tenemos electrodomésticos y podemos hacer un sinfín de cosas que no podríamos llevar a cabo si viviéramos en alguna aldea del pasado.

Por consiguiente, la tecnología nos ha dejado tiempo libre para ocuparnos de todo tipo de empresas que no forman parte de nuestras necesidades básicas. La cuestión es: si es así como hemos progresado en la sociedad, ¿por qué hemos terminado con una vida vacía y sin sentido que no nos deja sino depresión, inseguridad y ansiedad?; ¿qué hemos hecho con todo el tiempo libre que la tecnología y el desarrollo social nos han entregado?; ¿cómo fue que en lugar de la vida tranquila del campo -con todo y sus duras tareas- hemos terminado habitando dentro de una selva? y ¿por qué hemos perdido tiempo y energía creando un modo de vida cruel y desconcertante?

Es posible que necesitemos encontrar un estilo diferente de vida. Tal vez debemos abandonar la selva urbana y retornar a las aldeas. En los poblados hoy en día contaríamos con todo lo necesario para vivir, trabajaríamos dos horas al día y pasaríamos el resto del tiempo dedicados a otros menesteres. ¿Sería posible revolucionar nuestras vidas hasta ese punto?

Hasta ahora, hemos intentado presentar una visión de conjunto de nuestra historia, partiendo de la evolución de nuestros deseos hasta llegar a la situación actual. Los deseos que han suscitado el desarrollo humano se han transformado en deseos globales, que nos asedian volviéndonos dependientes unos de otros. Han hecho de nosotros una familia que pasa por una crisis severa, debido a nuestra enajenación. La crisis afecta claramente a la "familia humana". Si creamos un nuevo orden para esta familia, daremos solución a sus crisis. Por consiguiente, no tenemos más remedio que descubrir el entendimiento recíproco a nivel global.

Capítulo 2
De tantear en la oscuridad al desarrollo consciente

¿Qué debemos hacer para ser felices?

La historia nos muestra que nuestras vidas cambian de generación en generación. Antes, las personas habitaban en aldeas o poblados. Vivían y trabajaban en el mismo lugar y en raras ocasiones viajaban. Hoy trabajan en un sitio y habitan en otro y a menudo se marchan por negocios o vacaciones. También se mudan con más frecuencia y no pasan su existencia en un solo lugar; todo se ha vuelto dinámico y sujeto a cambios.

Cualquiera que haya nacido en la primera mitad del siglo pasado y aún está vivo en el siglo 21 es testigo de la transformación del mundo. A diferencia de otras creaciones de la Naturaleza -los animales y las plantas- que difícilmente sufren cambios a través del tiempo, cada generación humana muestra una evolución significativa en todos los aspectos.

Es necesario plantearnos algunas peguntas: ¿Por qué cambiamos de generación en generación? ¿No sería suficiente nacer y continuar como la especie anterior? ¿Cuál será el propósito de dichos cambios, de este desarrollo?

A pesar de que no percibimos la necesidad del desarrollo humano y la dirección que sigue, podemos advertir nuestro crecimiento. Observamos que el recién nacido tiene que crecer para asumir como adulto una vida útil y plena; llenar sus expectativas, cambiar su vida, tener hijos y legarles las posesiones que haya adquirido durante su existencia. Los hijos son la continuación de la vida de sus padres; en cierto sentido son la extensión de ellos. Pero para lograr todo esto, el bebé necesita crecer y obtener conocimientos, fuerza y percepciones que le permitan comprender la vida y alcanzar sus metas.

Es posible que nosotros también sigamos esta pauta. Tal vez podríamos comparar los cientos de miles de años de evolución con la vida de una persona; cada período sería como una etapa del crecimiento del infante.

Sabemos cómo se desarrollan nuestros hijos y cómo proporcionarles el material para impulsarlos, como juegos y ejercicios. Después los introducimos a una sociedad que se encargará de su preparación. Pero en cuanto a nosotros mismos, ignoramos la manera en que evolucionamos, por lo que no notamos cómo se van refinando nuestros deseos, sino que consideramos todo esto como fortuito y casual.

Es como si la progresión de nuestros deseos estuviera ocurriendo al azar. Podríamos compararlo con unos padres que consideran a su hijo con asombro y se preguntan ¿de dónde ha salido este pequeño?, ¿por qué?, ¿cómo lo criaremos?, ¿qué clase de educación le daremos?, ¿tendrá compañía?, ¿lo inscribimos en un jardín de niños?

En apariencia no sabemos nada sobre nuestros hijos. En efecto, ¿cómo crece un bebé?, ¿se desarrolla por casualidad? Los impulsos dentro de ellos no son suficientes para formarlos como seres humanos ya que la Naturaleza de nuestro mundo pertenece al nivel animado. Por consiguiente, somos nosotros los que les facilitamos el conocimiento, los deportes, la música, la educación, y todo lo demás. En otras palabras, les agregamos el nivel humano, el nivel "hablante" dándoles así la oportunidad de crecer en el mundo que hemos creado para ellos.

En contraste, si bien la humanidad evoluciona de generación en generación, no existe nadie encargado de vigilar que lo haga correctamente. En consecuencia, cada nueva generación más avanzada se torna también más miserable, percibiéndose carente y vacía.

Por una parte no cesamos en nuestro deseo de probar nuevas tecnologías en aparatos, pero por la otra nos sentimos tan vacíos que nos preguntamos ¿qué nos ha dado todo el progreso?, ¿qué hemos logrado?

Es verdad, hemos penetrado el espacio exterior, hemos enviado sondas exploradoras a Marte, alunizamos en nuestro satélite natural, pero a nadie le emocionan estas hazañas porque lo tomamos como hechos ordinarios. Podríamos lograr casi todo lo que quisiéramos sobre la faz de la Tierra, pero nosotros no sabemos cómo comportarnos para sentirnos felices. Nos encontramos dentro de una crisis profunda: las familias se desintegran y se disparan los índices de divorcio, los hijos sufren, los padres sufren y la sociedad sufre debido al terrorismo y las drogas. ¿En dónde se halla la alegría, nuestra felicidad?

La depresión es la enfermedad más frecuente en el mundo. Así es que si pensamos en la humanidad como si fuera un bebé, diríamos que no tenemos unos buenos padres que se ocupen de nosotros y nos críen como corresponde.

Si examinamos a la Naturaleza, veremos que se preocupa sobremanera del desarrollo correcto de todos sus componentes. Nosotros mismos, como padres, sentimos un gran amor por nuestros hijos: queremos lo mejor para ellos, entregamos nuestra vida por ellos, imaginando toda clase de sistemas para apoyarlos. De hecho, el mundo entero trabaja para promover a los niños, para que su vida sea mejor.

Pero no lo estamos consiguiendo, a pesar de que la Naturaleza nos ofrece todos los medios para lograrlo. Nos dotó de amor, sin el cual no cuidaríamos de nuestros niños, pero los amamos como los animales lo hacen con sus crías. En otras palabras, la Naturaleza atiende el desarrollo de cada uno de sus elementos y criaturas en forma muy particular. Sin embargo, a pesar de que ella se esmera por hacerlos crecer seguros y en las mejores condiciones -infundiendo en los padres el amor instintivo por su descendencia- y los obliga a cuidar de ellos, los humanos no estamos cumpliendo con estas directivas.

Si examinamos el fruto de un árbol, veremos que en sus inicios es ácido y desabrido. Pero al ir madurando se vuelve hermoso, fragante y delicioso. Es posible que al igual que el fruto del árbol, estemos atravesando por una etapa de maduración. Tal vez somos como una manzana verde, dura y amarga, de la que nadie sospecha que se convertirá en un atractivo fruto, a menos que la experiencia nos lo demuestre.

Lo mismo ocurre con los humanos. Tienen que pasar al menos veinte años para que un infante crezca y se vuelva apto para vivir como adulto, capaz de aprender, de aplicar el conocimiento y dejar su huella en el mundo. Por el contrario, el animal necesita de unas cuantas semanas o meses para alcanzar su total desarrollo. Sin embargo, su progreso es mínimo y permanece con sus cualidades animales, cuidándose por instinto. No puede transformarse ni transformar al mundo.

Podemos concluir que nuestro desarrollo es gradual, como el de un fruto cuyo sabor es desagradable al brotar, pero al crecer se vuelve dulce y apetitoso. Y cuanto más extensas son las etapas de su desarrollo, más complejo será el resultado final y mayores sus alcances.

A partir del aprendizaje que imparte la Naturaleza, podemos inferir que ahora recorremos un proceso muy particular: de generación en generación nos presentamos como una criatura única en sus etapas tempranas de desarrollo; por ese motivo, parecemos tan "amargos" e infructuosos. Sin embargo, cuando lleguemos al final de nuestra maduración está garantizado que seremos dulces y perfectos.

De los cuatro niveles de la realidad, -inerte, vegetal, animal y humano- la especie humana se encuentra en lo más alto. El hombre es la cúspide de la creación. Es debido a esto que su desarrollo toma tanto tiempo y las etapas por las que atraviesa -desde el inicio de su desarrollo hasta el final- son extremas y en su acabado final tiene el aspecto de una especie totalmente distinta de la original. Puestos a considerar la dirección a la que nos lleva la Naturaleza podemos deducir la conclusión correcta sobre nosotros mismos y la actitud que ella nos muestra, pero únicamente podemos ver desde el principio cuál será el final.

Partiendo de la Ley de Desarrollo, nosotros también nos encontramos bajo el mismo patrón, y el propósito de éste es sin duda conducirnos a un estado de perfecta terminación.

¿En que podría consistir este estado perfecto? Si la Naturaleza se encarga de nuestro crecimiento a modo de que cada generación adquiera nuevas sensaciones y percepciones, que entienda cada vez más la naturaleza de la Creación, que ascienda y sea capaz de aprehenderla y regirla, se deduce que con nuestro desarrollo final realmente alcanzaremos el grado más elevado de la realidad.

¿Cómo evolucionaremos y a través de qué medios? ¿Qué fuerzas son las encargadas de esto? Podría ser que el desarrollo fuera parecido al de un niño que crece mediante sus impulsos naturales. Si los estímulos humanos externos están ausentes, el infante crecerá como un animal, sin aprender a manejar dichos medios que la humanidad ha concebido para tal fin. Si aislamos al niño de sus pares, no sabrá cómo comportarse en compañía de ellos, cómo jugar, relacionarse, ayudarles y recibir su ayuda.

Pero si construimos alrededor de ese niño una sociedad como un jardín de niños, escuela, educadores, juegos y padres que constantemente lo alientan, podemos acelerar significativamente su desarrollo. Este estímulo no tomará los cauces naturales, sino que usará incentivos del ambiente que tiren de él hacia su desarrollo. Podemos enseñar a los niños música, pintura, escultura, danza, computación y demás, y de esta forma progresará con estos recursos y no por los naturales.

Por lo tanto, existen dos fuerzas de desarrollo. La primera es a través de la fuerza de la Naturaleza que nos empuja por detrás. La segunda, es esa fuerza que tira de nosotros hacia adelante. Los niños reciben la influencia de esta última si se encuentran en el ambiente correcto.

El mismo principio se aplica a nosotros. Si entendemos que nuestro desarrollo es como el del fruto del árbol -desde estados mínimos pasamos a mayores- entonces tal vez si construimos un ambiente que nos ayude a tomar la delantera, de manera rápida y llana, pasaremos por el proceso de maduración. No tendremos que sufrir la presión, los embates y el sufrimiento, sino que por el contrario el desarrollo se hará mediante métodos favorables como juegos, explicaciones e influencias positivas.

Hoy en día nos encontramos en una situación trágica, una crisis generalizada que la humanidad no sabe cómo manejar. Somos como niños en medio de la habitación, perdidos y abandonados a nuestra suerte sin saber hacia dónde volvernos para buscar ayuda.

En medio de las crisis familiares, educativas, culturales, matrimoniales, generacionales, las drogas, los divorcios, la ciencia y en particular la economía y la ecología, no sabemos qué podemos esperar. Lo único que falta es que en dos semanas se forme un huracán de gran magnitud que nos deje inundados y sin energía eléctrica. Ya no sabemos qué puede ocurrir.

En tal situación, ¿qué podemos hacer para que nuestras vidas se desarrollen en forma correcta lo más rápido posible? Todo depende del ambiente y podemos construirlo de tal modo que acelere nuestro progreso. Nos ha tomado miles de años concebir y desarrollar juegos para los niños, computadoras, música, danza, deportes, etc. Entendemos que lo hicimos por su bien, entonces tal vez deberíamos hacer lo mismo para los adultos.

Cuando queremos el desarrollo rápido de algo, ideamos un dispositivo para acelerarlo. Por ejemplo, una incubadora de huevos. No deseamos esperar mucho tiempo a que los huevos empollen por lo que los colocamos en una incubadora de donde saldrán polluelos saludables sin tener que aguardar que las gallinas lo hagan con el mismo resultado.

En otras palabras, podemos conseguir un desarrollo correcto, evitar toda clase de infortunios en el trayecto y crecer apropiadamente como un niño dentro de una familia que le proporciona los medios en el momento oportuno. De esa forma, el niño no tendrá problemas a medida que crece y sólo tendríamos que reflexionar sobre el medio que lo facilite.

Es a partir de este momento que llegamos a la solución. La crisis actual es global e integral. Esto significa que por una parte, se están formando alrededor del planeta, al mismo tiempo que por otra, esta terrible situación y sus derivados son una muestra de nuestra falta de desarrollo.

En la actualidad, nuestros estudios confirman que somos totalmente interdependientes y nuestra incapacidad para interconectarnos es la fuente de todos nuestros problemas. Esta falta de disposición es la que nos hace la vida miserable, insegura y atemorizante. Algo nos impide relacionarnos apropiadamente, a pesar de que en ello estriba la erradicación de la mayoría de nuestros problemas.

Lo vemos también en el proceso de desarrollo por el que hemos pasado. De generación en generación la humanidad incrementó su integración, cooperación e interdependencia en la educación, la ciencia, la cultura, la industria, etc. Hemos llegado a un estado en que no sólo dependemos unos de otros para nuestra subsistencia, sino que dependemos de los demás en el nivel humano. Pero al mismo tiempo, hemos alcanzado un punto en que no podemos conectarnos con los otros y esa desconexión nos impide crear una vida estable y segura.

En cierto sentido, nos asemejamos a una familia que vive bajo el mismo techo, pero que no se entiende. Sin embargo, a diferencia de esta familia, no podemos divorciarnos porque no existe otra Tierra que podamos colonizar.

Las investigaciones publicadas sobre el tema indican que el camino más favorable de desarrollo es a través de la vinculación, de conectarnos como tortolitos. Si toda la humanidad alcanzara tal grado de conexión, todos seríamos felices. Esto constituye claramente nuestro quehacer: construir un ambiente que nos enseñe a conectarnos apropiadamente.

En nuestros intentos por crear para nosotros el ambiente adecuado somos como niños que comprenden que deben crecer adecuada y correctamente y, por consiguiente, establecer un ambiente apropiado para ellos. Algunos inteligentes irían con el vecino a decirle: "Te pagaremos para que nos muestres lo que es estar conectado, y de esta forma nos sentiremos atraídos hacia este vínculo. Estamos al tanto de que si los otros niños observan tales ejemplos crecerán bien, así que deseamos salir de esta situación a través de tu ejemplo".

Otro ejemplo sería: si quiero ser músico, pero me falta la fuerza para estudiar, necesito un estímulo, alguien que me convenza sobre la belleza de la música. Puedo pagar a unos maestros que vengan a casa, toquen sus instrumentos, me hablen de música, me permitan ensayar, tal vez alguno componga en mi presencia, lo cual dejaría una huella y una impresión profunda en mí sobre la importancia de la música. Al observarlos estaría construyendo el ambiente para mi desarrollo.

Pagarles no es lo importante, lo que cuenta es el resultado. Sería como pertenecer a un equipo deportivo y recibir la influencia de los otros jugadores. Lo más importante para nosotros es la sociedad.

Podemos crear la sociedad nosotros mismos, pero es mejor si la edifican personas con conocimientos. Existen individuos muy preparados, científicos que comprenden el desarrollo humano; sólo es necesario seguir sus indicaciones. Ya nos han dicho que deberíamos organizar un ambiente que influya a todos y a través del cual progresemos positivamente en la dirección correcta de manera favorable y gradual. De esta forma seremos como ese fruto que madura antes de que se presenten las dificultades y nos obliguen a crecer por la fuerza. Nos anticiparemos al desarrollo, lo mismo que el huevo que crece dentro de la incubadora.

Si examinamos el desarrollo del Hombre a través de los milenios, descubriremos que nuestra situación no es óptima. Y sin embargo, sabemos que podemos salir de este predicamento por nuestros propios medios, y no esperar que suceda algo más. En lugar de esperar, podemos escuchar a todos aquellos que dicen que necesitamos de un ambiente apropiado para nuestro desarrollo que nos conduzca a un estado de perfección -etapa por etapa- suave y con fluidez.

Por consiguiente todo lo que necesitamos es este ambiente propicio. En él percibiremos los defectos de nuestra propia Naturaleza: el egoísmo, el rechazo a vincularnos, la pereza, la indolencia e indiferencia. Pero también percibiremos que existen muchas cualidades en nuestro interior que no deseamos desarrollar. Pero justamente, al reconocer este lado negativo comprenderemos que es indispensable crear una sociedad amigable.

Y sin embargo, no es necesario desarrollar cualquier ambiente. Necesitamos crear uno que se ocupe de cada uno de nosotros para que nadie permanezca ocioso y fuera de la jugada. Al igual que los niños se vuelven más inteligentes cuando juegan, nosotros alcanzaremos nuestra forma perfecta y llevaremos una vida plena por medio de juegos dentro de una sociedad que nos aliente.

En ese estado, el ambiente reflejará lo opuesto a lo que sucede el día de hoy. No habrá más divorcios y las personas estarán en buenos términos entre ellas. Los hijos se llevarán bien con sus padres, las relaciones internacionales serán positivas, no habrá guerras, ni armamentos, terrorismo, drogas o deudas. Es imprescindible erigir un modelo de sociedad así que nos influya a todos. Necesitamos de sus valores que nos persuadan, o nos reprogramen para ser similares a ella.

Nos hemos embarcado en el camino que nos lleva por la fuerza hacia el desarrollo. Hasta este momento hemos evolucionado a través del empuje de la fuerza de la Naturaleza y hemos podido mantener el paso o el ritmo de desarrollo. Ahora, tanto el paso como el método dependen de nosotros, de nuestra cognición, del grado en que visualicemos lo que debemos ser en el futuro. En ese momento podremos apuntar hacia este objetivo.

La crisis es global. Nuestro desarrollo se ha detenido y permanecerá en suspenso hasta que estemos conscientes de que en cada nueva etapa del mismo, debemos primero tener pleno conocimiento de causa y cultivar nuestro deseo de alcanzarla. En otras palabras, en adelante nuestro crecimiento no será instintivo, sino más bien sucederá al incrementar nuestro nivel de consciencia en cada fase.

Este es el significado de "encontrarse en la etapa humana del desarrollo", el grado del hablante. Algo nuevo está evolucionando: el entendimiento de la Naturaleza, una nueva meta y la necesidad de aprehender e integrar el sistema de la Naturaleza a nuestra evolución.

En esta última etapa del desarrollo de la humanidad, el "fruto", refiriéndonos a nosotros, debe adquirir la dulzura, el color y la fragancia de la maduración. Todas estas cualidades surgen del fruto mismo, conforme al amor de la Naturaleza por éste. La Naturaleza lo desarrolló como una madre cuida de su pequeño. Debemos alcanzar esa misma fuerza de amor, otorgamiento y reciprocidad. Debemos llegar a la conexión global entre nosotros y con la Naturaleza.

Tal conexión sólo se presenta cuando somos conscientes, cuando entendemos y percibimos ese desarrollo y la manera en que lo experimentamos. No podemos garantizar una vida plena a las personas sin antes elevar sus niveles de percepción y sensación. Deben tomar consciencia; deben saber en qué clase de mundo viven, descubrir a la Naturaleza.

La humanidad no avanzará sin que las personas se tornen sabias, deben saber por qué nacieron, comprender que la Naturaleza nos hace avanzar y hacia dónde nos dirige. De lo contrario, tendremos que sufrir consecuencias nefastas.

En resumen, la Naturaleza nos admite para llegar a la perfección pasando por diversas etapas. Hasta ahora, hemos avanzado a través de fuerzas que nos impulsan. Pero en adelante, avanzaremos sólo tomando consciencia de cómo nos desarrollamos. Podemos mejorar, endulzarnos y acelerar nuestro desarrollo utilizando al ambiente, igual que lo hemos hecho en otros campos hasta ahora.

Los niños se desarrollan a través del ambiente; los adultos lo hacen a través del ambiente, todo se modifica a través del ambiente. Fíjense en los grupos de *Alcohólicos Anónimos*, por ejemplo, o los centros de rehabilitación, o los grupos para perder peso. Al igual que ellos, debemos crear un ambiente que influya a las personas y luego nos desarrollaremos como niños aplicados que han crecido en un ambiente benéfico. Asimismo, estaríamos creando un ambiente propicio para nuestros hijos, para que ellos puedan crecer como individuos felices y plenos.

Los padres -de buena gana- llevarían a sus hijos a gozar de un lugar que les brinde calidez y buenas relaciones, que les ayude a conectarse con los demás, que aliente la apertura y la confianza en ellos sin temor a la violencia o a la crueldad. No existe un lugar así en nuestro mundo, una institución que promueva un desarrollo tan sutil.

Dentro de un ambiente así, los niños crecerán con la habilidad de absorber la información y volverse perceptivos, desarrollarían capacidades inimaginables, puesto que no sentirán que tienen que protegerse constantemente de un ambiente hostil.

Nosotros -los adultos- entendemos lo que significa vivir dentro de un ambiente positivo. Se podría comparar al estado de un bebé en los brazos de su madre, sin sentir sino su seguridad y comodidad. Sólo este tipo de sensación le da al infante el poder de desarrollarse. No tenemos esta sensación y es debido a ello que hemos detenido nuestra evolución.

Así es que por una parte, una crisis puede ser aplastante, pero por otr lado, es como un renacimiento. ¿Qué necesitamos para ser felices? Un ambiente positivo que nos brinde la sensación de bienestar, seguridad y confianza. Un ambiente que nos haga sentir que todo el mundo quiere lo mejor para nosotros y se aflige. Entonces en reciprocidad nos preocuparemos de los demás dentro de un lugar cálido y placentero, un mundo de amor.

Michael Laitman

Capítulo 3
El hombre como producto de su ambiente

¿Hasta qué punto tenemos libertad de elección en el sistema?

La humanidad se encuentra en medio de un proceso de evolución, transmutándose a medida que éste se desenvuelve. A través de nuestro desarrollo de generación en generación -durante miles de años- hemos llegado a una situación muy particular: existimos en un planeta global, dentro de una sociedad conectada. Con nuestro desarrollo hemos adquirido conocimientos, capacidades y el poder de captar sensaciones y percepciones que no poseíamos anteriormente.

Aún nos encontramos en medio del desarrollo y no vislumbramos el fin, pero en breve esperamos ver un resultado positivo. Por consiguiente, examinemos cuál es la particularidad de nuestra situación y lo que debemos hacer para asegurarnos que la transición hacia un esclarecido estado de confianza, prosperidad y bienestar se lleve a cabo sin percances. Al evolucionar, experimentamos numerosos y diversas situaciones que realmente no podemos controlar. Transformamos nuestras vidas conforme a estos estados y procuramos que sean más convenientes.

Cambiamos la sociedad, la vida familiar, la educación, la cultura y las relaciones humanas. Intentamos que nuestras vidas sean tan provechosas y cómodas como nos es posible, porque en la misma raíz de cada uno se encuentra nuestro deseo de disfrutar.

Evolucionamos gradualmente empleando a cada paso cualquier medio a nuestra disposición. Cuando quisimos cambiar nuestro modo de vida, evolucionamos por medio de la ciencia. Estudiamos la Naturaleza y resolvimos aprender de su ejemplo para poder realizar las modificaciones personales en consecuencia. Nos propusimos aprender sobre sus leyes como medida de prevención.

Por ejemplo, estudiamos el clima para entender las implicaciones de cada estación y sus características. Asimismo, investigamos nuestros cuerpos para descubrir el remedio a nuestras enfermedades. De la misma forma, analizamos las necesidades humanas y en consecuencia inventamos accesorios para el hogar que nos facilitaron las tareas: lavadoras de ropa, secadoras, hornos, etc. Así es como nos esforzamos por rodearnos de un ambiente cómodo, a manera de escapar o suavizar nuestras pequeñas miserias y nuestra creciente desolación global.

Además, ponemos todo de nuestra parte para incrementar la calidad de la vida y sacar provecho de cada situación. La naturaleza humana lucha por ello y utilizamos todos los medios posibles para efectuarlo.

Nos desarrollamos por medio de los impulsos que surgen de nuestro interior. A cada momento, en cada etapa, se despliega un nuevo deseo al que hemos de dar seguimiento. Si nos analizamos, veremos que somos igual que niños deseosos de toda clase de cosas a cada instante. Queremos beber, comer, descubrir algo interesante, dormir. Fatalmente, tenemos que trabajar para conseguir el sustento.

Constantemente nos desarrollamos bajo la influencia de diversas fuerzas. Por ejemplo, una de ellas nos empuja hacia adelante, nos obliga a trabajar o realizar ciertas diligencias. Nada es sencillo; los placeres no llegan para satisfacernos como quisiéramos. En un estado futuro, esto será factible, pero por ahora aún no hemos descubierto tal plenitud.

¿De dónde provienen nuestros deseos? Algunos de ellos de nuestra fisiología, de las necesidades corporales que debemos satisfacer tales como alimento, descanso y en el intermedio aprender algo interesante.

Hemos de clasificar nuestros deseos en, comida, sexo y familia, que son básicos y sin los cuales, como miembros del reino animal, no podríamos subsistir. Además, necesitamos los elementos que pertenecen a la especie humana, como dinero, respeto, poder, conocimiento, cultura, educación, religión y tantos otros que hemos desarrollado y son primordiales como la comida, el sexo y la familia.

Sin embargo, con frecuencia estamos dispuestos a sacrificar algo de nuestros deseos por comida, sexo y familia a cambio de una mayor educación, cultura y ciencia. Existen personas resueltas a grandes sacrificios para conseguir dinero, respeto y poder. Poco les preocupa la comida, el sexo o la familia y satisfacen esas necesidades sólo de ser necesario.

Estos deseos de comida, sexo, familia, dinero, respeto, poder y conocimientos existen en todos nosotros en diferente medida y cada uno intenta hacerse cargo lo mejor posible de cada uno. La medida en que se persigue alguno de ellos y la manera en que lo hace depende del ambiente y de la educación recibida. El balance entre la realización de las tendencias naturales en el plano físico y la realización de las tendencias en el plano humano, o "hablante", dependen también del ambiente, el cual determina las que se desarrollarán en mayor o menor grado.

Si ubicamos a un niño en un cierto ambiente, que puede ser proclive a las ciencias, y el infante es tan sólo una "pizarra en blanco", absorberá de éste la importancia de las ciencias y lo honorable de un buen desempeño. A pesar de que casi todas las personas sienten cierta simpatía por las ciencias, el medio puede fomentar esa preferencia en particular. Se deduce que el ambiente puede inclinar la balanza del individuo y desarrollar algunos talentos más que otros.

Si los padres quieren que sus hijos se encaminen en cierta dirección, los llevarán al ambiente apropiado, por ejemplo, clubes deportivos o escuelas de música. Incluso si el niño no se interesa tanto en la música, aprenderá a entenderla y apreciarla por el resto de sus días.

Así ocurre con todo. El desarrollo del infante se produce a través de su ambiente y la capacidad de los padres por llevarlo a cabo será determinante en la dirección que tome, fortaleciendo algunas tendencias más que otras e incluso suprimiendo otros deseos. Así es como al crecer, nuestra libre elección se vuelve limitada, perfilada por el ambiente en el que nacimos y crecimos cuando niños. De adultos, continuaremos en ese camino por el resto de nuestra existencia.

En cuanto a la pregunta, ¿hasta qué punto tenemos libertad de elección? Tenemos un mínimo grado de libertad, pero a fin de cuentas, esa pequeña parte también proviene del ambiente. Nos influyen las tendencias de los amigos que nos rodean, inculcándonos toda clase de valores y preferencias.

Tenemos que entender que también hacen su aparición los "recuerdos" de las experiencias que hemos tenido en vidas pasadas. Son trozos de información de encarnaciones anteriores, a través de los cuales nos desarrollamos. Por consiguiente, no solamente nacemos en una sociedad más avanzada en cada reencarnación, sino que también se desenvuelven nuevas preferencias en virtud de estos mismos recuerdos que nos desarrollan.

Lo comprobamos claramente ahora con nuestros hijos, quienes manejan las nuevas tecnologías con mayor destreza que un adulto. Es como si hubieran nacido ya preparados, con escrutinios y cualidades preexistentes que les permiten percibir y desenvolverse en el mundo moderno. Rápidamente aprenden a operar un teléfono celular, las computadoras y otras nuevas tecnologías, mientras que las personas de mayor edad lo logran a duras penas. Es como si esta nueva generación hubiera nacido ya apta para captarlo todo debido a su naturaleza intrínseca. Abordan estas innovaciones y las conocen como si todos fueran *niños índigo*, aterrizados del espacio exterior en nuestro planeta.

Por todo lo anterior, podemos concluir que guardamos en nuestro interior "recuerdos", genes informativos que evolucionan de generación en generación. Los llamamos "encarnaciones". No es misticismo, sino más bien la descripción de un estado dentro del cual todos estamos interconectados, como estamos descubriéndolo ahora.

Así como existen campos de fuerza física, como los electromagnéticos o los gravitacionales, existe un campo incluyente de pensamiento, un deseo que nos conecta a todos más allá del tiempo y la distancia y nosotros nos encontramos dentro de ese lugar. De esta manera es como comunicamos a los demás la información que hemos adquirido de generación en generación. Nuestros cuerpos, que se hallan en este espacio, absorben la información de manera que la siguiente generación ya viene preparada para la vida en ese nuevo estado, esa nueva era.

Nuestro desarrollo entero se lleva a cabo a través del ambiente. De no ser por éste, no podríamos desarrollarnos, con todo y nuestros recuerdos de vidas pasadas.

Incluso nuestros cuerpos dependen en gran medida de la sociedad en la que nos desarrollamos. El hombre se adapta fácilmente a diferencia de los animales. Los gatos o los perros que han acompañado a la humanidad durante milenios y se han acostumbrado a la compañía de los hombres han cambiado muy poco. Es cierto que ya no pueden subsistir como lo hacen los gatos o perros salvajes, y que su naturaleza es diferente, transmitiendo a su descendencia una actitud distinta hacia el hombre y hacia el ambiente. No obstante, no se adaptan como los humanos. Los individuos que se integran a un determinado ambiente reciben sus impresiones en forma sustancial.

Debido a que dependemos del entorno, esto es lo primero que debemos tomar en cuenta al pensar en la educación: el ambiente como la causa del desarrollo del ser humano, ya que todo su futuro depende de ello. Si nosotros como padres, cambiamos el contexto social de nuestros hijos o incluso el nuestro, cambiamos nuestra naturaleza, deseos y visión de la vida. Por lo tanto, debemos examinar cuidadosamente y pensar hacia dónde dirigimos nuestros pasos, los amigos que nos acompañan y los círculos en los que pasaremos el tiempo, a quiénes "nos entregaremos".

Por consiguiente, necesitamos enseñar a las personas acerca de la clase de círculos, los diversos ambientes que nos rodean, en qué medida dependemos de ellos y cómo conducir su vida por medio de ellos. Si con todos estos ejemplos comprobamos que el hombre es verdaderamente un vástago de su ambiente, entonces es de suma importancia que establezcamos entornos sanos para toda la humanidad. Su creación deberá ser tan heterogénea que cada persona sea capaz de integrase a un medio u otro, en función de las tendencias individuales y la personalidad. De esta forma, el individuo se desarrollará para convertirse en un ser humano completo. Es debido a esto que en materia de educación debemos asegurarnos que tales grupos estén al alcance de todos.

Si exploramos aún más a fondo, veremos que en nosotros existen condiciones internas, genes con los que nacimos y diversas tendencias adquiridas en los primeros años de nuestras vidas cuando estábamos cerca de nuestra madre y más adelante a través del ambiente. Es por esta razón que necesitamos que tanto en los jardines de niños como en las escuelas incluyan materias extra-curriculares para niños pequeños y mayores. Esto garantizaría que cada niño tuviera a su alcance una selección de cursos y hábitat sociales por medio de los cuales expandir su potencial en todos los aspectos. Incluso debemos velar que todos puedan desarrollar las aptitudes en las cuales no se destacan, con el propósito de que se conviertan en individuos de una gran riqueza interior. Son recomendables los estudios de música, literatura, teatro y arte.

El individuo necesita tener una familia, criar a sus hijos, aprender a relacionarse con su pareja y sus amigos en forma correcta, comportarse adecuadamente en el trabajo y en la sociedad en general. Debemos presentar a las personas ejemplos que les mostrarán la manera correcta de conducirse empleando el ambiente correcto. Serán personas sencillas que se esforzarán por alcanzar sus metas.

Dos elementos nos inducen y nos rigen en cada momento de nuestra existencia: nuestras tendencias naturales y la causa principal -el ambiente- y su influencia en estas tendencias naturales. Elegir el hábitat correcto, depende de la enseñanza que recibamos, que nos promuevan a estados más avanzados, mediante los cuales lograr más seguridad, bienestar y el alcance de los niveles elevados de nuestra existencia; de esta manera nos desarrollamos constantemente.

Por lo tanto, el camino para asegurar a nuestros hijos el acceso a una vida mejor -que la siguiente generación esté más preparada y su futuro sea más seguro- es ubicándolos en un medio que los forme y los eduque. Ese ambiente los convertirá en personas que potenciar sus inclinaciones positivas, sin inhibir las menos favorables, sino mejorándolas y acrecentándolas.

Cada uno de nosotros posee la tendencia a actuar desfavorablemente hacia los demás. Las acciones favorables o desfavorables son determinadas por la actitud hacia nosotros mismos y a nuestro ambiente. En lo referente a nuestra actitud hacia nosotros mismos, debemos enseñar a la gente a no causarse daño, particularmente en el aspecto físico, porque a pesar de que por naturaleza nos protegemos, también tenemos algunas inclinaciones autodestructivas.

También es necesario definir nuestra actitud hacia el ambiente, hacia el inerte, vegetal y animal; el ambiente en el que vivimos y debemos mantener. Vivimos dentro de la Naturaleza. El inerte, vegetal y animal son indispensables porque de ellos recibimos todo lo que necesitamos para la subsistencia. Recibimos el alimento de la Naturaleza y dependemos de su clima. Es debido a esto que debemos enseñar a preservar la ecología en su ambiente.

Asimismo, necesitamos educar a las personas para relacionarse con la sociedad humana. Si la influimos favorablemente, esa actitud a la larga se reflejará en nosotros creando un ambiente propicio. Además de eso, necesitamos capacitar a los individuos con profesiones que beneficien a la comunidad y les permitan ganar el sustento dignamente.

Por consiguiente, podemos deducir a partir de nuestra propia existencia, que el tema principal por desarrollar es la educación que nos transformará y permitirá que los adultos y los niños se superen. Cada quien, por sí mismo, no puede promover ningún cambio trascendente en su vida a menos que la sociedad lo induzca. Si la sociedad ayuda y apoya al individuo, si cambia sus valores y determina lo que está bien y lo que no, los deseos de esa persona cambiarán en consecuencia y se fijará nuevas metas personales.

Se deduce que nuestro futuro depende únicamente de la elección que hagamos del ambiente y su construcción; particularmente hoy en día hemos llegado a un punto en el que somos completamente interdependientes y estamos conectados integralmente a lo largo y ancho del mundo. Por consiguiente, las personas a nivel global determinan su futuro. Si un país abusa de otro o si la sociedad es amenazante, esto afecta nuestras vidas y debemos reaccionar ante una influencia adversa.

Es necesario comprender que la dependencia mutua requiere que proyectemos y establezcamos una educación global. Pero antes de esto, todos nosotros debemos entender que a la larga, nuestro futuro depende enteramente de nuestro ambiente.

Una pregunta significativa es si tenemos la libertad de elección para actuar. En efecto, observamos que realmente no la tenemos. Hasta ahora, nos hemos desarrollado a través de nuestros impulsos -los genes con los cuales nacimos- y a través del ambiente exterior, los padres, el jardín de niños, la escuela. Como adultos podemos elegir nuestros cambios, pero su realización siempre pasará a través del ambiente, mediante la elección selectiva de un entorno determinado. Entonces, tenemos libertad de elección, pero se actualiza sólo por medio del entorno.

Hemos llegado a una conclusión todavía más trascendente con respecto a la nueva generación o a la nueva era en la que vivimos. Estamos fuertemente conectados y somos interdependientes en todo el mundo. El ambiente se ha vuelto uniforme. Por ejemplo, si influimos en el clima de un cierto lugar, eso podría desatar un terremoto o un tsunami en otro. O si estalla una guerra en una región de inmediato afectará a otras zonas.

Y en vista de que estamos conectados, no es posible sencillamente integrarnos a esta o aquella sociedad, o a aquel círculo. Más bien, lo que necesitamos es establecer una educación integral, general, global, para todos. Si todos estamos vinculados, necesitamos que la educación y el ambiente sean factores que inculquen los mismos valores en todos los individuos, para que tengamos la capacidad de entendernos. Si bien necesitamos nuestra libertad personal, en última instancia somos tan interdependientes que necesitamos entender y sentir el estar cerca de los demás.

Todo el problema se resume a que no nos entendemos entre nosotros. Es lo mismo que en una familia en donde constantemente existen quejas: "no me comprende"; "no sabe cómo me siento". Sucede debido a la incongruencia entre la gente. No recibieron valores, percepciones, perspectivas de la vida que den preponderancia al entendimiento entre las personas, sin importar que se trate de un extraño. También se requiere de educación para que el otro, no nos parezca tan ajeno.

Si estamos tan cerca y somos tan interdependientes en cada sistema, ya sea cultural, educativo o económico, debemos desarrollar una educación internacional administrada por un organismo internacional. Será el medio que asegure que cada persona en el mundo tenga algo en común con los otros, en perspectivas o en actitudes hacia la vida, la cultura y la educación. De esta forma las personas sabrán aceptar y apreciar a los demás.

Este sentido de aceptación derivará en una vida más segura y nos permitirá llegar a acuerdos que redunden en las relaciones internacionales relativas a la política, la economía y la carrera armamentista. Todo depende de la manera en que establezcamos un marco uniforme de educación para todos.

Necesitamos entender que nuestro ambiente puede erigirse como el problema o como la solución a todos nuestros conflictos, porque esa es la manera en que actúa la Naturaleza. Es por esto que cuando las personas se causan daño a sí mismas o a la sociedad, en lugar de aislarlas en una prisión, deberíamos ubicarlas en un ambiente social particular que las reforme y sean útiles a la sociedad. Este sería un excelente medio para medir en qué forma el ambiente influye al individuo, y conforme a ello, devolver personal individuo a la sociedad, cuando se lo ha reformado debidamente.

Con los niños, siempre debemos analizar, clasificar y unirlos al entorno apropiado según su nivel, edad, personalidad y predisposición. Al determinar cómo los diversos ambientes influyen a los diferentes individuos, cada cual tendrá la posibilidad de realizar todo su potencial. Tenemos a nuestra disposición una herramienta versátil que son los numerosos tipos de hábitat y sociedades. Deberíamos siempre esmerarnos en ubicar a las personas en un medio adecuado que propicie su crecimiento.

Es debido a esto que el entorno es el único elemento que podemos emplear para corregir la corrupción que existe en el Hombre. Necesitamos tomar esa herramienta en nuestras manos y moldear el ambiente con toda la variedad de formas y posibilidades, según la cultura, la educación y

Michael Laitman

costumbres de la nación o civilización que deseamos respaldar. Es así que debemos acercarnos a cada sector de la sociedad humana en cada país y a cada persona.

En un futuro cercano, la humanidad desechará todas las ocupaciones redundantes, salvo aquellas que abastezcan sus necesidades para vivir en condiciones razonables. La gente trabajará de dos a tres horas al día para satisfacer sus necesidades y el resto del día lo tendrá libre.
Estas horas de libertad las empleará para planear los ambientes que beneficiarán a todos. Ya que cada uno de nosotros tiene un efecto en los demás, tomaremos parte en los entrenamientos para que cada uno esté rodeado por la influencia apropiada proveniente de las diversas sociedades y ambientes, que promocionarán nuestro constante crecimiento.

Cuando cultivamos frutas y verduras en un invernadero, nos preocupamos por procurarles las condiciones necesarias, combinándolas para que crezcan para que el resultado sea un producto hermoso y de buen sabor. Tendremos que aplicar el mismo proceso en nosotros mismos y en nuestros hijos. Ésta será la ocupación principal del hombre en la nueva era.

Por esta razón la crisis no es negativa, sino más bien positiva. Se trata del nacimiento de una nueva sociedad, una nueva humanidad. Dentro de ella, empezaremos a proyectarnos en un nuevo nivel de conexión, implementando el potencial total que existe en cada uno de nosotros.

Avanzamos hacia la unión y el entendimiento recíproco, que concibe a la humanidad como a una sola persona, con todos los órganos en esa imagen colectiva complementándose unos con otros. En algún momento, llegaremos a un estado en que todos seremos como una sola entidad.

Cuando lleguemos a eso, descubriremos una fuerza en la que sentimos que vivimos dentro de una percepción colectiva y no en la percepción personal, interior de cada uno de nosotros. En tal estado, también experimentaremos la vida de los demás; todos serán cercanos a nosotros y entenderemos mejor sus sentimientos. Nos integraremos a ellos.

En este momento la vida no será más la experiencia de un solo individuo, sino será como si viviéramos y respiráramos junto a toda la humanidad. Por lo tanto, abandonaremos nuestra pequeñez para encaminarnos a la grandeza y magnificencia de la Naturaleza. Empezaremos a experimentar la vida desde una nueva dimensión denominada "el nivel hablante" como si fuéramos una especie nueva.

En el nivel del hablante, la percepción del mundo pasa de la estrechez personal del egocentrismo a una abierta y global. Con el nuevo lente empezaremos a observar un nuevo mundo como si lo viéramos a través de toda la humanidad. Cuando lo miramos de esta manera y descubrimos una vida que no depende sólo de nosotros mismos, sino de todas las personas, trascendemos hacia la sensación de la vida fuera del cuerpo.

Por medio de este ascenso, llegaremos a un estado especial. Incluso ahora vivimos fuera de nuestros cuerpos, con nuestras emociones, deseos y pensamientos que recibimos del ambiente y que nos son propios. A pesar de que se encuentren en nuestro interior, nosotros consideramos que se encuentran "fuera del cuerpo", porque vivimos como nos dijeron que debíamos vivir, pensar, sentir y ser. No tenemos consciencia de cuán diferente sería nuestra percepción del mundo si viviéramos en un ambiente distinto, como por ejemplo en un bosque.

Existimos dentro de un patrón que la sociedad nos ha infundido mientras crecíamos y nos desarrollábamos, y así es como percibimos el mundo. El ambiente nos da una cierta visión de éste, forzándonos a contemplarlo de cierta manera. Hoy en día es difícil advertirlo porque estamos entremezclados a lo largo y ancho del mundo. Sin embargo, notamos que nuestros valores cambian según el lugar donde habitamos. Las personas piensan en forma diferente a nosotros y perciben la vida de otro modo. No ven lo mismo que nosotros, porque advierten una realidad distinta a la nuestra.

El problema es que no nos entendemos. El esposo o la esposa, a menudo se quejan que el otro no la/lo entiende. Es verdad, no comprendemos a nuestra pareja porque no recibimos la educación adecuada; nunca nos enseñaron a vivir en familia.

A los varones jóvenes no les enseñan lo esencial acerca de las mujeres.

¿Cuáles son sus necesidades? ¿Cómo es su personalidad? ¿Su visión de la vida es diferente a la del hombre? ¿La entiendo? ¿Quiero llegar a entenderla? ¿Soy considerado con ella? ¿Tengo capacidad para ser considerado? Después de todo, el mundo de la mujer es totalmente opuesto al del hombre. Ella vive en su propio mundo.

Como a los hombres no les enseñan los patrones internos para entender a las mujeres, no pueden tener tales consideraciones con ellas y comprenderlas. Los encuentros terminan siempre en un choque: cada uno intenta vivir con el otro, pero ninguno en realidad entiende o se fusiona con el otro. Esta es la gran falla de nuestra educación: cuando vemos las tasas de divorcio y el número de personas que evitan el matrimonio.

El mismo problema existe cuando se educa a los niños. No sabemos cómo relacionarnos con ellos. Observamos con cuanta crueldad algunos padres tratan a sus hijos porque no los entienden. Los padres deben educar, formar la psiquis del niño con la que ellos van a transitar por la vida. Es por estas razones que la educación debe ocuparse de estos temas.

Durante cientos de años, hemos evolucionado al azar. Esto es, no hicimos nada para darle una dirección. La psicología, la ciencia que trata sobre la naturaleza humana, el mundo interior del hombre, hizo su aparición hace apenas unos cien años. Antes de esto, no pasaba por nuestra mente aprender o controlar nuestro desarrollo. Evolucionamos como los animales: al azar. Sólo en nuestros días hemos llegado a una situación en que no tenemos otro remedio sino estudiar la naturaleza humana, la sociedad, el ambiente, cómo formar al hombre y lo que tenemos que hacer con nuestras vidas.

Por consiguiente, cuando hablamos acerca de la vida fuera del cuerpo, no nos referimos a nada de tipo místico, sino a valores y puntos de vista que recibimos de los demás. Cuando podemos observar el mundo a través de los ojos de los demás, podemos comprenderlos. Esto es lo que necesitamos aprender.

Es muy complicado para los hombres percibir el mundo a través de los ojos de la mujer, pero debido a que aún vivimos en familia, es necesario procurar un buen ambiente en el interior de ella. Debemos preparar a nuestros hijos para la vida y ayudarlos a comprender la psicología del sexo opuesto, no solo cómo vivir juntos, sino cómo gozar de esa experiencia.

A través de esta fusión, anexaremos la otra mitad del mundo. Cuando podemos agregar algo fuera de nuestros cuerpos, a eso lo llamamos "vivir fuera del cuerpo". Así es como nos construimos.

Hasta nuestros días, hemos evolucionado dentro de nuestros cuerpos, con una vida en verdad egocéntrica, satisfaciéndonos todo lo que podemos e ignorando las opiniones, pensamientos y perspectivas de los otros, tanto como nos es posible. Hoy las crisis que enfrentamos nos empujan a fusionarnos con los otros y aceptar su visión, o "su interior" como si saliéramos de nosotros mismos para incluirnos en los demás.

Al lograrlo, nos apropiaremos de las capacidades del resto del mundo, de sus deseos y pensamientos. Por lo tanto, nos volveremos como el resto del mundo, como si emergiéramos de nuestro propio cuerpo, adquiriendo la habilidad de percibir la realidad entera.

Se ha abierto un espacio para una nueva dimensión, un lugar para una sensación completamente nueva, ver y sentir la realidad -no a través de la estrecha percepción personal- sino a través de las sensaciones y percepciones colectivas: el cúmulo de toda la gente.

Cuando me acerco a los demás, recibo la educación de esa sociedad con toda la riqueza que posee. Adquiero la habilidad de ver la vida a través de sus multifacéticos intelectos y emociones, ya no sólo a través de los míos, sino a través de todos esos seres dentro de mí. Me incluyo en este grupo y advierto un mundo mucho más pleno que el que veo ahora. Esto es lo que llamamos "vivir fuera del cuerpo", fuera de mi ego corriente.

Se nos presenta aquí la oportunidad muy especial de expandir nuestras percepciones emocionales e intelectuales. Si yo formo parte de los otros, sintiendo lo que ellos sienten y pensando lo que ellos piensan, amplío mis habilidades mucho más que si permanezco como una persona común y corriente.

Nuestra percepción general depende enteramente del número de discernimientos que hacemos y su propósito. Este número de discernimientos depende de los opuestos que tenemos, los contrastes que detectamos en las cosas, y la forma en que los empleamos como elementos de construcción, como bloques de *Lego*.

Por consiguiente, analizamos de qué está hecho todo y cómo esta complejidad difiere de otras complejidades. Me enriquezco cuando absorbo las emociones de los otros y los incluyo dentro de mí. Me convierto en una colección de opuestos, mediante lo cual empiezo a percibir el mundo de una manera versátil que comparada a mi percepción superficial anterior, siento como si hubiera pasado a otra percepción.

Esta es verdaderamente la psicología de una nueva percepción, un nuevo mundo. Con ella trascendemos los límites del cuerpo, las fronteras del tiempo, el espacio, el movimiento, porque nos hemos incluido en toda la humanidad, adquiriendo las emociones colectivas y todas sus percepciones, como una inteligencia única operando en toda la humanidad.

Empezamos incluyéndonos en los otros y descubriendo sus sentimientos colectivos y sus percepciones, que en realidad llegan hasta nosotros desde la Naturaleza. Tenemos la capacidad de llegar hasta aquello que se esconde dentro de la Naturaleza, "el corazón y la mente", desde donde surge todo el desarrollo en este mundo. Al avanzar en esa dirección, retornamos al mismo lugar, la raíz desde donde emergió toda la cadena de los niveles inerte, vegetal, animal y el de nosotros, el *hablante*. Volvemos al principio de la evolución y de esta forma cerramos el círculo.

Es por esta buena razón que la Naturaleza nos empuja a la conexión mutua, casi hasta el punto de perder nuestra individualidad. En verdad, no la perdemos, nos elevamos por encima de ella. Nuestra individualidad es corporal, animal y sólo presta atención al cuerpo para que exista tan cómodamente como sea posible durante el tiempo que se le conceda. Pero el propósito de nuestra evolución es elevarnos por encima de las perturbaciones de nuestro cuerpo y avanzar hacia una preocupación general que nos provea de herramientas totalmente diferentes para vivir fuera de nuestro cuerpo. Es por este motivo que nos referimos a "salir de nuestro propio cuerpo".

Al elevarme por encima del ego hacia el cuidado del colectivo, descubro el proyecto y el propósito de la creación, la intención de la Naturaleza. Allí nada evoluciona al azar, sino que todo se apega a un plan. Puedo comprobarlo en el instante que asciendo a una visión integral. Es como si cambiara mis gafas por unas "circulares" e integrales con las cuales puedo ver toda la Naturaleza.

No es que reciba de la Naturaleza algo para mi propio cuerpo, como comida o reposo. Ya he dejado este nivel atrás; ahora, miro la vida sin tomar en cuenta a mi cuerpo. Miro a la Naturaleza como si no estuviera en mi cuerpo. Juzgo, examino y escudriño la vida con la mente y el corazón de toda la humanidad. Es un grado completamente diferente al que existo ahora.

Por ahora soy tan sólo como cualquier otro animal. Un poco más desarrollado, pero no es seguro que sea para bien o para mal. Pero cuando me fusiono con el resto de la humanidad, llego a una nueva dimensión. Cualitativamente cambio mi percepción del mundo en el que existo y este cambio se convierte en mi mundo real. Ya no miro la vida a través de mi hendidura angosta y egoísta, buscando lo que me beneficie para poder tomarlo desde una rendija en la pared: algo de comida, reposo, otros placeres y se acabó.

En lugar de esto, salgo de esa hendidura y vivo fuera, en el mundo. Y allí en el mundo exterior, la perspectiva es totalmente diferente. Ya no se presenta a través de un filtro egoísta marcado -"¿qué me conviene?"- con el que sólo veo lo que me beneficia o lo que me daña. Más bien, veo el mundo a pesar de mí mismo. A esto se le llama, "la nueva dimensión", "la dimensión del *hablante*". Descubro "la mente y el corazón" que existen en esta dimensión, como un estado iluminado fuera de mi cuerpo, fuera del muro. Salgo de la fosa y descubro el proceso entero, el propósito mismo de la creación.

Actualmente, sólo descubrimos una fracción de lo que puede existir más allá del muro, a semejanza de la materia oscura del universo. Sin embargo, a pesar de que no podemos percibirla, la materia oscura constituye más del 90% de toda la materia que conforma el universo. De igual forma, no hemos descubierto la mente y el corazón incluyente del universo.

Los científicos a menudo hablan sobre ello. Los cosmólogos dicen que esta mente y corazón es algo inmenso, pero no podemos percibirlo, al igual que los sonidos que no podemos oír con nuestros sentidos naturales, porque provienen de una dimensión por encima de la nuestra. Y sin embargo, a través de nuestros nuevos sentidos globales, descubriremos esa dimensión.

En resumen, podemos dividir el proceso por el cual hemos atravesado en dos etapas. La primera es la que hemos experimentado hasta ahora, evolucionando al azar sin emplear el ambiente para monitorear nuestro crecimiento. Pero ahora que hemos entrado en la siguiente etapa, sentimos que no tenemos otra elección sino evolucionar en forma distinta, hacia una cierta dirección. Sentimos que debemos volvernos integrales y globales, conectados como un individuo con un corazón, con el resto de la humanidad.

Este, de hecho, es el "grado del *hablante*". Alcanzamos este grado utilizando el ambiente correcto a través del cual trascendemos el grado animal -nuestras vidas incidentales- y aspiramos a convertirnos en una fruta hermosa, cultivada en un invernadero hasta que madura a la perfección.

Por lo tanto, vemos que todo depende del entorno, y nuestro único problema es cómo establecer ambientes tan diversos que se adecúen a todos, para que sea posible recibir una educación dentro de él, expresarse en forma apropiada y conectarse a los demás en el sistema integral.

Necesitamos examinar a la gente a partir de su disposición de incluirse en una sociedad positiva y, por lo tanto, poder diseñarla ellos mismos. Nuestro propósito es contemplar cómo darle a cada uno un medio propicio, ignorando la clase de gente que nos rodea; enfocándonos en adelante en la construcción de un ambiente benéfico.

A medida que lo construimos, veremos la influencia que ejercemos en los demás; qué tanto nos entendemos; en qué medida podemos cambiar a la sociedad y al ambiente; y si nuestras relaciones con los demás modifican su comportamiento y estados de ánimo.

A través de esta nueva Educación Integral, sabremos cómo construi nuestro entorno para que nos proporcione la unidad, en la cual todos encontremos la expresión perfecta de cada uno. Es debido a esto que hacemos hincapié en el ambiente como el factor de un futuro mejor y esperamos que sea aceptado por el mundo entero, por el bien de toda la humanidad.

Capítulo 4
Una ley que incumbe a todos

¿Qué hacer para que la Naturaleza nos considere adecuados?

Con el paso del tiempo, los niveles inerte, vegetal, animal y humano fueron creados y evolucionaron gradualmente. Por nuestra parte lo hacemos de generación en generación, de año en año, e incluso de día en día. Si examinamos la forma cómo progresamos en la vida, veremos que al parecer existe una regla, un mecanismo que conduce a la Naturaleza hacia una gran complejidad e interconexión entre sus partes. Todos los elementos de la realidad -todo lo que observamos sobre la Tierra- continúan su avance en la misma dirección, como si no existiera más que una sola ley que operara dentro de nosotros y nos obligara a desarrollarnos en una dirección, en la que actuaríamos conforme a sus principios, lo queramos o no. En consecuencia, debemos estudiar esa ley general de la Naturaleza, una ley que nos contiene y nos influye.

La investigación científica estudia las leyes de la Naturaleza; conocerlas produce óptimos resultados. Aprendemos a evitar las situaciones perjudiciales, a acercarnos a las positivas y a evitar los errores. Por lo tanto, deberíamos conocer la ley general que engloba todas las leyes de la física, química, biología, zoología, astronomía y que regula al cuerpo humano y su psicología. Cuanto más aprehendamos de esta ley -que conocemos muy poco- mayor efecto tendrá en nosotros.

La ciencia nos ayuda a mejorar nuestras vidas y hacerlas más satisfactorias. Anteriormente, el hombre tenía que trabajar arduamente de sol a sol para sobrevivir. Hoy, gracias a los avances tecnológicos, el individuo puede producir alimentos para miles de personas. Y eso es cierto no solamente en la industria alimenticia, sino también en la construcción, la textil, la tecnología de punta y la cultura, por no mencionar sino unas cuantas áreas. La humanidad ha avanzado de tal forma que en nuestros días un número relativamente reducido de personas puede brindar a la humanidad una vida libre de problemas, razonable y tranquila.

Existe, sin embargo, un problema: el hombre es egoísta por naturaleza. Es por esto que no podemos utilizar nuestro enorme potencial, de lo contrario, las capacidades que obtendríamos conociendo las leyes de la Naturaleza serían asombrosas. A pesar de que existe la abundancia, muy pocos tienen poder, dinero e instrumentos para satisfacer sus necesidades. Como resultado, las necesidades básicas para el sustento no están al alcance de todos. Dicho de otra forma, existe una causa en virtud de la cual no podemos crear una vida pacífica, cómoda, segura, saludable o provechosa en este hermoso y próspero planeta; y esta es la naturaleza egocéntrica del hombre.

Es por esto que necesitamos estudiar la naturaleza humana y descubrir la forma correcta de trabajar con ella. Debemos aprender qué podemos hacer para procurarnos una vida plena; cómo podemos reformar nuestra naturaleza para que la existencia sea agradable y útil para todos.

Apenas ahora empezamos a entender que todo el problema radica en el egocentrismo natural del hombre. Esta comprensión se funda en el descubrimiento de la ley general que se revela ante nosotros: la Ley de la Fuerza Global, la fuerza que contiene a todas las demás fuerzas. Lo queramos o no -y por regla general no lo deseamos- la fuerza nos conduce a una mayor conexión y a necesitar cada vez más al prójimo.

Los científicos escriben que la dirección que sigue la ley evolutiva que nos desarrolla, es llevarnos a adquirir una forma determinada, dentro de la cual estaremos tan conectados que sentiremos que cada persona realmente depende de toda la humanidad, y toda la humanidad depende de cada persona. Esta realidad puede parecer descabellada pero ya queda claro que hacia ella nos encaminamos.

Sin embargo, por ahora esta ley contradice nuestra naturaleza. No estamos hechos para aceptarla, ya que cada uno de nosotros sólo piensa en sí mismo, sin comprender que todos somos interdependientes. Si sintiéramos, percibiéramos, comprobáramos que somos dependientes, que estamos conectados a los demás, de inmediato nos aseguraríamos de que todos fueran felices y se relacionaran amistosamente.

El problema es que no percibimos cuán "circular" y conectado está el mundo. Por eso es que nos encontramos en medio de tal crisis, que forzosamente nos aleja de la vida que tuvimos en décadas pasadas. Nos hemos habituado a trabajar durante largas horas, ganado dinero, malgastándolo y produciendo objetos que no necesitamos, tan solo para venderlos. Acumulamos posesiones y riqueza intentando asegurarnos pensión, gastos médicos, habitación, ahorros, para que al final de nuestra vida, ni a nosotros ni a nuestros hijos nos falte nada.

Nos queda claro dónde queremos llegar, pero el camino que seguimos es el equivocado. La Naturaleza está destruyendo nuestros planes. Incluso las personas adineradas no pueden realizar ese sueño, mucho menos las que pertenecen a la clase media y baja, de las que se compone la mayoría de la humanidad. De hecho, la Naturaleza nos conduce en dirección contraria: encontrar la seguridad, prosperidad y desarrollo dentro de las buenas conexiones entre nosotros.

A través del canal de las buenas relaciones, recibiremos todo lo que deseamos, lo cual no sucederá si intentamos aferrarnos a nuestra cómoda vida privada. Podemos vislumbrar claramente el cambio que se aproxima analizando las crisis que nos rodean, que están derribando todos los modelos anteriores.

La crisis nos muestra que nos encontramos dentro de un nuevo mundo. Por primera vez, en lugar de esas numerosas, diversas, desconectadas y dispares leyes de la Naturaleza, empezamos a percibir que una nueva ley opera en nosotros. De pronto estamos bajo su influencia que nos conduce a todos en la misma dirección.

En toda la historia de la humanidad nunca se dieron las circunstancias de que distintos países enfrentaran situaciones similares. En todas partes -América del Norte; América del Sur; Europa; África; Asia; Siberia, e incluso en Australia y Nueva Zelanda- todo el mundo está en el mismo proceso de decadencia. Independientemente de la sociedad, la civilización, la religión, o el medio ambiente, de repente una gran nube ha descendido sobre nosotros, envolviéndonos a todos juntos.

Dependemos unos de otros: los científicos lo están descubriendo, al igual que nosotros lo presentimos debido a las crisis y nuestras conexiones. El "efecto mariposa" actúa de tal forma que a través de la amistad con seis personas, ¡cada quien conoce a casi todo el resto del mundo! Existen estudios recientes en los que se comprueba que incluso nuestros pensamientos afectan el clima; los terremotos y los tsunamis dependen de las relaciones humanas y el modo de vida de los individuos. Se deduce que nos encontramos ante una ley que nos fuerza a la unidad.

Por consiguiente, para lograr que nuestra vida mejore, debemos esclarecer cómo concordar con esta ley en lugar de rechazarla; aceptar la unidad y avanzar en esa dirección de manera pacífica, perfecta, cómoda; armonizar con las leyes de la Naturaleza y no ir en contra de ellas. De lo contrario, la Naturaleza ganará y sin duda eso nos quebrará.

Las leyes de la Naturaleza están cambiando. No se trata de leyes políticas que podemos manipular a nuestra conveniencia. Las leyes de la Naturaleza son superiores a nosotros. Podemos estudiar las leyes que rigen la física, química, biología, para saber cómo emplearlas apropiadamente, pero las leyes de la Naturaleza son absolutas. Deducimos que es necesario estudiar la ley singular, la Ley Exhaustiva de Unidad y adherirnos a ella a toda costa, ya que dicha ley general es la que impera en toda la Naturaleza.

Por lo tanto, ¿qué debemos cambiar en nuestro interior para ser más congruentes con la Naturaleza? Cuando lo somos, no sentimos presión alguna por parte de ella. Tales presiones se manifiestan de varios modos, como severos cambios climáticos, terremotos, epidemias, guerras y divorcios.

La averiguación para responder a la pregunta del párrafo anterior nos conduce al estudio de la naturaleza humana, que está constituida por el deseo de vivir, de sentirnos bien, de disfrutar. Eso significa que constantemente queremos satisfacer algo nuestro que se llama "deseo". Cuando sentimos fatiga, queremos llenar el deseo de descansar. Cuando tenemos hambre, queremos saciar nuestro deseo de comer y así sucesivamente.

Los deseos humanos se dividen en varias categorías básicas: alimento, sexo, familia, dinero, respeto, poder (dominio) y conocimiento. Todo el resto se manifiesta en "sub deseos" que se derivan de estas categorías. Todos nuestros deseos llevan el nombre de "deseo de disfrutar" o deseo de satisfacción. Si logro entender que me conviene vincularme con los otros a través de estos deseos para ser congruentes con la fuerza de la Naturaleza -esa ley singular- debo entonces reformarlos para que me lleven a la conexión con los demás.

En consecuencia, necesito orientar todos mis deseos para beneficiar a los otros. Si sólo quiero satisfacer mi deseo personal, se trata ya de un "deseo egoísta". Si encauzo todos mis deseos para provecho de todos, se deduce que tengo que tomar a todos en consideración y que todos piensen como un solo ser, como esa ley singular que me impulsa. Por lo tanto, el propósito de cada deseo debe ser para favorecer a los demás.

La pregunta es: ¿cómo lograrlo?

Los científicos, economistas, psicólogos, sociólogos, así como nuestra experiencia, nos dicen que ya no existe más opción sino ocuparnos unos de otros y actuar como un organismo único. Sin embargo, mi naturaleza me dice todo lo contrario. Está convencida que debo recibir primero para mí mismo, satisfacer mis deseos sin siquiera pensar en los demás. Y si acaso decido ocuparme de ellos es tan solo gracias a alguna recompensa que conseguiré, como mi autoestima.

Pero mi bienestar no es suficiente. Dentro de una familia decente, no es así como actúo; pienso en la familia como un todo, en lugar de condicionar mi comportamiento para resguardar mis intereses. Asimismo, la Ley de la Fuerza Global insiste en que nos acostumbremos a pensar en todos como en una unidad, pensar que el mundo es

una sola familia. Para hacerlo, cada uno debe ayudar a los demás, estableciendo así -juntos- un nuevo sistema, un método de educación integral que nos
conectará y nos mostrará que no tenemos otra opción.

Entonces, ¿cómo podemos unirnos?

Existe otra ley particular en la Naturaleza que nos ayudaría a acercarnos y vencer nuestro ego. Lleva el nombre de "el hábito se convierte en una segunda naturaleza". Sabemos que para lograr resultados positivos, debemos repetir ciertas acciones un buen número de veces. Ejercemos esta acción hasta que se convierte en un hábito. Pero, la posibilidad de que tengamos éxito depende del respaldo de nuestro entorno, de que todo el mundo esté haciendo lo mismo y del grado en que esta acción esté apoyada por lo que vemos en nuestra sociedad.

Por consiguiente, si establecemos un medio ambiente educativo de apoyo para cada uno de nosotros, seremos capaces de avanzar a ese estado en que el individuo recibe la impronta de que las personas deben preocuparse por los demás. Podemos conseguirlo al influir a la opinión pública, empleando los medios y las explicaciones apropiadas.

Para lograr este propósito debemos fingir que somos buenas personas, consideradas, como dentro de una familia correcta y mostrar que nos preocupamos por los demás como de nosotros mismos. Debemos mantener esta actuación todo el tiempo, comportarnos como si ya fuéramos una sociedad reformada.

Gradualmente, mediante el ejercicio de este comportamiento, con la opinión pública y la influencia del ambiente, empezaremos realmente a pensar de esta forma. Estaremos impresionados y adquiriremos un hábito interno del que no podremos desprendernos. De esta manera, a pesar de haber adquirido el hábito desde el exterior, y habiéndonos forzado a ello, se volverá una segunda naturaleza, igual a aquella con la que nacimos.

Es por esta razón que es imperativo emplear esta ley: "el hábito se convierte en una segunda naturaleza". Depende de la medida en que sintamos nuestra propia presión y la presión de la sociedad para recordar el juego y por ende, avanzar.

Podríamos decir que estamos actuando como niños. Ellos también imaginan que tienen un proyecto importante, que están construyéndolo, mientras que nosotros sabemos que es un juego y no es la realidad. Los niños cometen errores durante el juego, pero vuelven a construir, luego rompen todo y edifican de nuevo. Pero es precisamente a través de este proceso que aprenden y entienden.

Sin el juego, el niño crece como un salvaje, como un cachorro que se desarrolla en la naturaleza. Es por esta razón, que existen psicólogos y otros profesionales que trabajan en instituciones especializadas para diseñar sistemas de juegos para niños a partir de diversos materiales y de formas diferentes. Esta es la única forma en que podemos avanzar.

Incluso nuestro desarrollo físico sería impensable sin el juego. Los llamamos "deportes". Son juegos a través de los cuales nos ejercitamos para realizar acciones que no podríamos hacer sin tener práctica (el juego), es decir la repetición de ese mismo acto. Es exacto que podemos alcanzar grandes cosas a través de los hábitos.

Observamos también que las personas que viven juntas, se entienden entre ellas sin decir palabra. Es como un coloquio íntimo -el resultado del hábito- porque al vivir bajo el mismo techo y compenetrarse entre ellas, llegan a la fusión. En épocas anteriores las naciones y las civilizaciones estaban estructuradas de esta forma: se mezclaban personas ajenas hasta que adquirían las características de una nación.

Dicho de otro forma, la ley: "el hábito se convierte en una segunda naturaleza" fue diseñada particularmente para nosotros. Con esta ley, incluso desde nuestra forma indeseable y antinatural, alcanzaremos un estado en el que asumiremos la forma que hayamos elegido en contra de nuestra naturaleza, y lo convertiremos en una nueva *forma* que ya existe dentro de nosotros. Así es como avanzaremos y nos construiremos.

Nacemos con un solo deseo egoísta de disfrutar, sin preocuparnos de nada más que de nosotros mismos, como un recién nacido que se percibe como único y piensa sólo en sí mismo. Pasarán varias semanas antes de que el bebé comience a percibir el mundo que existe fuera de él, a realmente ver y oír, para encender sus sentidos. Pero lo que quiere de la vida y del ambiente, es que sus necesidades sean satisfechas, al principio por su madre; así es como crecemos.

Nos debe quedar claro que deliberadamente recibimos este deseo egoísta con el que venimos al mundo para que fundemos sobre él algo distinto a nuestra naturaleza de origen, una forma de altruismo para dar y vincularnos recurriendo a la ley: "el hábito se convierte en una segunda naturaleza".

Sin embargo, somos totalmente opuestos. Somos individualistas; cada uno quiere aprovecharse de los otros, ser desconsiderado. Por ende, constantemente tenemos conflictos y choques con los demás.

La Naturaleza deliberadamente creó esta forma negativa dentro de nosotros para que podamos diseñar una positiva y buena, que nos conecte. Utilizaremos todos los poderes a nuestra disposición para crear esa nueva forma consciente, con la comprensión completa. Llegaremos a un estado en el que todo está conectado y a semejanza de la ley general de la Naturaleza que es otorgamiento, bondad y amor.

Entonces entenderemos que esta ley no es en realidad adversa, que todas las fuerzas que por ahora experimentamos como agresivas no lo son en realidad. La desintegración familiar, las drogas, el terrorismo, el temor a una guerra mundial nuclear, las crisis ecológicas y financieras son todas fuerzas que al parecer son negativas, pero sirven para ayudarnos a construir nuestras fuerzas de amor, otorgamiento y unión. Cualquier cosa que esté sucediendo se percibe como una fuerza negativa porque somos opuestos a esa ley singular.

Por ejemplo, cuando sufrimos de insolación o hipotermia, sabemos qué hacer para equilibrar la temperatura corporal y regresarla a los parámetros normales. Cuando el cuerpo se halla bajo presión, por ejemplo, durante el buceo, o escalando a una altitud en donde falta el oxígeno, creamos una clase de compensación que nos devuelve el equilibrio con la Naturaleza.

Actualmente, sentimos que los golpes nos llegan de todas

direcciones. Cada día, la humanidad sufre la presión bajo los embates que experimenta.

¿Existe un instrumento que nos regrese al equilibrio con la Naturaleza?

Todo lo que nos ocurre es una expresión de nuestra contradicción con ella. Por consiguiente, tenemos que compensar esa discordancia. La Naturaleza nos presenta fenómenos adversos, pero si nos superamos, nos reformamos, nos volvemos similares a ella, tanto como es posible, experimentaremos estas mismas fuerzas positivamente porque estaremos en equilibrio. En ese momento, todas las crisis climáticas, familiares, crisis de relaciones internacionales y económicas, se reducirán en gran medida y descubriremos el camino correcto para una vida plena en todos los aspectos.

¿Cómo podemos seguir el juego? Hemos aprendido que la Naturaleza es una fuerza singular que opera en todos, que desea que aprendamos a equilibrarnos, porque de esta forma comprenderemos la realidad. Al unirnos, entenderemos en donde nos encontramos. Podemos llegar a esta unión cultivando buenas relaciones. A pesar de que no estemos de acuerdo, podemos crearlas jugando, usando la ley: "el hábito se convierte en una segunda naturaleza".

Para materializar entre nosotros la unión, es necesario crear vínculos dentro de la sociedad a través de nuestra actitud hacia ella; construir sistemas sociales dentro de los que cada persona se sienta obligada a tratar a la sociedad amistosamente, esto es, que el bienestar de la sociedad, así como el propio, dependa de la actitud personal de cada uno hacia ella.

Si queremos reestructurar la actitud del hombre hacia la sociedad -debido a que dependemos de cada uno y esta exige que todos la tratemos como corresponde- debemos entender lo que la sociedad necesita concretamente. Para ello, nos debe dar ejemplos de buen comportamiento, como lo haría una madre hacia su hijo; debe transformar fundamentalmente su impacto en cada uno, comenzando con los medios de comunicación y el sistema educativo que deben difundir la urgencia de cambiar nuestras actitudes hacia los otros.

Una sociedad adecuada debería asemejarse a una incubadora, que arropa y brinda calor a sus polluelos, un lugar en donde desarrollarse bien. Al igual que la temperatura, la humedad y todas las condiciones de la incubadora deben ser óptimas para el desarrollo del huevo en forma rápida y efectiva, necesitamos armar una sociedad que hará el papel de una incubadora perfecta. En el seno de esta sociedad, nos sentiremos cómodos, amparados, abrigados y no querremos abandonarla nunca. Así como el feto se desarrolla en el vientre de su madre, bien resguardado, porque el útero está preparado para ello, asimismo debemos crear una sociedad dentro de la cual todos se desarrollen de manera completa.

Dentro de esta incubadora, cada persona construye una sociedad para sí misma y para los demás. Cuando cada quien trabaje para beneficiar a los demás, formaremos una gran familia y todos estaremos relacionados.

Resulta que nuestra actitud hacia la Naturaleza, hacia esa ley singular que dice que debemos ser como uno solo, se materializa dentro de la sociedad. De hecho, nuestra actitud hacia la sociedad y cumplir esta ley dentro de ella es más importante que nuestra actitud hacia la Naturaleza misma. Lo más importante y lo único que debemos crear es nuestro ambiente humano. Por esta razón, todos deben estudiar esta nueva materia y adquirir una nueva profesión: convertirse en un ser humano dentro de la nueva sociedad.

Para dominar esta nueva carrera de "ser humano", cada uno de debe elevarse a un nivel donde entienda lo que ocurre en la Naturaleza, lo que pasa dentro de nosotros y cómo debemos relacionarnos con los demás. Los estudios indican que en el momento que esta consciencia influye a todos los miembros de la sociedad, nadie puede escapar de ella. Nutre a las personas y las cambia involuntariamente, así como los niños se transforman a través de la sociedad, sencillamente observando a los otros. Recibimos educación y adquirimos modelos de comportamiento, actitudes y valores estudiando los ejemplos que la sociedad nos aporta.

Ya no calcularemos nuestros deseos de comida, sexo, familia, dinero, respeto, poder y conocimiento, o los cientos de deseos que se derivan de éstos. No causaremos molestias a nuestra inteligencia con los deseos mismos, sino más bien pensaremos cómo utilizarlos, es decir, cuál será nuestra intención para con la sociedad cuando los usemos.

Lo que es importante es la intención de mi "yo" cuando use esos deseos. Necesitamos transformar nuestra capacidad para que siempre favorezca a la sociedad.

Cuando esto ocurra, nuestro sentido "yo" individualista, se convertirá en "nosotros" y luego "nosotros" -una colección de individuos que se vuelve "Uno"- estaremos en unidad y equilibro con la ley singular que nos organiza y que se encuentra en conexión positiva con nosotros.

Por lo tanto, el ser humano se convierte verdaderamente en humano, cuando entiende su propia naturaleza global. Para alcanzar ese estado, la persona aprende numerosas reglas de la psicología y de la realidad. Así es como uno se incorpora a todo lo que existe en la Naturaleza y alcanza el grado más alto -el de la fuerza singular que opera en nosotros y nos atrae hacia ella – lo que ahora percibimos en estado de crisis. - de tal forma que por ahora la percibimos como una crisis.

De hecho, nos encontramos en medio de una burbuja que nos obliga al cambio. Estamos sitiados y no tenemos escapatoria, descubrimos que una ley opera en todos los elementos en cada nivel, la ley general de equilibrio en un sistema global e integral y le damos el nombre de "Naturaleza".

El concepto de Naturaleza se refiere a todas las leyes que operan en los niveles inerte, vegetal, animal y humano. Todas las leyes que pertenecen al sistema global integral se encuentran bajo una sola ley, la Ley de Equilibrio, también conocida como "homeostasis" y toda la Naturaleza gravita alrededor de ella.

Esta ley también existe en la física. Todo busca sentirse en un estado de calma, de inmovilidad, bienestar, estatismo la entropía mínima y el menor gasto de energía. Si un punto está caliente y otro frío, la brecha entre ambos gradualmente irá desapareciendo hasta equilibrarlos. Esto es "la igualdad de presión". Así es como opera la Naturaleza; es la ley general, y nosotros los seres humanos debemos cumplirla en consecuencia. Esto es, nosotros también debemos equilibrarnos como lo hace la Naturaleza.

Es debido a esto que las crisis que experimentamos hoy en día afectan el nivel humano, y nos obligan a aceptar que todos estamos conectados a un sistema único; y a que todos somos partes de la Naturaleza. Muchos científicos y académicos ya ven el mundo como global e integral y reconocen que vivimos en un mundo holístico (que proviene de la palabra "completo"). Sólo existe una Naturaleza, en consecuencia, todas las ciencias -física, química, biología y zoología- están interconectadas.

Cada sustancia consiste de elementos que a su vez están conformados por átomos. Las diversas conexiones entre los átomos conforman los diferentes materiales. A pesar de que son numerosos, sólo existe una sola fuerza que opera en todos los niveles del inerte, vegetal, animal y humano. En los átomos y moléculas, esa fuerza actúa como una fuerza que atrae y repele. En los humanos es la fuerza que expande y contrae los pulmones y el corazón y crea las contradicciones entre el hecho y la ficción. Siempre tenemos dos fuerzas en conflicto que actúan una frente a la otra. Sin embargo, están operadas por la fuerza única que las equilibra, dado que toda la Naturaleza lucha por el equilibrio.

El hombre necesita herramientas que le permitan ver que el mundo es redondo, que todos dependen de todos, que todos están sujetos a una influencia y que deben obedecer a la ley única. Esta es la perspectiva de la vida, la filosofía, la psicología y la información que debemos adquirir para el resto de nuestra existencia. En tanto no estudiemos y comprendamos esta ley, nuestras vidas nos parecerán miserables, no tendremos idea del mundo que preparamos para nuestros hijos y nietos y no entenderemos porqué nos encontramos aquí.

Para percibir nuestra interdependencia, necesitamos un buen ambiente que nos influya. Podemos observar los efectos que tiene la sociedad en la vida, la educación y en prácticamente cualquier otra actividad. A través de un buen ambiente, podemos prescribir el remedio para la enfermedad antes de que ésta se presente, ya que cualquier impacto negativo de la Naturaleza es porque no estamos sincronizados a ella o con el ambiente. Cada desastre es un testimonio de este estado de desequilibrio.

Por consiguiente, así como tengo que abrigarme cuando hace frío, debo neutralizar el desequilibrio. Si el ambiente nos afecta, debemos crear uno que nos influya positivamente. Forzaremos a todos a comportarse amablemente con los demás y despediremos a quien se resista. Después de todo, aspiramos a una vida satisfactoria. Queremos que todos tengan alimento, techo, familia, educación, cuidados de salud, pensión para la vejez, vacaciones, que es lo que todos necesitamos.

Si deseamos que así sea, tendremos la oportunidad de crear una sociedad en la que todos se preocupen de todos. Sin embargo, debe ser un ambiente en donde todos sean tratados correctamente. Esta amabilidad podrá ser obligatoria, pero si actuamos estas buenas relaciones y aceptamos esa ley de comportamiento, nosacostumbraremos y se convertirá en un hábito y nuestra segunda naturaleza.

Hasta ahora hemos sido como "salvajes" deseando devorarnos unos a otros. En adelante, si nos comportamos bien con los demás, nos transformaremos a fondo. Con el tiempo no seremos tan bárbaros sino más "humanitarios", y la humanidad será totalmente diferente.

Cuando estemos en equilibrio con la Naturaleza, se abrirán nuevas oportunidades para nosotros: percibiremos la Naturaleza, tendremos nuevos descubrimientos, desarrollaremos capacidades, construiremos instrumentos y revolucionaremos al mundo porque conoceremos las leyes de la Naturaleza siendo similares a ella. Nos volveremos como el resto de la realidad. Estaremos actuando porque no tenemos otro remedio, pero estableciendo buenas relaciones con los demás.

La Naturaleza sabe precisamente cómo desarrollar a cada criatura con gran sabiduría para que esté en equilibrio con su ambiente. Es la ley de la evolución y ahora está influyendo también a la humanidad. Esta ley tiene su proyecto, una fórmula de desarrollo que activó la ley evolutiva. La Naturaleza tiene un plan para el futuro, para que cada deseo en cada etapa alcance su desarrollo ideal y se equilibre con el ambiente.

En resumen, conforme al plan implantado en la Naturaleza, debemos elevarnos y desarrollarnos, etapa por etapa. Asimismo, cada fase debe ser más desarrollada que la anterior. Para ello, debemos conocer ambas etapas. Por lo tanto, ¿cómo debe elevarse la sociedad humana desde su etapa actual a la siguiente en que seremos felices y estaremos equilibrados con el ambiente?

En estos días, la evolución como la conocemos ha llegado a su término y debemos elegir nuestra mejor forma futura, y luego esforzarnos por ello. Es por esta razón que la crisis en la que nos encontramos es única y requiere de la intervención humana. Debemos crecer, percibir a la Naturaleza, sus leyes y direcciones, y crear nuestro desarrollo, empleando el ambiente. La Naturaleza sencillamente estimula nuestros deseos para que no pospongamos ni evitemos el desarrollo.

Dicho en forma diferente, para resolver la crisis, debemos conocer cuál es nuestro siguiente estado, debemos estudiarlo, comprenderlo, sentir necesidad de él y construir la segunda naturaleza que nos ayudará a avanzar hacia la forma correcta. Es posible porque ahora somos nosotros que debemos actuar en lugar de la Naturaleza. Es decir, no debemos permitir que nos empuje al desarrollo, según sus razones y planes. Hoy en día debemos tomar el proyecto en nuestras manos, adquirir el conocimiento, crear las fuerzas de desarrollo, el sistema, la incubadora que mencionamos anteriormente, y crecer.

Si aprendemos a ser "humanos" alcanzaremos el mejor estado posible, seguro y cómodo. Por consiguiente, debemos agradecer la situación y el momento que vivimos; nos admiten en una nueva era, en un mundo donde todo es bienestar.

Si materializamos esta ley singular dentro de nosotros, en unas cuantas semanas percibiremos su modo de operación, que el hábito se convierte en una segunda naturaleza y que no podemos continuar relacionándonos mal con los demás. Y si acaso lo perdemos y lo olvidamos nos acordaremos del momento en que estuvimos juntos, sintiéndonos bien, en un maravilloso y agradable estado; entonces nos sentiremos atraídos para volver a él.

Esperemos que con apoyo mutuo, tengamos la capacidad de construir el hábito nos lleve a adquirir una naturaleza amable y amorosa.

Michael Laitman

Capítulo 5

Todos enlazados

¿La interdependencia es un hecho?

Todos los sistemas que operan en la Naturaleza, en la sociedad humana y en nuestras vidas personales existen bajo una influencia recíproca. De hecho, toda la Naturaleza actúa como un mecanismo único. Entre más profundizamos en el estudio del universo, más nos percatamos que todos sus sistemas son interdependientes. Los planetas giran alrededor del sol y la mayoría tienen lunas que orbitan alrededor de ellos. Es un inmenso conjunto y examinándolo de cerca, vemos que sus elementos se mueven en concordancia. Son tan interdependientes que nuestra propia Luna, por ejemplo, influye en todos los procesos de la Tierra, en nuestra salud, nuestros sentimientos, las mareas de los océanos y muchos cambios. El sol también ejerce su efecto en todo. Cada tormenta solar tiene su consecuencia, incluso algunas representan un riesgo para los sistemas electrónicos y de comunicación en la Tierra.

La Tierra misma es una enorme bola de fuego ardiendo desde su interior. Vivimos de hecho sobre la delgada y frágil costra de un volcán. Sin embargo, todo mantiene un equilibrio muy sutil. Los biólogos, zoólogos y botánicos opinan que la creación de vida como la vemos en la Tierra requiere de condiciones muy particulares que aún no se han encontrado en el universo. La presencia de la vida exige que se cumplan ciertas precisiones actuando en total armonía: la gravedad, la cantidad justa de agua, presiones, temperatura y un sinfín de factores. Los que se combinan en una fórmula muy compleja que sostiene una biósfera creadora de vida únicamente si todos los requisitos se han cumplido al pie de la letra.

El clima es otro ejemplo de los elementos externos que afectan nuestras vidas. Podemos pronosticar con una semana de anticipación las condiciones climáticas con suficiente precisión. Las complicadas fórmulas sobre temperatura, humedad, presión atmosférica, desplazamiento de los vientos y otros elementos requieren de computadoras muy sofisticadas, porque los meteorólogos deben considerar el clima en todo el mundo, lo cual crea una cantidad inimaginable de datos, simplemente para informar cuál será la temperatura el día de mañana, la velocidad del viento y la calidad de las mareas.

Sin embargo, esta información es indispensable ya que no somos sedentarios. Nos trasladamos de aquí para allá utilizando diversos medios de transporte y queremos conocer el clima de nuestro lugar de destino.

El clima es un buen ejemplo de los vínculos estrechos que encontramos en el nivel inerte, que tiene un efecto en el vegetal, y éste a su vez en el animal y en los humanos. También observamos cómo influye el hombre a todos los elementos de esa cadena. Nuestras vidas dependen del nivel inerte porque existimos gracias a los productos de la tierra, así como del nivel vegetal que representa la agricultura y produce el oxígeno que respiramos. También dependemos del nivel animal porque somos seres vivos que necesitan alimentos, sin los cuales no podemos sobrevivir.

Los humanos podemos subsistir únicamente en una sociedad en la que cada uno desempeña un cierto papel ocupando un lugar específico dentro del gran mosaico humano. Asimismo, nos estamos convirtiendo en una sociedad extremadamente compleja debido a nuestra dependencia mutua. Transferimos fondos de un banco a otro, de un continente a otro y los barcos cargueros navegan el océano en dirección a todos los rincones del planeta.

Por ejemplo, en la confección de la camisa que llevo puesta participaron numerosos países con su materia prima, proceso, diseño, costura, venta, envío, etc.

Nos hemos acostumbrado tanto a esta interdependencia que ya nos parece común; por ahora es tan sólo comercial y no requiere de nuestro concurso emocional. Sin embargo, últimamente notamos que las conexiones entre nosotros han alcanzado tal profundidad que exigen una mayor participación de nuestra parte.

Estamos tan atados que cualquier evento que se produzca en un país de inmediato repercute en las naciones vecinas. Es por esta razón que los Estados hoy en día interfieren en los asuntos internos de otros pueblos e incluso exigen un cambio de gobierno como si éstos no tuvieran su propia soberanía.

Tenemos el caso de Siria. Muchos países alrededor del planeta lo critican y tratan de poner fin a la matanza de civiles mediante sanciones de tipo político y económico. Esta intromisión es la revelación de que nuestra interdependencia nos obliga a todos a cuidarnos las espaldas.

Las conexiones entre nosotros son tan estrechas que requieren la aplicación de mecanismos internacionales muy eficientes, tanto comerciales como científicos y culturales, sin los cuales no sería posible existir. Si aspiramos a una vida mejor debemos desarrollar a lo largo y ancho del planeta, culturas, educación y perspectivas que sean muy similares entre sí.

Por ejemplo, en las últimas décadas, el turismo se ha desarrollado descomunalmente y ahora viajamos por todos los países sin ningún problema. No es una coincidencia que los pueblos se hayan acercado a través de su estilo de vida y maneras de percibir el mundo. Nos nutren las mismas redes televisivas y las transmisiones de noticias; nuestras conexiones vía Internet llevan veinte años. Muy pronto podremos comunicarnos sin las barreras del lenguaje mediante programas de traducción simultánea, esto es, aquellos que no entienden inglés, que es el idioma internacional, tendrán la posibilidad de comunicarse con todos.

Las investigaciones nos indican que estamos tan conectados, que a través de seis personas, cualquier tiene conexión con otros individuos sobre la faz de la Tierra. Es como si todos los hombres del mundo estuvieran tomados de la mano.

Los países no pueden actuar como quisieran ni siquiera en su propio territorio, porque podrían cambiar el equilibrio del mundo, lo que afectaría no sólo a sus vecinos, sino incluso a países remotos. Por esta razón, los gobiernos llegan a acuerdos sobre temas variados como el *Protocolo de Kioto* que regula las emisiones de gases de efecto invernadero.

En nuestros días una mayoría de países cuenta con su propia cuota de captura pesquera, de emisiones de gases de invernadero y cualquier recurso natural que explotamos. En otras palabras, todos se dan cuenta que contamos con una sola Tierra habitable que es nuestro hogar común y dentro de ella todos somos dependientes. En consecuencia no podemos hacer lo que queramos en el planeta.

Desafortunadamente, aún estamos en proceso de evolución; nos encontramos en la etapa egoísta que no tiene consideración alguna por el otro. Un ejemplo es el egocentrismo de la carrera espacial. Hemos enviado toda clase de naves a la órbita terrestre y ya hemos causado un caos significativo. Existen numerosos artefactos de diversos tamaños conocidos como "basura espacial", flotando libremente y pudiendo causar daños al caer o estrellarse con naves entrando o saliendo de la Tierra.

Se han presentado algunos fenómenos insólitos en fechas recientes, como las erupciones volcánicas en Islandia cuyos efectos se sintieron en Europa y Siberia, provocando el cierre de la mayoría de los aeropuertos en el continente. Asimismo en marzo del 2011 el tsunami que se abatió sobre la estación eléctrica nuclear de Fukushima, en Japón, perjudicó a todo el mundo y ocasionó que se reconsidere la construcción de nuevas plantas nucleares y la clausura de las existentes.

Sin duda, ningún país el día de hoy puede establecer su política interna, y muchos menos la exterior, sin tomar en cuenta cientos de factores internacionales. Cada posible actividad supone que el país debe contemplar el impacto que podría tener en el resto del mundo. Incluso las grandes potencias calculan minuciosamente las medidas que toman porque todos somos interdependientes y cualquier cambio en un país puede afectar a los otros.

Percibimos claramente que vivimos en un mundo que cada día es más complicado e interdependiente. Es por este motivo que es posible proponer una ley en común que nos gobierne a todos: "la Ley de la Garantía Mutua". Esta ley ejercería su dominio no sólo sobre los países, las empresas transnacionales y las relaciones internacionales, sino que cada individuo estaría sujeto a su impacto.

Este efecto crece año tras año. Por ejemplo, si un banco en Europa o Norteamérica se tambalea, todos los otros países lo resienten, en particular China y la India, que producen y venden sus productos a esos continentes. Asimismo, un problema en China afectará a la mitad del mundo. La economía, las finanzas y el comercio nos han atado a tal punto que mantenernos en contacto se ha vuelto vital para nuestra supervivencia, porque los alimentos, vestidos, medicamentos, la electrónica y muchas otras industrias dependen de esto.

No existe un país en todo el mundo que provea sus propias necesidades. Hace cien años, la mayoría era casi auto-suficiente. Pero como Inglaterra conquistó a la India y decidió que era más sencillo importar las frutas y verduras desde allá, en lugar de cultivarlas en sus terrenos, se produjo un cambio determinante. En lugar de la agricultura el Reino Unido desarrolló la industria e importó sus alimentos de la India.

Las personas entendieron que la diferenciación era provechosa, dando margen a una mayor calidad a bajo costo por producto, lo que les permitía comerciar entre ellas, comprando lo que no manufacturaban a un costo más bajo y de mayor calidad que la de producción propia. Al principio cada fábrica manufacturaba casi todo, desde las tuercas y los tornillos hasta la maquinaria completa. Incluso la electricidad que proveía la energía se producía en casa.

Más tarde, la industria dividió la producción entre distintas fábricas: una producía los tornillos y las tuercas, otra las partes metálicas, una tercera se ocupaba de la parte eléctrica y así sucesivamente. En la actualidad, armar un automóvil requiere una cadena de producción en decenas de lugares de diferentes países.

En los últimos años este fenómeno se ha expandido. Los automóviles japoneses se arman en cualquier parte del mundo, en Estados Unidos o la India; los japoneses dirigen las operaciones a larga distancia. Algunos de ellos ya ni siquiera serían considerados japoneses, pues incluso los directores no son de esa nacionalidad y lo único que queda es la marca.

Resulta que existe tal confusión en todas las áreas que la mayoría de las veces no podemos determinar quién produjo este o aquel producto. En cada país nos encontramos con industrias, expendedoras de gasolina o establecimientos de comida rápida que son transnacionales. Cada empresa tiene accionistas extranjeros que se han unido para hacer negocios. Los gobiernos no interfieren con el proceso porque se benefician con él: los ciudadanos tienen empleo, el Estado cobra impuestos y todos salen ganando.

Una vez que los países desarrollados progresaron lo suficiente, se ocuparon del crecimiento de otros países del "tercer mundo", esto es África y América Latina y otros. Construyeron plantas y fábricas, estableciendo escuelas en esos países para capacitar a los lugareños, al mismo tiempo que los países occidentales empezaron a aceptar estudiantes de esas regiones en las universidades europeas.

De este modo, el mundo se conectó a través de la educación, la cultura, la ciencia y la industria. Las conexiones globales se volvieron tan poderosas que los norteamericanos solían bromear diciendo que para llamar de Nueva York a Boston, había que pasar por el centro de enlace en la India. Así pues, las líneas de comunicaciones se entretejen por todo el mundo, logrando que la distancia de un sitio a otro sea irrelevante.

Si observamos detenidamente veremos que todo el planeta está conectado por una red inmensa, diversa, de multicapas. Es imposible llevar a cabo una operación sin tener que conseguir para ello el equipo, la tecnología y los recursos humanos provenientes de todas las regiones del mundo.

Y sin embargo, la red global no trabaja a toda su capacidad como debería. Existen algunas razones por las que los sociólogos y expertos en ciencias políticas, así como economistas, tienen sus opiniones al respecto. Pero en última instancia existe una razón única responsable de la disfunción social: nuestras conexiones se han vuelto tan poderosas que necesitan que profundicemos nuestras relaciones recíprocas.

Para dar continuidad a nuestro desarrollo, debemos vincularnos estrechamente para entender el concepto de "garantía mutua". Es preciso darnos cuenta que somos interdependientes porque vivimos en el mismo planeta, y no tenemos otra opción más que sentirnos como una sola familia.

Nuestro desarrollo comenzó cuando empezamos a comerciar con maquinaria, alimentos, vestidos. Posteriormente, colaborando en su manufactura y finalmente creando el Banco Mundial y otras entidades financieras. La bolsa de valores introdujo las computadoras y la red de Internet en sus operaciones y ahora un individuo puede realizar movimientos bursátiles en Tokio, Alemania, Moscú y Nueva York sin moverse de su escritorio, porque las bolsas siguen un mismo patrón de trabajo. Todo lo que se requiere es decidir cuánto y en qué invertir.

De hecho, el dinero no se traslada realmente de un sitio a otro. Se transfiere electrónicamente. El dinero mismo podría ubicarse de facto en cualquier país del mundo; lo que cuenta es la transferencia del flujo de dinero que se envía por la red de Internet o por cable a cualquier parte del mundo.

Como apuntamos anteriormente, percibimos ahora que las conexiones entre nosotros no pueden seguir siendo como antes. Lo vemos en Europa: por una parte, es un continente altamente desarrollado, pero por la otra, es el más segregado de todos. Tenemos una falta de congruencia entre los países, agobiados por los malos entendidos y la desconfianza, porque la gente no puede comprender con claridad que todos ellos pertenecen al mismo sistema.

Ellos deberían entender que no es suficiente adherirse al Mercado Común tan sólo por razones económicas. Más bien, sería importante unir a los países mediante una conexión más viva, más cercana espiritualmente, captando sus situaciones y reconociendo que no podrán salir adelante sin esa unidad.

Es aquí, sin embargo, donde reside la dificultad. Las veintisiete naciones que componen el Mercado Común Europeo deben entender que la interdependencia entre ellos es indispensable. El obstáculo es que a pesar de que los políticos, los científicos, los que toman las decisiones y hasta el común de la gente entiende la situación, de cualquier forma son renuentes a ello.

No obstante, no tendrían que renunciar a su estilo de vida, hábitos, tradiciones, cultura, sino que tendrían que sobreponerse a esas diferencias y conectarse entre ellos con garantía mutua. Con todo y nuestras diferencias debemos comportarnos como una familia.

Tenemos que admitir que esto no es sencillo. Por ejemplo, si mis padres aún viven y los de mi esposa también y ellos tiene otros hijos y ambos tenemos hermanos y hermanas, así como nuestros propios hijos, de alguna forma tendremos que considerar la postura de cada uno, porque para bien o para mal, dependemos mutuamente. No tenemos intención de cambiar y tampoco pretendemos forzar un cambio en los demás. Comprendemos que todos somos diferentes y si bien cada quien tiene sus prioridades, sin embargo estamos decididos a vivir juntos.

Debido a esta decisión conjunta, incluso sin decirlo, estamos dispuestos a construir nuestras vidas unidos, consciente que no siempre será un jardín de rosas. Sabemos que tendremos que hacer concesiones y convenios, pero nos conectamos para formar nuestras familias, la futura generación y apoyarnos incondicionalmente.

Las parejas jóvenes de hoy carecen de esta educación que prepara a las personas para la vida en común. Nadie les ha enseñado a convivir en paz con los demás, a pesar de las diferencias y los desacuerdos Aunque gozamos de libre albedrío para elegir a nuestras parejas, a menudo nos equivocamos en la elección.

Esta laguna en la educación, en lo relativo a la coexistencia armoniosa, produce el grave problema de la desintegración familiar y los divorcios. La mitad de la población a nivel mundial, y en particular los jóvenes, permanece soltera hasta bien entrada la edad adulta o decide no casarse ni tener hijos. Comprenden que no pueden cuidar de sí mismos, mucho menos hacerse responsables de otras personas. Esta crisis que se inició hace unos treinta años, empeora día tras día.

Podemos comparar la situación de las familias de hoy con la situación que prevalece en los países, ya que cada uno da y recibe según los acuerdos y relaciones que establece con otras naciones La diplomacia consiste asimismo en hacer concesiones y unirse más allá de las diferencias y las brechas. Nunca habremos aprendido a ceder y llegar a acuerdos por cuenta propia, pero a la larga es sólo mediante tales consentimientos que podemos esperar alcanzar buenos resultados.

Nos encontramos en medio de una crisis que nos advierte que tenemos que alcanzar una garantía mutua, es decir convertirnos en "garantes" de los demás. Tenemos la esperanza de que la humanidad perciba esta necesidad y no terminemos en un "divorcio", porque tal cosa entre países significaría la guerra. Necesitamos comprender que no nos queda otro remedio más que mostrar moderación entre nosotros. Por este motivo se instituyó la *Organización de Naciones Unidas* para abrir un espacio en el que los países puedan reunirse y discutir en paz.

De hecho gran número de organismos han sido creados para discutir temas como la educación y la salud. Durante un viaje a Ginebra para impartir una serie de conferencias me sorprendió la cantidad de organizaciones que existen allí. Calles enteras son ocupadas por las sedes de estos organismos, algunos de los cuales no conocía. Uno de ellos asigna frecuencias de radio y televisión al mundo entero para que no exista interferencia en las transmisiones. Otro fija las normas para la producción de medicamentos. Un organismo de salud determina criterios de sanidad y promueve la cooperación entre los países en favor de los pacientes. Existe incluso uno que define los colores de las banderas de los países para evitar que utilicen los de otro país.

Dichas organizaciones determinan la reglamentación para todo asunto imaginable porque la interconexión entre los países es tan importante que ha sido necesario crear reglas para todos ellos. Al igual que el parlamento de cada nación determina las leyes que rigen a toda la población, a fin de propiciar la buena marcha de la vida moderna, es imprescindible legislar para las relaciones mundiales. Sin estos organismos internacionales que han existido durante décadas, sería casi imposible mantener el orden global.

Hoy en día ya no es tan primordial definir el territorio de cada nación, como en el pasado. Nos encontramos en un contexto tal que más bien deberíamos construir un "techo común" para todos los pueblos. Nos referimos a que debemos entender y sentir que estamos todos juntos, como en una sola habitación en la que sería muy complicado convivir sin la creación de vínculos y una buena conexión. Dentro de ella, debemos sentirnos cerca de los otros, sentir esta interdependencia que nos convencerá de cambiar nuestras actitudes hacia los demás.

Esta imagen, que ya tenemos ante nuestros ojos, nos muestra claramente cuan interdependientes somos realmente, nos guste o no. Lo somos en materia de alimentos, vestido, educación, cultura, tecnología, industria, energía, agua, e incluso del aire que respiramos, porque si alguien no observa las normas para regular los contaminantes en la atmósfera, esto podría afectar al planeta entero.

Las organizaciones de la comunidad internacional son de suma importancia, porque nos dan esa sensación de dependencia mutua que es mucho más precisa que la que percibimos de los miembros de una familia. Dentro de ella una persona puede disgustarse con otra e incluso dejar de hablarle y romper relaciones. Entre las naciones, no existe tal prerrogativa. Los cientos de países que conforman el globo están dispuestos como un mosaico del que nadie puede sustraerse. Podemos ver que cuando alguno de ellos quiere actuar en forma independiente, generalmente fracasa y después de algún tiempo debe abandonar su intento. Otros aplican algún tipo de separación, que es más verbal que de facto. Por eso es casi imposible operar haciendo caso omiso del sistema global.

La dependencia entre nosotros nos obliga incluso a conectarnos emocionalmente, y no sólo como consecuencia del clima, la industria, el sistema bancario o la educación. Hoy en día, los individuos -al igual que los países- deben establecer buenas conexiones. Nuestro desarrollo cultural y tecnológico y, por supuesto, toda nuestra evolución ya ha llegado a este punto. Los niveles inerte, vegetal y animal de la Naturaleza -al igual que el humano- han evolucionado para convertirnos en una sola entidad, o más bien en una sola persona.

Lo anterior hace surgir una pregunta: ¿cómo podemos realizar estos cambios en nuestras conexiones, ya que sin esta conexión significativa entre nosotros no podremos sobrevivir? Sencillamente, las buenas relaciones son indispensables debido a la etapa de evolución de la humanidad. Sin ellas no podremos instaurar las leyes necesarias para regular la economía, la industria y el comercio.

No cabe duda de que el mundo se encuentra desorientado y confundido. Nadie sabe cuál debe ser el siguiente paso. Al parecer las personas han perdido el contacto porque ahora se les exige crear una conexión más profunda y emocional, que nunca antes había existido entre ellas. Hasta ahora, una persona degradaba a la otra, o bien se conformaba, porque no tenía otra elección, incluso permanecían juntas gracias a los intereses en común, como sucede en la industria, el comercio, la educación, la cultura, o la salud. Pero nunca se había pedido a las personas o a los países que se trataran amablemente.

Hoy debemos hacer un verdadero esfuerzo emocional al relacionarnos con los otros porque nuestro desarrollo así lo requiere. Queda claro que sin estas relaciones, no seremos capaces de continuar existiendo juntos en nuestro "hogar" común. Si todos debiéramos convivir en la misma casa, sin otra opción y cada habitante tuviera su reducido espacio, todo marcharía muy bien. Pero ahora ya no tenemos nuestro rincón. Más bien, ya todos somos compañeros de cuarto y tan dependientes uno del otro que sin la actitud apropiada nuestra vida se convertirá en un infierno.

A estas alturas, no queda otro camino sino intentar la "reconciliación familiar", lo cual equivaldría en realidad a la "garantía mutua". Debemos integrar la reciprocidad en nuestras relaciones, esa unidad que nos convenza que nuestras vidas literalmente dependen de los otros. Sería como un pelotón de élite en el ejército, donde la vida de cada soldado se encuentra en manos de su compañero. Si cada uno de los soldados no cuida de los otros, todos podrían pagar el costo con sus vidas.

Existen tales sistemas en la Naturaleza; algunos sistemas tecnológicos operan también de esa forma denominándose "sistemas integrales" o "sistemas análogos" y todos sus elementos son interdependientes. Si se elimina una de sus partes, toda la maquinaria deja de funcionar. Parece que después de toda su evolución, la sociedad humana también ha llegado a este estado de gran conexión y dependencia recíproca total.

¿Cómo podríamos reformarnos para conseguir vivir seguros y bien? Lo lograríamos mediante "la reconciliación familiar", con la ayuda de una fuerza externa. Por ejemplo, si una pareja tiene problemas en su relación, a menudo recurren a una tercera persona, un consejero profesional, un terapeuta, o un amigo que media entre ellos. Primero habla con cada uno y después con los dos. Les puede hacer preguntas o darles respuestas, pero al final logra que la pareja abra los canales de comunicación que les ayudan a entenderse.

Finalmente, los interesados se darán cuenta que es mejor llegar a un compromiso y hacer a un lado las diferencias entre ellos. De esta forma, las personas aprenden a perdonar y aceptar lo que les molesta de su pareja. Para tal efecto, existe un dicho muy antiguo que reza: "El amor cubre todas las transgresiones".

Debemos entender que nuestras "transgresiones" hacia los demás se suscitan porque todos somos egoístas y desconsiderados cuando se trata de la familia, nuestros hijos, el comercio y todos los campos de nuestra vida cotidiana. No obstante, así es como nos creó la Naturaleza y no tenemos otra opción más que descubrir lo que puede ayudarnos a relacionarnos con los demás.

El método psicológico preconiza que necesitamos abrir nuestra mente al otro para familiarizarnos con su naturaleza. No debemos sentirnos avergonzados por nuestra forma de ser, sino que sencillamente debemos asumirla y fundar nuestras relaciones por encima de todo esto.

No podemos reprimir o amonestar a un semejante por su naturaleza. En efecto, todos tenemos fallas, pero por encima de ellas podemos construir las conexiones porque "el amor cubre todas las transgresiones", de cada uno de nosotros, pero gradualmente, por amor podemos soslayarlas.

Es como una madre que está convencida de que su hijo es el mejor y el más hermoso en el mundo. No puede descubrir un defecto, porque está cegada por su amor y sólo ve sus virtudes y no sus defectos.

Pero interrogada sobre el hijo de su vecina, dirá exactamente todo lo contrario. Percibe todo lo malo y no lo bueno porque no siente amor por esa criatura. Si la amara no vería más que sus cualidades.

Incluso si le señalamos alguna característica negativa o un mal comportamiento de su hijo, no estará dispuesta a aceptarlo. Lo justificará absolutamente y argumentará que la conducta es adecuada y negará enfáticamente que su hijo tenga tal atributo. No lo puede percibir. A esto se refiere la frase "el amor cubre todas las transgresiones".

Por consiguiente, necesitamos alcanzar la "garantía mutua", de tal forma que para comenzar estemos al tanto de las conexiones que existen entre nosotros antes del encuentro. Es preciso que la estudiemos antes de dar el primer paso, con el único propósito de construir buenos vínculos, un lazo de amor que sobrepase las transgresiones. Esto es que de antemano estaremos dispuestos a hacer concesiones como único camino para unirnos en el nivel emocional y sentirnos muy cercanos a los demás. Entonces el mundo será un lugar más seguro y tranquilo.

En tal situación no tendremos temor de que nuestros hijos salgan por la noche, ya que cualquier extraño cuidará de ellos tanto como sus propios padres, del mismo modo que nosotros nos ocuparemos de los otros. Nuestra sociedad sería insuperable si tan sólo se observara la ley de la garantía mutua.

Cada año nos encontramos más y más sumergidos en la crisis, no tan sólo en la económica, sino en todas las demás pendientes de resolver desde hace décadas, como el abuso de las drogas, la depresión, los problemas ecológicos y la desintegración de las familias.

Finalmente, debemos entender que la solución a esos problemas radica en establecer las conexiones correctas entre nosotros. Tales lazos tendrían su efecto en nuestras vidas, comenzando por las relaciones familiares y prolongándose a las internacionales.

Resulta que si conocemos la importancia que tiene crear conexiones correctas entre nosotros, es obligatorio que lo llevemos a cabo. No se trata de firmar acuerdos y contratos recíprocos, como los convenios de paz, de libre comercio, etc. Cuando una pareja contrae matrimonio, se prepara un contrato que ellos firman. Es un papel que no necesariamente compromete al corazón. Cuando conviven, si no han formado vínculo entre los dos, después de un tiempo no podrán mantener la relación y vendrá la ruptura.

Para evitar una guerra mundial provocada por una exacerbación de los egos, debemos crear conciencia entre las personas de que existe esta conexión entre nosotros. Debemos saber lo crucial que es establecer entre nosotros uniones genuinas y sinceras.

En la Naturaleza todo se encuentra impecablemente organizado. Todos los recursos naturales, todas sus partes, desde la galaxia más lejana hasta las más diminutas partículas, todo está conectado en un sistema único. Entre más progresa la ciencia, más se revela la conectividad, la integralidad y reciprocidad que existe en la Naturaleza. Sabemos que si dañamos una especie, esto traerá como consecuencia un gran número de repercusiones en el mundo y en nuestras vidas.

Debemos comprender la conectividad que existe en la sociedad humana, tan notoria el día de hoy. Por ende, nuestro éxito depende de la creación de buenas conexiones entre nosotros, lo que conocemos como "garantía mutua". En una relación así, debemos tener la sensación de que el individuo depende de todos y todos dependen de los demás.

En consecuencia deberían implantarse nuevas leyes sociales a nivel internacional. Los vínculos entre las parejas y los familiares, los colegas de trabajo y las personas en lugares públicos deben basarse en esas normas. Cada persona, aunque esté sola, debe atender a nuestra "gran familia", la familia humana, pues todos nos encontramos en el mismo sitio y estamos más conectados que los parientes que viven en un solo departamento.

Tal interdependencia brinda confianza a todos y sensación de prosperidad y abundancia. El individuo siente que hay personas de buena voluntad que lo rodean y quieren lo mejor para él: todo el mundo se convierte en una familia. En este contexto los sujetos no sentirán temor ni vergüenza, sino que "todo el mundo es mío, puedo respirar tranquilo y sentirme en casa dondequiera que vaya, en la calle, en mi trabajo y en cualquier lugar".

La educación es la clave para crear este sentimiento de confianza y seguridad. Percibir las cosas tal como lo hemos descrito, decidir a relacionarse así con los demás y trabajar para mantener esta determinación requiere de mucho esfuerzo. Y sin embargo, no queda más que llevarlo a cabo. Ahora que toda la humanidad entra en una nueva Era, tendremos que realizar este ajuste y ser también humanitarios.

Ser humanitarios significa que todos formamos parte de la especie humana, que es en realidad una sola entidad y que nosotros somos sus partes integrantes. Esperamos que a medida que evolucione la educación integral, cada uno de nosotros compruebe que en la Naturaleza somos uno solo. Los estudios científicos, la vida misma y nuestro desarrollo, todo apunta a que nuestro deber es corregir nuestras conexiones. Si estamos convencidos de unirnos a esta educación, el conocimiento derivado de ella nos transformará y hará del nuestro, un mundo mejor.

Lo mejor de todo es que tan pronto nos conectemos con los otros, percibiremos el mundo y la vida a través de ellos. Cuando amo a mi hijo, en cierta forma experimento su vida junto a él; estoy con él cuando está en la escuela, con sus amigos y en todos los lugares que visita. Disfruto lo que hace y siento lo que él siente.

De igual forma, tan pronto como el individuo se conecte al mundo entero, recibirá sus impresiones. Sentirá y conocerá lo que las personas en el mundo saben. De esta forma, podrá expandir su vida a tal grado que dejará de vivir dentro de sí mismo para habitar dentro de todos los demás. En este momento tocará el punto de eternidad de su ser, en la medida que se integre con todos en el sistema de garantía mutua.

El estudio de los principios de la garantía mutua deberá ser gradual. Primero tenemos que aprender la psicología del individuo, luego la psicología de los amigos, la de la pareja, las relaciones entre padres e hijos, la actitud hacia los vecinos, familiares y todas las conexiones que propician crítica. Después de estas esferas avanzaremos a círculos más amplios, incluso a los lugares de trabajo. Enseguida aprenderemos a expandir la garantía mutua a nivel nacional y al final a nivel mundial.

En otras palabras, el desarrollo deberá ser progresivo empezando en los círculos más cercanos y accesibles que podemos entender y sentir. Luego de adquirir experiencia y percepciones, se extenderá a sectores más amplios. Finalmente veremos que los países se pueden unir entre ellos, incluyendo a legisladores y gobernantes. Imaginaremos estos sistemas bajo su nuevo aspecto y veremos hasta qué punto estamos incluidos en ellos, para entender los cambios que deben ocurrir en el mundo.

Hoy en día parece que los líderes mundiales se han vuelto incompetentes. Debido a que nunca recibieron una educación de garantía mutua -que enseña sobre los sistemas integrales- y no pueden visualizar al mundo a través de esta lente. En primer término deben absorber los sentimientos, el entusiasmo, el entendimiento y los métodos para alcanzar la garantía mutua para finalmente llegar al amor.

Las concesiones mutuas deben incluirse en este proceso educativo. Al principio debemos aspirar a establecer buenas relaciones, entender que no podemos huir de los demás. Cuando firmamos un contrato o llegamos a un acuerdo, queda claro desde el inicio que no lo romperemos. Resulta que en todos los niveles, el problema es básicamente educativo.

Existen diversos caminos para llegar a la garantía mutua. Uno de ellos es que las personas observen y sientan -a través de muchos ejemplos- cuán conectadas están y dependen de los otros y qué bueno es estar relacionados adecuadamente; deben ver y sentir el beneficio que se deriva de ello, así como lo que perderían de lo contrario. Este es un medio para convencerlas que realicen el cambio.

Otro camino sería a través de las actividades de grupo, mediante preguntas y respuestas, juegos, canciones y películas que les transmitan emociones, que les permitan experimentar los pros y contras de la garantía mutua y determinar claramente lo que cada posibilidad aporta.

La tercera vía es emplear la ley "el hábito se convierte en una segunda naturaleza". Si la gente se acostumbra a tener consideraciones con los demás y a conectarse en grupos reducidos, aprenderán poco a poco que la conexión es muy provechosa. Entonces podrán transmitir lo que han aprendido a un círculo más extendido hasta que tengan sentimientos hacia el mundo en general, similares a los que sienten por sus seres queridos.

Todo se puede obtener empleando la influencia y la persuasión del medio ambiente, a través de los buenos ejemplos de los demás, de películas, canciones y otros medios para influir a las personas. El efecto que ejerce el ambiente puede lograr que el individuo haga casi cualquier cosa. Incluso puede reprogramar a la gente para que odie a sus propios hijos y ame a los del vecino. El ambiente es más poderoso que nuestra naturaleza porque opera en el nivel humano, mientras que nuestra naturaleza opera en el nivel animal. Por ende, debemos emplear el poder de la sociedad porque puede lograr que actuemos en forma contraria a nuestras cualidades innatas y revocar completamente nuestra forma de ser antes de unirnos al entorno.

En 1951 el psicólogo *Solomon Ash* llevó a cabo un experimento que recibió el nombre de *Experimento Ash de Conformidad*, demostrando que la presión social tiene un efecto en el comportamiento y creencias de las personas. Utilizando una prueba de visión del largo de unas líneas, *Ash* reunió a un participante verdadero junto con otras siete personas cómplices, que de antemano se habían puesto de acuerdo en sus respuestas. El participante verdadero no estaba al corriente de esto y creía que los otros participaban como él.

Cada persona en el salón decía en voz alta cuál de las líneas en un tablero (A, B, C) era más parecida a la línea del ejemplo. La respuesta siempre era obvia. El participante verdadero se sentaba en la última fila y daba su respuesta hasta el final. De 18 exámenes en total los participantes cómplices dieron la respuesta equivocada 12 veces. Los resultados en promedio fueron que una tercera parte (el 32%) de los participantes verdaderos que fueron sometidos al examen se plegaron y se conformaron a la respuesta equivocada de la mayoría. En más de 18 exámenes, cerca del 75% de los voluntarios se conformaron al menos una vez y el 25% de ellos nunca lo hizo.

Por consiguiente, la influencia del ambiente es la más poderosa, transformando nuestros hábitos y nuestras estructuras. Es también de esta forma que crecimos y fuimos educados. Se le puede enseñar a una persona cualquier cosa y lo que haya aprendido es difícil de borrar. Por lo tanto, el propósito de este estudio es reformar la distorsión egoísta para que a través de los demás, a través del ambiente, la gente se beneficie.

A la larga, es precisamente con la garantía mutua que descubrirán la ganancia egoísta mejor garantizada, porque lograrán que todos a su alrededor se preocupen y procuren su bienestar. Para que esto suceda, todo lo que necesitamos es hacer algunas concesiones, pero la verdad es que tenemos que pagar por todo. De hecho no existen concesiones en esto porque en el momento en que las personas se relacionen con los demás en buenos términos y con amor, también disfrutarán otorgando.

La idea no es que las personas se sientan tan frustradas y presionadas que piensen que no tienen más remedio que ser amables entre ellas. Más bien, debemos emplear las influencias externas en la gente como los medios para cambiarlos y puedan actuar naturalmente de esta forma. De esta manera comenzarán a disfrutar de su actitud favorable a los demás. Sentirán que se encuentran en un mundo perfecto porque se les trata bien en todas partes y ellos tratan amistosamente a los demás. Todo debe pasar de ser obligatorio a voluntario.

En resumen, nuestra crisis actual es multifacética y nos muestra que carecemos de la garantía mutua. No se presenta gracias a nuestro deseo de cambiar. Más bien está siendo provocada por la Naturaleza para continuar con nuestro desarrollo. El primer paso hacia ella es la concesión mutua, seguido de la consideración mutua.

La garantía mutua es la red que nos une. En 1960 el *Club de Roma* escribió sobre ello, y en los albores de 1900 los científicos empezaron a hablar de nuestra conexión a través de un concepto conocido como "Noósfera". Desde entonces se han realizado numerosos estudios al respecto.

Para ahorrar al mundo y a nosotros mismos mayores crisis, debemos aprender a implementar la garantía mutua en nuestros sistemas de vida. Para esto, debemos construir un sistema informativo que inculque el conocimiento y un sistema que enseñe ética y comportamiento, no conocimientos. Con el tiempo, estos sistemas tendrán su efecto en la gente, los grupos, el ambiente, el país y en las naciones unidas hasta que todos estemos educados bajo el mismo paradigma que nos enseñe a vivir en unidad provechosamente. Ha llegado una nueva Era en que debemos cambiar nuestras relaciones de competencia egocéntrica por la garantía mutua y desde allí al amor mutuo.

Capítulo 6
Tan pronto como lo sentimos

Descubriendo la conexión interior entre nosotros

Nos encontramos en una situación sin precedentes. Por primera vez en la historia experimentamos una crisis que se apodera de cada plano de nuestra existencia. Muchos expertos en varios campos sostienen que la raíz de las crisis son las conexiones fallidas entre nosotros.

A diferencia de antes, cambiar el paradigma social o económico en sí no resolverá la crisis, ni tampoco nos traerá nuevas tecnologías. Tales recursos que siempre nos ayudaron antes a avanzar, no servirán de nada en la crisis actual. Hoy sabemos que incluso un descubrimiento tecnológico que nos permitiera concebir y producir cuanto quisiéramos, no la resolvería, ya que esa no es la raíz del problema.

Más bien, necesitamos examinar el desarrollo de nuestros deseos, pues nosotros vamos naturalmente tras ellos. Es como una pareja que no se entiende bien y quiere divorciarse. Las mejores condiciones materiales no cambiarán en nada sus sentimientos. Sin embargo, cuando existe amor entre ellos y quieren vivir juntos, se contentarán con una sencilla vivienda. Dicho de otra forma, la realidad de hoy exige que reformemos primero nuestras conexiones, antes de corregir cualquier otra cosa.

Los niños también se sienten atraídos por lo que encuentran que es interesante, divertido y bueno. Las personas siguen sus deseos y hoy necesitamos examinar hacia dónde nos conducen.

Hemos estado evolucionando a través de nuestros deseos durante generaciones. En los albores de la humanidad, los deseos eran muy básicos: comida, reproducción, familia. Nuestras vidas giraban en torno a estos temas. Pero al evolucionar la tecnología, empezamos a interesarnos en otras ocupaciones. Aprendimos a manufacturar, vender, comprar la producción de terceros, organizar la industria, el comercio y la ciencia. La raza humana empezó a producir excedentes, provocando que la gente se desconectara gradualmente de la tierra como fuente de sustento.

A medida que había más tiempo disponible para otras ocupaciones, el hombre se interesó por la erudición, la escritura y las manifestaciones culturales, que fueron bien acogidas entre las diversas clases sociales. El desarrollo continuó, las naciones se politizaron, se fundó la industria y se descubrieron nuevos continentes. La humanidad evolucionaba en virtud de su constante deseo. En el Siglo 20 incluso despegamos hacia el espacio exterior y excavamos en las profundidades de la tierra y el mar, llegando tan alto y hondo como nos fue posible.

Pero de pronto nos paralizamos, como sucede cuando perdemos el interés y sencillamente queremos abandonarlo todo y rendirnos.

Durante los años 60 crecía una nueva generación, que despreciaba todo y pensaba que todas estas obligaciones no tenían sentido. Se les dio el nombre de "hijos de las flores" o "hippies". Los observadores opinaron que sólo estaban hastiados, puesto que hacía poco había terminado la 2da. Guerra Mundial y la Guerra de Vietnam apenas comenzaba. O creyeron que la gente estaba aburrida y dado que "tenían la vida fácil" sencillamente se rebelaban.

Sin embargo, no fueron esas las razones, sino algo muy recóndito, un deseo más evolucionado se despertaba en esa juventud. No querían conformarse con procurarse una vida mejor, sino que querían conocer el propósito de su existencia. Les repelía tener que ajustarse a los "roles" impuestos por la sociedad y protestaban porque no querían convertirse en "robots" y que alguien consiguiera a costa de ellos grandes riquezas o poder político.

Nuestros deseos continúan creciendo. Hoy, la cuestión ha llegado a tal punto que se ha instalado el desaliento y la depresión. Pero más allá de todo esto, podemos entrever que la naturaleza lleva una cierta dirección en su evolución y cada vez más un número mayor de personas se preguntan cuál es el propósito de su existencia. No se contentan con ir sobreviviendo, en parte por los problemas y en parte porque el desenvolvimiento de sus deseos les exige saber para qué sirve esta vida.

En esta época muy pocas personas gozan de la vida y menos aún tienen expectativas. Más bien, el ánimo que prevalece es: "¿qué le vamos a hacer? ¡Así es la vida!". A pesar de que nos encontramos en una generación que lo tiene todo, la gente está cada vez más deprimida.

Pero, ¿qué es lo que nos falta? Podemos aprender cualquier profesión que nos convenga, podemos ser artistas, músicos, tenemos un sinfín de pasatiempos, podemos viajar por todo el mundo. Y a pesar de todo, el crecimiento del deseo no parece conducirnos a ningún lado. No queremos nada conocido hasta ahora, que sea único para nuestra generación.

Hemos llegado a un punto muerto del que no podemos escapar a menos que demos la respuesta correcta: descubrir el significado de la vida y hacerlo precisamente conectados. Difícilmente esa sea la respuesta que esperamos, pero las crisis que se abaten y el rechazo que sentimos por todo lo que la vida nos ofrece, indica que nuestros problemas tienen un solo origen: la falta de conexiones positivas y sólidas entre nosotros.

Tomemos el ejemplo de la medicina. La gente pierde la fe en los doctores porque gracias a la intensidad del ego, la medicina se ha convertido en un comercio. Sin la medicina privada y sus costosos seguros de gastos médicos, no es fácil sobrevivir. Los medicamentos se han vuelto artículos de consumo y la industria farmacéutica trata de vender lo más que puede. Como resultado nos piden realizar estudios innecesarios, algunas veces perjudiciales porque son radioactivos o precisan la inyección de sustancias tóxicas. Ya no existe el dedicado doctor familiar que alguna vez conocimos. Nos obligan a peregrinar de especialista en especialista sin que nadie asuma la responsabilidad, al mismo tiempo que cuidan los ingresos de otros doctores.

Resumiendo, incluso si este cuadro les parece extremo, no cabe duda de que la mayoría de los problemas de la medicina moderna se originan en la comercialización. Bajo tales circunstancias no es de sorprender que enormes recursos del presupuesto nacional sean destinados al sistema de salud.

Este es tan sólo el ejemplo de la falta de confianza en nuestra sociedad. El ego ha malogrado nuestras relaciones y lo mismo sucede en todos los ámbitos de la existencia: con las autoridades, en el trabajo, en la fila del supermercado y en cualquier lugar en donde tenemos contacto humano. Cada vez más nos encontramos con personas que parecen querer hacernos pasar un mal rato, como si disfrutaran la desdicha ajena.

Muchas personas ven a los demás como una fuente de ganancias, ignorando al ser humano que tienen enfrente, y calculan cómo sacar el mayor provecho o la menor pérdida de este "objeto". En el sistema financiero, en el comercio y en la industria, encontramos obstáculos porque todos piensan sólo en su ganancia personal sin importar el beneficio de todos los interesados. Debido a esto, proliferan los reglamentos que protegen los intereses del público.

Lo peor es que las organizaciones despilfarran millones y miles de millones sencillamente para impedir que los competidores obtengan beneficios, esperando que fracasen para ganar a costa de ellos.

La falta de buenas conexiones entre nosotros está obstaculizando el buen funcionamiento de todos nuestros sistemas. Es particularmente evidente en la educación de los niños. No existe coordinación entre los involucrados en la educación: los padres, maestros y las autoridades responsables. Cada elemento en el sistema trata de llevar agua a su molino y el resultado es que hemos fracasado en formar a la siguiente generación como corresponde.

Este lamentable estado causa que las personas se pregunten para qué tener hijos, que en principio sólo vendrían a sufrir al mundo. Después de todo, la situación se deteriora día tras día. La seguridad personal va en caída libre e incluso hay quienes predicen que en unos cuantos años el mundo como lo conocemos llegará a su fin como consecuencia de una guerra nuclear, un desastre natural, falta de comida, agua o energía, o todo junto. ¿Cuál sería entonces el caso de tener hijos?

Las relaciones entre padres e hijos, padres y abuelos han cambiado también. No existe más la conexión entre las generaciones y las unidades familiares sencillamente se están desmoronando.
Además, nuestra actitud hacia nuestro lugar de nacimiento se

ha modificado significativamente. Podemos mudarnos a otra ciudad o país con mucha facilidad. Si vencemos la barrera del lenguaje, podemos vivir en donde nos plazca. Sin embargo, esto no hace sino incrementar la desconexión. Hay personas que pasan su vida entera viajando y no sienten apego por algún lugar en particular, a pesar de que dentro de nosotros, aspiramos tener un refugio cálido y seguro, un hogar; es innato en todos.

Vemos que si continuamos por este sendero, no podremos resolver nuestros problemas. La desconfianza y la falta de buena voluntad se encuentran en el corazón de toda crisis. Siempre pensamos que debíamos pensar técnicamente, calcular las ganancias, las materias primas y los productos. Nunca dimos ninguna importancia a las personas que se encontraban detrás de todos estos cálculos.

Pero esta actitud no funciona más. Descubrimos que necesitamos impregnar con cariño, cuidado y confianza nuestras relaciones, o todo el resto se desplomará.

Por lo tanto, a la frialdad de los cálculos, debemos agregar una actitud benévola, esforzarnos en nuestras relaciones, aprender a hacer concesiones, y a poner un poco de nuestra parte en nuestras asociaciones. Sin un cambio de actitud de esta índole no podemos funcionar, porque nuestro deseo, lo que nos mueve a la acción, exige gozo y plenitud.

Y sin embargo, nadie le puede poner precio a la satisfacción. Disfruto la sonrisa de mi hijo porque lo amo. No lo vendería por nada. Además, tengo la seguridad de que mis familiares cercanos me cuidarán tanto como sea posible y estos sentimientos no los podemos comprar con dinero.

En otras palabras, desde la rutina familiar, pasando por el sistema de salud, de la educación, la cultura y la economía, el comercio y la seguridad, en todo hemos perdido contacto entre nosotros. Nadie nos ha enseñado a plantar y cultivar la conexión con los demás.

En el pasado, tales conexiones entre las personas eran más naturales, pero ahora percibimos la conexión como un compromiso que evitaríamos de ser posible. Incluso el buen trato de alguien lo sentimos como una pesada carga. No obstante, sin amor no seremos capaces de continuar existiendo.

Antes, la gente se sentía ligada a su tierra natal, a su ciudad, a su país. Se dedicaban a las labores de la tierra, eran patrióticos, arraigados al suelo que los había visto nacer. Hoy tales circunstancias se están desvaneciendo y cuando perdemos nuestros orígenes, nuestros hogares, que son tan importantes, una sensación de insensatez se apodera de nosotros.

No es una coincidencia que la crisis que ahora experimentamos abarque todas las áreas de la existencia. De hecho, la crisis hizo su aparición hace ya largo tiempo, primero en las dificultades de la vida personal, después se extendió afectando las conexiones familiares, luego a la educación, la cultura, la salud, la seguridad y últimamente la economía. Durante años no nos importó hacer a un lado nuestras emociones. Pero ahora no podemos ignorar la situación porque hemos llegado al final del camino. Si tomamos cierta distancia del aspecto financiero y consideramos al corazón, nos daremos cuenta que si no restauramos la confianza, no podremos seguir.

Nuestra sociedad se está acercando cada vez más, se está vinculando. Es un proceso natural del desarrollo. Podemos observarlo, criticarlo, escudriñarlo, pero es un hecho y no se puede discutir con la realidad. Que nos guste o no, es un proceso inherente de la naturaleza que sencillamente debe tomar su forma.

Por consiguiente, no tenemos otra elección sino erigirnos como una sociedad de personas más conectadas, más amables que se tratan con gran consideración. Está escrito en muchos textos antiguos que los humanos a la larga llegaremos a amarnos los unos a los otros.

Las personas que viven en la naturaleza son testigos de ello. Sienten el amor que la impregna, que la recorre en su totalidad y perciben el cuidado que da a todos sus integrantes. Pero cuando miramos a la naturaleza desde nuestro punto de vista egocéntrico, es imposible descubrirlo.

En alguna ocasión le pregunté a la famosa primatóloga y antropóloga, Jane Goodall, estudiosa del comportamiento de los chimpancés durante muchos años, lo que había sentido mientras había vivido en la selva, aceptada por los simios. Ella me respondió: "Amor... esto es lo que sentí que existía entre ellos". También descubrió el amor por los árboles, la selva, el cielo y la tierra.

En un principio, ella estaba totalmente desligada de la naturaleza, así que fue muy interesante escuchar acerca del proceso que experimentó y lo que descubrió. Una persona que vive en la selva por tanto tiempo, y ha llegado allí proveniente de la selva urbana, lentamente descubre que la naturaleza es amor.

¿Acaso el largo proceso por el que ha venido pasando la humanidad no ha tenido otro propósito sino desarrollar su cognición respecto al amor por los demás para abrirse a ese sentimiento y abrazarlo? Después de todo el amor no puede imponerse. Podemos lograr que los individuos se comporten con decencia y sean amables; podemos lograr casi todo con dinero, pero no podemos comprar el amor.

El amor es un sentimiento muy especial, superior a todas las otras emociones humanas. Podemos crear una confianza relativa, que podemos sostener todo el tiempo que necesitemos unos de otros. Pero si se presentara un tercero y nos ofreciera algo mejor o la promesa de mayor placer, perderíamos la confianza y el apoyo mutuo entre nosotros. Deducimos entonces que la importancia que nos otorgamos depende de lo que podemos obtener del otro.

Nos encontramos en una situación muy especial. La evolución nos ha hecho sentir claramente que dependemos unos de otros y necesitamos tener buenas conexiones. En realidad lo indispensable es amarnos, porque de lo contrario no lograremos la confianza requerida para establecer una vida mejor.

No es por casualidad que hemos llegado hasta el grado de esconder nuestras armas atómicas en la espalda. Existe una buena razón por la que nuestras vidas están llenas de crueldad, maldad y frustración, se trata de que debemos entender que no tenemos otra opción sino trasladar nuestras relaciones totalmente en el sentido opuesto.

En el medio -entre el amor y el odio recíprocos- se encuentra la crisis que nos advierte que si no convertimos el odio en amor y si no confiamos verdaderamente los unos en los otros, no podemos sobrevivir sobre la Tierra. Más allá de las crisis financieras, las bombas atómicas, y todas las otras invenciones, necesitamos darnos cuenta que vivimos en un sistema cerrado, circular y conectado. Así fue creado, nos guste o no, pero este sistema está cargado, actualmente, de armamentos y odio, por lo que no nos queda otra alternativa más que transformarlo. La crisis nos enseña que dentro de un sistema conectado debemos hacer esta conversión del odio al amor, o nos dirigiremos a un estado en que no tendremos nada que comer.

Estos no son problemas que podemos ignorar, como podríamos hacerlo con la educación. La crisis económica va a afectarnos en lo más sensible. Muchas personas ya no pueden proveer a sus familias las necesidades básicas, el sustento vital. Y cuando un país deja de apoyar a sus ciudadanos, la multitud se desborda en las calles.

La desconsideración mutua derivará en una situación en que ninguna nación podrá lidiar con sus problemas, incluso si se trata de un país tan poderoso como Alemania. Incluso si sus arcas del tesoro están repletas de oro, no podrán proporcionar a la gente las condiciones decentes de vida debido a la desconsideración recíproca existente. Hoy por hoy, la mitad del mundo está muriendo de hambre, mientras que la otra mitad desperdicia suficiente comida para alimentar a cada persona necesitada en el mundo e incluso habría excedentes. A menos que aprendamos a amar a los demás, sencillamente no sobreviviremos.

¿Por qué tenemos que vivir en un mundo así? ¿Por qué existe el terrorismo, las guerras, el desperdicio de energía y la contaminación? ¿No tendrán su origen en nuestra desconsideración hacia los demás?

Debemos aprender lo que significa ser considerados y empezar a construir sistemas similares con los que intentaremos establecer un modo de vida equilibrado. Si no cimentamos las relaciones de amor entre nosotros, no lograremos nada. Debemos aprender a ser respetuosos entre nosotros, entender las necesidades de los demás y ver que sean satisfechas. De otra forma, la vida en la Tierra -como la conocemos- llegará a su término.

Si la Ley del Amor es la ley general para el hombre, ¿cómo podríamos implementarla? Debemos exponer todos los deseos que tenemos -sin importar el número- de tal forma que no los utilicemos para nosotros mismos, sino más bien para los demás. Cada uno debe estar conectado con el resto del mundo. No significa que cada uno de nosotros deba conocer a todos los habitantes del planeta, sino que debe sentir que todos estamos unidos, que nos preocupamos de los demás, como lo hacemos por nosotros mismos.

¿Cómo podemos cambiar nuestra naturaleza egoísta tan drásticamente? Vivimos una época muy particular. Nunca -en alguna circunstancia interna o externa- la naturaleza o nuestro propio desarrollo nos habían pedido realizar un cambio. Siempre hemos seguido el curso del desenvolvimiento del ego, explotando el mundo todo cuanto pudimos. Ahora, por primera vez, debemos cuidarnos y crear para nosotros mismos una educación integral global que nos ayude a ser considerados con los demás, para ser como niños de buen comportamiento en la escuela. Sin tal actitud, nuestra bella canica azul dejará de existir.

Si preguntamos a los sociólogos y psicólogos dirán que el marco apropiado para este proceso educativo se daría dentro de un grupo. Por lo tanto, debemos organizar agrupaciones en donde podamos llevar a cabo discusiones, capacitaciones, actividades y ejercicios que nos permitan descubrir el beneficio de estar juntos, descubriendo lo que ganamos al rodearnos de personas consideradas y los resultados extraordinarios y asombrosos que podemos lograr si trabajamos en colaboración y apoyo mutuo.

Al evolucionar, nos enfrascamos en el comercio, la industria y la ciencia. Pero si nos reeducamos para crecer sin tomar como base el egoísmo, sino la consideración y la conexión mutuas, nos liberaremos de los problemas y preocupaciones de nuestras provisiones y crearemos una nueva industria. Esta vez, sin embargo, será un tipo muy diferente de industria que no estará basada en la tecnología, sino en el corazón. Será la "tecnología espiritual".

Hasta hoy, hemos desarrollado la tecnología a través del ego, que ha impulsado nuestro desarrollo. Si atendemos nuestro desarrollo interior, desarrollaremos un nuevo mundo, uno interior, pleno de emociones, perspectivas, pensamientos, nuevos desarrollos y discernimientos. Aparecerán dentro de las buenas relaciones que tendremos. Cuando esto suceda no necesitaremos de la red de Internet o de las líneas de comunicación que utilizamos ahora. Nos conectaremos entre nosotros emocionalmente.

Tan pronto como inculquemos la consciencia de nuestra interconexión en los vínculos que ya tenemos, nos liberaremos y experimentaremos un desarrollo muy particular que será cualitativo. Empezaremos a sentirnos mutuamente como una madre siente a su hijo querido.

En esta circunstancia, será como si todos estuviéramos mezclados emocionalmente. Experimentaremos lo que le acontece a los demás y ellos experimentarán lo que nos sucede. De esta forma, llegaremos a tener una consideración mutua y una conexión total e integral. Comprenderemos las palabras de Jane Goodall y muchos otros que nos dicen que el amor es la ley general de la realidad, que el amor es lo que existe en la Naturaleza.

Los sociólogos y psicólogos explican que por medio de ejercicios dentro de pequeños grupos, podemos alcanzar niveles tan profundos, que sentiremos verdaderamente las fuerzas inherentes que existen dentro de todos. Al lograrlo, sentiremos el amor absoluto que existe en la Naturaleza.

Si mejoramos nuestras relaciones, seguramente tendremos un mercado común sobrado de triunfos. Encontraremos el éxito en todos los ámbitos de la vida y será una vida feliz.

Hoy en día, una tercera parte de los presupuestos nacionales se invierten en salud pública. Sin embargo, sólo una fracción se emplea para beneficiar realmente a los ciudadanos. Otra enorme porción de los presupuestos de los países van a parar a defensa, seguridad y a burocracia. Si actuamos con consideración mutua, liberaríamos cerca del 90% del tiempo que pasamos haciendo cosas que no nos benefician en nada. Nos daremos cuenta que no tiene caso trabajar tan arduamente.

Al igual que la crisis actual nos está obligando a repensar nuestra actitud hacia la vida, tendremos que entender que el hombre debe ser libre y que debemos ser más considerados unos con otros. Entonces las personas se apresurarán para ir al trabajo para ocuparse de los demás. Seguirán construyendo, produciendo alimentos, vestidos y otros artículos básicos, desarrollando las maquinarias necesarias. Sin embargo, siempre tendrán presente el bienestar colectivo. En este momento tal vez no sea necesaria la riesgosa energía nuclear y todo lo que es superfluo. En suma, las cosas tomarán su lugar gracias a la consideración que tendremos por los demás, que es totalmente lo contrario a la tendencia actual.

Karl Marx, cuyas ideas constituyeron la base del comunismo, advirtió sobre las perversiones existentes en las relaciones humanas desde el ángulo económico. Basándose en los cálculos que presenta en su obra *El Capital*, demostró que si las cosas seguían así, el método se destruiría por sí mismo. Tenía razón. Podemos estar o no de acuerdo con Marx, pero él comprendió que el ego llegaría al final de su evolución y que únicamente entonces descubriríamos que es finito, lo cual ya está ocurriendo el día de hoy.

Por consiguiente, entre más rápido percibamos que el mundo global e integral nos exige ser considerados, comprensivos y amar a los demás -lo que se perfila como la ley general de la realidad- más pronto llegaremos al final de la crisis y al inicio de una vida plena.

Debemos empezar a avanzar en esa dirección, tal vez dando pequeños pasos al principio, no fuera, sino por nuestros hijos, la siguiente generación. Si podemos educarlos para que sean un poco más considerados con los demás, ellos serán más felices de lo que somos nosotros.

Podríamos empezar a esbozar los sistemas que necesitaríamos para implantar estos cambios en la sociedad humana. Necesitamos construir estos nuevos sistemas, formar grupos y capacitarlos. Por supuesto, en primer lugar viene la preparación de los maestros y educadores para que comprendan los principios. Estos instructores primero deben sentir internamente los conceptos, ya que si no se impregnan del tema, no lo podrán transmitir a los demás mediante las diversas actividades; aprenderán a ser considerados con todos y descubrirán las ventajas de ello, tanto en su paz interior, como en su cuenta bancaria.

Las personas que toman las calles para protestar descubren que se sienten felices de estar juntos, de pertenecer a algún movimiento, de tener algo en común. Lo perciben cuando salen a protestar, es cierto, pero, ¿es la forma correcta de resolver el asunto? ¿No sería mejor conseguir los mismos objetivos realizando festivales, reuniones masivas, a las que acudirían un gran número de personas? ¿Por qué no introducir un modo de vida más positivo? ¿Por qué no experimentar mejor el compañerismo, la consideración, la conexión y la unidad?

Mediante el curso de capacitación probaremos que salimos ganando mucho más si nos unimos. Comprobaremos que es más provechoso estar cerca de los demás, que el mundo sería más sano y seguro. Los menores que son agresores no molestarán a nuestros niños en la escuela y los adolescentes no estarán expuestos a las drogas o sentirán miedo cuando salgan a la calle. Conduciremos nuestros autos con cuidado para no provocar accidentes en las carreteras. Pondremos un alto a la carrera armamentista y sanaremos al mismo sistema de salud. En suma, nos constituiremos como una familia única, cariñosa, por encima de las diferencias y las contrariedades.

Y podremos lograrlo con nuestro ego al lado. No tendremos que inhibirlo, sino que trabajaremos con él, como en una familia cuyos miembros entienden que cada persona es distinta, única y debemos ser considerados con todos.

Amar significa que yo amo al otro, aunque éste no sea como yo quiero que sea. Así es como podemos redondear al mundo, cada uno complementando al otro, suscitando en el otro -a través del amor- los cambios que le gustaría ver, para amarse, alcanzando de esta forma la paz y la perfección. Este es el primer paso hacia la completitud.

Para conseguirlo, debemos establecer sistemas para educar a la gente. Cuando una persona ha pasado por un cambio gradual, participando en cursos que le ayudan a comprender a través de ejercicios, ésta aspira a una sociedad más equilibrada y a aceptar un modo de vida relativamente uniforme.

En primer lugar, debemos alcanzar una situación común en la que todos cubran sus necesidades básicas. En el término de cinco años podríamos lograr que todos tuvieran un techo sobre su cabeza, una provisión de alimento y vestido y todo lo necesario en el hogar, cada quien con su propia definición de lo que "necesita en el hogar".

El abastecimiento de estas necesidades se haría con los excedentes. Si hiciéramos el cálculo, descubriríamos que son del 90%. Cuando las personas se aman, pueden dar sin experimentar una sensación de pérdida. También, si cada persona entrega el 10% de su salario a favor de alguien más, acabarían por no notarlo.

El cambio tiene que ocurrir a escala global en el mundo y tiene que ocurrir a través de la educación. La educación viene en primer lugar. Un cambio no puede efectuarse por la fuerza sino por voluntad propia. Los bolcheviques en Rusia quisieron imponer el cambio y miren en qué terminó todo. Por lo tanto, primero viene la educación.

Cada vez que hagamos algo por los demás, necesitamos demostrar lo que hemos logrado. Debemos rendir cuentas a los benefactores ricos sobre lo que los pobres reciben y en qué forma ellos contribuyen al equilibrio y armonía de la colectividad.

Debemos demostrar que mediante la participación mutua, podemos deshacernos de los excedentes, que no estamos produciendo en exceso miles de medicamentos sólo para que alguien se haga rico, enfermando y envenenando al resto de la humanidad. Necesitamos asimismo examinar nuestros gastos de seguridad y defensa y evitar invertir fortunas en la innecesaria compra de armamento.

La Naturaleza nos ha traído hasta esta nueva Era en la que es preciso reformar los sistemas egoístas que hemos construido. La crisis ha llegado a tal punto que si no actuamos para resolverla, la población se contraerá y no podrá sostener los egoístas sistemas superfluos que hemos implantado. Es por esto que el mundo está en decadencia y cayendo en una crisis. Necesitamos tomar consciencia de que nuestras actitudes corrompidas causan todo el mal y las buenas actitudes revelan tesoros, verdaderas minas de oro.

Y en cuanto a la resolución de la crisis global, lo primero es la educación. En lugar de hablar de soluciones económicas, déficits y la división de excedentes, necesitamos entender que como resultado de nuestra evolución humana, hemos llegado al punto en que necesitamos comenzar a conectarnos porque entre nosotros está apareciendo una red de conexiones que nos fuerza a mantener buenos contactos.

Las conexiones equivocadas entre las personas son la causa de todas las crisis, las que no se solventarán hasta que no las resolvamos mediante la consideración sincera que mostremos a los demás y la confianza mutua. Sólo entonces podremos desarrollar sistemas que pondrán en práctica las reformas necesarias.

En el mundo, así como dentro de nosotros, está apareciendo un formato global e integral. No hay hacia dónde moverse. No es por casualidad que la Naturaleza no nos desarrolla más, como lo venía haciendo hasta ahora.

Hasta que una persona no descubre el mal, hasta que no le queda otra opción sino cambiar porque se encuentra en una situación de vida o muerte, no se acercará a una nueva educación. Debemos descubrir que no tenemos otra alternativa más que educarnos para construir un nuevo sistema de vida.

Los psicólogos dicen que para construir tales sistemas o métodos, podemos aprovechar el poder de un grupo. Los sociólogos hablan de involucrar otros círculos también, como los políticos, los maestros, los educadores y los entrenadores deportivos. Debemos buscar la ayuda de quien lo desee. Necesitamos construir métodos que logren que las personas comprendan la necesidad del cambio, así como la manera de implementarlo. Estos métodos estarán disponibles allí donde los individuos tengan la posibilidad de aprenderlos.

La Naturaleza nos empuja hacia una situación en la que tenemos que decidir nuestro siguiente paso en la evolución. Siempre lo hemos hecho a ciegas, pero ahora, por primera vez, necesitamos hacerlo por nuestra cuenta. Hasta ahora el ego nos incitó al desarrollo. Nos apresuramos a desarrollarlo todo, a descubrir y producir toda clase de artefactos mientras que miles de personas vendían estos productos. Así es como evolucionamos.

Ahora nos encontramos en un paro total. Es la primera vez que estamos detenidos para reflexionar a dónde hemos llegado y lo que ha ocurrido. Nuestros hijos no nos toman como modelos a seguir; al parecer nos dicen: ¿por qué me has traído a este mundo? ¿Por qué me has dado a luz?

Hemos detenido nuestra carrera y nos preguntamos en qué dirección continuar y por qué. En verdad, a dónde hemos llegado, si no es a un desierto desolado y vacío.

Primero, necesitamos reconocer las circunstancias que se han creado con nuestra evolución. Necesitamos examinarlas y comprenderlas o no llegaremos a un estado en que seremos considerados con los otros. Esto ha cambiado. Una nueva ley está apareciendo y todos debemos observarla. Debido a eso necesitamos aprender.

Es imposible forzar a las personas a cumplir con esta ley, multarlos o meterlos en prisión si no lo hacen. Es necesario impregnar esta ley justo en sus conexiones con los otros, en el corazón de la gente. Esta vez no se trata de comprar o vender, es un contexto nuevo y particular.

Hoy, muchas personas hablan sobre un proceso que apenas inicia y que está en un distinto nivel de desarrollo. Ese proceso se llama "la evolución del hombre". Estamos construyendo entre nosotros un formato singular, un sistema recíproco, una conexión mutua que se llama "hombre". No puede haber nadie, en ningún lugar del mundo que no quiera participar de ello. No existe otra opción, tenemos que llegar a todos porque somos interdependientes.

Pero primero debe existir una genuina revolución en la educación de los niños de la nueva generación. Así al menos veremos que ellos sí tendrán consideración por los demás y tendrán una vida equilibrada y segura; ningún abusivo golpeará a los pequeños, ni les venderá drogas o los incitará a la prostitución.

Nuestros hijos son nuestro reflejo. Debido a que nosotros no hemos cambiado no les podemos pedir que se comporten de otra manera. ¿Cómo pedirles que se porten bien cuando nosotros les damos malos ejemplos? Es por esto que nos rechazan. Podrán ser peor que nosotros, pero sólo continúan la tendencia que iniciamos. Podemos decir que son malos, que corremos cuesta abajo, pero ellos van adelante de nosotros porque son la generación que nos sigue.

Tenemos la posibilidad de hacer una introspección. Podemos experimentar todas las etapas de la revolución interior y virar hacia una nueva dirección. Necesitamos hacerlo porque la vida nos compromete a ello, no porque algún sabio nos lo dice. Es necesario examinar todos los datos científicos, psicológicos y sociológicos, y nuestras propias experiencias para deducir cómo podemos erigir juntos el nuevo mundo.

En un mundo de relaciones humanas afectuosas, la persona egoísta disfrutará empleando su ego en forma inversa, cuando sea testigo de los ejemplos de conductas sociales positivas, y las imite gracias al poder de influencia que tiene la sociedad. Así aprenderemos a alcanzar nuestro potencial pro-social, apoyados por la sociedad misma que ejercerá su influencia a través de la recompensa y el castigo y el reconocimiento de nuestros familiares, a quienes tenemos en alta estima.

Podemos jugar con el ego de muchas maneras, en función del ambiente que habremos creado. Existen cuatro niveles de desarrollo: inerte, vegetal, animal y hablante (humano). Conforme a estos niveles, se necesita construir el ambiente que incluya los diferentes niveles.

Por ejemplo, podemos influir a las personas a través de sus familiares. Si mis hijos me observan y valoran mi contribución a la sociedad, esto realmente podría motivarme. También se puede utilizar el reconocimiento de los vecinos, los colegas de trabajo y otros conocidos.

Necesitamos construir para las personas un ambiente del cual no se puedan escapar, como si fuera una prisión. pero tratando con consideración a nuestro ego porque así lo requiere la Naturaleza. Necesitamos enseñar a la gente no lo que ganarían suprimiendo el ego, sino que lo usen correctamente y disfruten emplearlo a favor de la sociedad.

Si tengo hijos ¿estaría mal usar mi ego para hacer una fortuna que asegure su porvenir? Nuestro problema no es si usamos nuestro ego, lo cual podría ser un gran activo. La única pregunta sería, ¿cómo utilizarlo? Si la sociedad me obliga a usarlo en forma positiva, puedo abrirlo y usarlo favorablemente. Si no le doy un uso adecuado la sociedad debe venir al rescate. Todo depende del marco social. El hombre es el resultado de su ambiente, razón por la cual tenemos que actuar sin presión ni opresión.

Todos tomaremos los cursos en el nuevo mundo relativos a la psicología humana, las relaciones humanas entre padres e hijos, entre parejas, educación para los niños, estructuras de la sociedad, la historia del desarrollo egoísta y el sistema global e integral, a través del funcionamiento del cuerpo humano y del universo. Necesitamos estar más alertas sobre lo que sucede en el mundo. Sin embargo, precisamos aprenderlo de manera agradable, sin calificaciones, sino mediante discusiones y consideración mutua, dentro de grupos de estudio.

No serían clases donde se viene a estudiar y volver a casa al finalizar el día. Más bien el estudiante se encontrará en una atmósfera especial porque necesita conocerse a sí mismo y el entorno en donde vive. Será igual que el aprendizaje de los niños, porque queremos que entiendan el mundo en el que viven y cómo pueden usar todo lo que los rodea.

Ahora necesitamos impartir la misma educación, a los "niños adultos", porque no la recibimos cuando fuimos niños. De hecho estamos aprendiendo acerca del "yo" y "el mundo" y sobre cómo "yo y el mundo" debemos llegar a ser "nosotros y el mundo" y después "nosotros y el mundo" se convertirán en integrales, en "uno".

Necesitamos educar a las personas hacia una realidad así, porque la ley general de la Naturaleza es el equilibrio. En consecuencia, siempre luchamos por encontrarnos en la postura más cómoda. Todo obedece a la armonía. Se debe enseñar a las personas que las leyes del equilibrio actúan en la física, química, biología y zoología. Por lo tanto, la sociedad humana también se debe organizar apegándose a esta ley.

No se trata de misticismo, es científico. Utilizando la crisis global, la Naturaleza nos obliga a cumplir sus leyes. Para lograrlo, nos volvemos expertos en diversos campos, tal como los científicos y los psicólogos, para ayudarnos a erigir la sociedad futura.

Resumiendo, el cambio debe comenzar hoy mismo. El problema es que las personas se acostumbran a aceptar lo malo en lugar de lo bueno. Mi abuelo, por ejemplo era un hombre sencillo. Tenía un viejo colchón con una hendidura en el medio. Con el paso del tiempo su cuerpo y ésta eran iguales. Cuando le ofrecí comprarle uno nuevo para no tener que acostarse en ese hoyo, se negó y me dijo: "No, está bien, ya me acostumbré".

Esto no está bien; se trata de un hábito. La gente se acostumbra a muchas cosas: se acostumbran a pelear entre ellas y pronto el hábito se convierte en una segunda naturaleza. Los hábitos logran borrar lo negativo de los sentimientos para convertirlos en aceptables. Encontramos tranquilidad en la familiaridad de los hábitos.

En cierta ocasión hablé con un hombre que había pasado 25 años en un campo de trabajos forzados en Siberia. Cuando lo liberaron, no quería marcharse. No sabía cómo enfrentar al mundo exterior, porque todo su universo era la prisión. Al lado del penal había un poblado cuyos habitantes eran todos ex convictos. Al igual que él no querían ir a ningún lado, así es que se habían establecido en el poblado para terminar allí sus vidas. El lugar se hallaba en un sitio muy desolado y desierto, pero los prisioneros ahora libres no tenían idea cómo desenvolverse en el mundo, mientras que en Siberia tenían todo lo que era familiar para ellos.

Tan pronto sintamos a los demás, descubriremos la red de conexiones entre nosotros, la comunicación interior de corazón a corazón y de mente con mente. Los científicos sostienen que estamos conectados en un solo campo en el nivel humano. Al igual que existen campos de fuerza eléctricos, campos de fuerza magnéticos y campos de fuerza gravitacionales, existen otros campos de fuerza. Sabemos que existen campos de fuerza del pensamiento: si una persona piensa en algo otra seguramente la presentirá, o si alguien quiere algo también otro lo querrá. Existen muchas personas sensibles que tienen estos presentimientos.

Con el estudio desarrollamos nuestra sensibilidad hacia los otros, para empezar a sentirnos y comprendernos, incluso sin palabras. Podemos salir de nosotros mismos para sentir a toda la humanidad, como si fueran nuestros familiares, como si ellos se infiltraran cada vez más hondo en nuestros corazones y sintieran que nosotros nos infiltramos asimismo en el de ellos.

Se forma una conexión entre nosotros que no requiere de Internet, palabras o algo más. Más bien, este "lenguaje de corazón a corazón" es todo lo que necesitamos. Es como los amantes que no necesitan palabras sencillamente se miran a los ojos y sonríen cómplices de lo mismo. La sensación de que están uno en el corazón del otro es todo lo que requieren.

Pero aquí hablamos de mucho más. No es tan solo una sensación de enamoramiento, sino son todas las líneas de Internet, todas las formas de comunicación, del comercio, la cultura y la educación que experimentaremos en nuestra "tecnología interna". Descubriremos en nuestra conexión interior un espacio en el que podemos construir una nueva humanidad, un nuevo mundo lleno de emociones y pensamientos. Y allí, dentro de nosotros, fundados sobre esta sensación podremos erigir un nuevo mundo.

Estas relaciones nos llenarán de música, literatura, teatro y películas. Lo encontraremos todo en estas artes y no tendremos que realizar movimientos físicos para inspirarnos por las formas internas de nuestra conexión. Si todas las formas de arte hablan de las impresiones del hombre, las sentiremos en nuestras conexiones. Desarrollaremos tecnologías para nuestras necesidades y pasaremos el resto de nuestro tiempo disfrutando.

Ciertamente, el placer es un concepto abstracto. Puedo disfrutar la vida sin producir montañas de concreto y material inerte a mi alrededor. El elemento importante es la plenitud interior, es para lo que vivimos.

¿Qué es lo que tiene una persona con una cuenta bancaria de diez dígitos? Tiene una sensación. Y es la sensación lo que cuenta. Si le robaran el dinero, mientras esta persona no se entere se seguirá sintiendo muy bien. En otras palabras, podemos darle a la gente tanto deleite que no necesitarán otra cosa, sino mantener su cuerpo físico, mientras que su plenitud de ser humano crecerá constantemente.

Por lo tanto, todo lo que observamos nos indica que debemos desarrollarnos solos, dar nuestro siguiente paso hacia el próximo nivel. Somos nosotros los que lo construimos, nada nos empuja por la fuerza. Primero descubrimos que tan miserables nos sentimos en las presentes circunstancias y entonces anhelaremos comenzar a preparar un futuro mejor. Sin embargo, avanzaremos a ese maravilloso futuro sólo si entendemos, reconocemos y queremos construirlo nosotros mismos.

El siguiente paso es la construcción de una humanidad feliz, en un estado perfecto, en el que todos estamos juntos, unidos con toda la Naturaleza.

Capítulo 7
Trabajo y empleo en el nuevo mundo

Nuestros horarios cotidianos están por cambiar

Hoy en día muchas personas no tienen la certeza y están ansiosas acerca del futuro. Los economistas, financieros y sociólogos estiman que pronto habrá a nivel mundial cientos de millones de desempleados, sin ingresos y sin esperanza de conseguirlos. Según las estadísticas, una de cada seis personas en Estados Unidos adquiere sus provisiones con cupones de alimentos. Millones reciben otro tipo de ayuda, ya sea en cocinas públicas, donación de vestimenta, seguro social o todo esto junto.

Sin embargo, no tener ingresos y no tener un empleo son dos problemas distintos. El primer problema, la falta de ingresos, se presenta cuando una persona no es capaz de proveer lo indispensable a su familia ni a sí mismo, pagar las facturas, ahorrar para su pensión y para el futuro de sus hijos. Con la ausencia de ingreso, la presión aumenta y se torna en ansiedad.

El segundo problema es el desempleo. Los individuos que pierden el trabajo normalmente buscan otro. Pero hasta que encuentran uno -un proceso que podría tomar meses e incluso años- disponen de mucho tiempo libre que es necesario ocupar en algo provechoso. Además, las colonias con mayor desempleo se convierten en zonas delictivas, en donde reptan la prostitución, las drogas y otras actividades socialmente reprobables.

La persona que permaneció sin trabajo durante varios años, más adelante no será capaz de conservar el que consiga. Incluso un profesional no podrá mantenerlo, porque si estuvo desempleado por largo tiempo, habrá perdido la voluntad de ir al trabajo y se extinguirá la habilidad de comprometerse, de ser productivo, de responsabilizarse y de presentarse al trabajo cinco días a la semana.

Esto plantea un enorme problema que la sociedad no sabrá cómo resolver. En consecuencia, la frustración y la ira harán erupción bajo la forma de revoluciones y revueltas, cuando cientos de miles o millones de personas no puedan acceder a un trabajo. Será como un tsunami devastando al planeta entero, una epidemia social que prorrumpirá en un país, despertando el desasosiego, las protestas y los movimientos como un virus que contagie país por país; nadie será inmune.

En otras palabras, el problema de despedir a las personas de su trabajo es la ociosidad y los malos hábitos que se van implantando con el tiempo. Hoy en día, la sociedad a duras penas puede pagar al desempleado durante un año, tal vez dos, antes de abandonarlo a su propia suerte para buscar su sustento.

Peor aún, si bien el número de personas que no encuentran trabajo por ahora es relativamente pequeño, si habláramos de millones de personas que pierden el empleo ya no se trataría de un problema financiero, no hablaríamos de proveer a los desposeídos con lo necesario, ya que no se conformarían con migajas. Si suman millones, tendrán poder, tendrán voz en las elecciones y voz durante las protestas. Ya conocemos a dónde puede llegar tal estado de cosas. Tal vez sería más desastroso que la "Primavera Árabe"; de hecho podría convertirse en una Primavera Europea o en una Primavera Norteamericana.

El problema es que nunca hemos enseñado a las personas el papel que desempeña el trabajo en su existencia. No hemos transmitido una actitud ante la vida que el individuo pueda adquirir; redefinir el concepto "estar desempleado". Por lo tanto, esclarezcamos primero el concepto detrás de la palabra "trabajo".

Si examinamos la historia veremos que al ir evolucionando, nos hemos apartado más y más de trabajar para procurarnos las necesidades básicas. En su lugar, nos hemos inclinado por el comercio, la industria, la cultura, la educación, el arte, las leyes, la contabilidad, la moda, los medios, ninguno de los cuales son indispensables para la existencia. Son más bien como un agregado a estas necesidades y, sin embargo, constituyen el 90% de las ocupaciones de la sociedad humana.

Las personas en las grandes ciudades no se dedican a la agricultura, no crían ganado, o se ocupan de los animales de la granja, ni tampoco son obreros. Se ganan la vida procurando servicios a los demás de diversas formas que no son necesarias para el sustento.

De hecho, millones de habitantes de las grandes ciudades potencialmente podrían quedarse sin trabajo y serían incapaces de proveer sus necesidades básicas. No podrían cultivar sus propias hortalizas y en el caso de un colapso de la economía y despidos masivos, ¿Cómo podríamos aprovisionar a los miles de millones de habitantes de las grandes ciudades?

Hasta hace aproximadamente doscientos años, las personas trabajaban largas horas pues no existían ni maquinarias ni la tecnología moderna. Por lo tanto, la gente producía para su consumo y su supervivencia. En aquellos días, había muy pocos, apenas algunos, que proporcionaban servicios en oficios innecesarios para la subsistencia.

Más tarde, la industria y la tecnología se desarrollaron y ahora una sola planta industrial produce miles de automóviles o maquinarias al día. Los centros comerciales tienen tal abasto de alimentos que no necesitamos cocinar casi nada en casa. Si tenemos un horno de microondas podemos preparar la comida rápido y sin esfuerzo, a diferencia de las largas horas que debíamos invertir en esto en el pasado.

Avanzando constantemente, hemos desarrollado una nueva forma de vida moderna. Hemos creado la tecnología que nos permite producir todo lo que nos rodea. Como resultado, junto con el progreso, tenemos mucho tiempo libre que hemos llenado de múltiples compromisos que nada tienen que ver con nuestros requerimientos básicos, aunque nosotros consideremos que lo son.

Por ejemplo, en lugar de un médico general, tenemos cientos de especialistas, cantidad de instrumentos y cientos de medicamentos. El resultado es que estamos totalmente confundidos. Tenemos muchos consejeros, contadores, economistas, financieros y banqueros. Existe toda una industria financiera, así como una industria de comercio internacional. En los últimos doscientos años nos hemos rodeado de negocios que no tienen valor real o justificación alguna.

Un buen ejemplo de un negocio controversial, exagerado, innecesario es el sistema de salud. En los últimos cincuenta o sesenta años, la medicina se ha convertido en una transacción multimillonaria. Tenemos innumerables estudios y análisis médicos, medicamentos, expertos, instrumentos y vacunas. Pero junto con estos avances, los mecanismos de salud se han hinchado e inflado para convertirse en un negocio cuya meta es obtener ganancias de las personas, más que servirlas.

Un tajada importante de los presupuestos nacionales se aplican al sistema de salud, sin embargo la gente tiene que pagar un seguro privado de gastos médicos. Hemos perdido la confianza en los doctores, porque su mentalidad opera para ganar dinero, a diferencia de los médicos de antaño cuya única vocación era mejorar la salud de sus pacientes. En esta época si una persona no cuenta con un seguro privado de gastos de salud, no puede acceder a cuidados médicos decentes.

Si elimináramos del sistema de salud todos los elementos basados en el ego, en obtener ganancias, poder y reconocimiento, descubriríamos que gran parte de ese aparato es superfluo.

Hoy, la mayor parte de los doctores se especializan en campos específicos de medicina. Si bien en algunos casos se justifica, sería mejor si nos deshiciéramos de todos los problemas causados por la vida que llevamos, sus valores, nuestro trabajo, frustraciones, presiones y la gran contaminación que hemos creado.

Es muy sencillo demostrar que si el individuo viviera sin la presión de destacarse, trabajando sólo para ser más sociable y perteneciendo a una sociedad sana, agradable, disfrutando de relaciones positivas, su Sistema nervioso y el resto de sus sistemas físicos se verían favorecidos por esta influencia positiva. Los problemas como los contaminantes, los esteroides en nuestros alimentos y otros problemas causados por la vida moderna dejarían de existir. Cuando consideramos estos elementos como un mecanismo interdependiente y único, vemos que si el cuerpo humano está equilibrado se produce una curación generalizada en las familias, los individuos y la sociedad.

En una ocasión vi por televisión la transmisión de la graduación de la Facultad de Leyes en Israel, un país de siete millones de personas. Era un estadio de graduados y sus familiares. Me pregunté ¿por qué la sociedad necesita tantos abogados? ¿Acaso será porque constantemente nos tenemos que proteger de nuestros semejantes?

¿Por qué necesitamos tantos contadores y el complejo sistema de pago de impuestos? No necesitaríamos estas profesiones si trabajáramos por las necesidades familiares y las propias y el resto del tiempo aprendiéramos a crear una sociedad correcta, construida en la justicia social y la garantía mutua.

Pero el mayor problema es que ocupamos nuestro tiempo trabajando principalmente para satisfacer nuestros impulsos y pasiones. El resto del tiempo solamente jugueteamos en lugar de dedicarnos a lo importante, como ocuparnos de nuestros aspectos humanos. En lugar de perder el tiempo, debemos estudiar un sistema que nos permita construir una sociedad justa enfocada en la garantía mutua.

Si examinamos nuestro modo de vida, descubriremos que trabajamos de diez a doce horas por día. Nos levantamos temprano, nos despedimos de nuestros hijos que enviamos a una guardería apenas cumplen unos meses de edad y corremos al trabajo en donde pasamos al menos ocho horas al día.

Por la noche, antes de ir a casa, nos detenemos a comprar los comestibles y a recoger a los niños. Cuando llegamos al hogar tenemos tareas inmediatas como alimentarlos, asearlos y ponerlos a dormir. Nos encontramos bajo una presión constante.

Cuando los hijos duermen, podemos atar los cabos sueltos del trabajo, mirar la televisión, navegar por Internet. Así termina el día. Si tenemos vacaciones, es porque tenemos un trabajo bien remunerado que se ha convertido en el centro de nuestra existencia, y esa es la razón por la cual es tan duro perderlo.

Estamos acostumbrados a la competencia feroz, por lo que llenamos nuestro tiempo con el trabajo. Por eso nos preguntamos, "¿qué haremos cuando nos jubilemos? Nos volveremos locos sin nada que hacer". Cuando conocemos a una persona, le preguntamos qué hace para ganarse la vida, no nos interesa conocerla, ni saber cuáles son sus intereses, sus pasatiempos y preferencias.

El trabajo es lo más importante, por supuesto. La identidad y estado de la persona es determinada por el lugar que ocupa en la escala laboral y el dinero que gana. En otras palabras, no examinamos a la persona misma, sino su puesto.

Desde los inicios de la Revolución Industrial, parece que nos hemos olvidado del aspecto humano del Hombre. Si bien hemos desarrollado la industria, el comercio y los negocios aún nos sentimos como esclavos de nuestro trabajo. Lo más importante para nosotros es tener éxito en el empleo; se ha convertido en el eje de nuestras vidas.

Dicho de otra forma, nacimos para trabajar y nos preparamos para ello durante las primeras décadas de la existencia. Gracias a los avances médicos, podemos permanecer diez o veinte años más trabajando si estamos fuertes y sanos, lo importante es seguir activos. La única pregunta que necesitamos considerar es: "¿es esto para lo que nacimos y el motivo de nuestra existencia?".

Al comienzo de la Era Industrial, Karl Marx dijo que el desarrollo industrial no podía continuar bajo ese formato. Él se concentraba en la naturaleza de la evolución que siempre debe conducir a una crisis. Sin embargo, en ese momento nadie imaginaba los problemas ecológicos que sobrevendrían con la industrialización: la destrucción del planeta, el empobrecimiento de los recursos naturales -gas, petróleo, carbón, agua, tierra fértil- y el problema de las plantas de energía nuclear.

Por lo demás, hemos desequilibrado los sistemas de la Naturaleza. Queda claro que no podemos continuar comportándonos como antes. Las crisis actuales exigen un cambio.

Las familias también crecen dentro de estructuras disfuncionales, con los niños lejos de casa todo el día, una desconexión patente entre los padres demasiado ocupados fuera del hogar casi todo el día. Como resultado, no estamos evolucionando como seres humanos

Nos enfocamos enteramente en nuestra profesión y cualquier idea de desarrollo se centra en el trabajo, también en los cursos de entrenamiento profesional.

La crisis de hoy sintetiza y concluye nuestro desarrollo de los últimos dos siglos. Desde la época de Marx, muchos expertos han predicho que esta mentalidad de trabajo-trabajo-trabajo conduciría a un callejón sin salida. En los años sesenta algunos pronosticaron que si la humanidad continuaba por esa vía, la especie no podría subsistir. Sin embargo, casi todos teníamos una perspectiva egocéntrica de la vida; estábamos ciegos e insensibles. No queríamos reconocer el hecho de que destruíamos la Tierra, a nuestros hijos, nuestro futuro y a nosotros mismos.

Ahora que la crisis es una realidad no tenemos otra salida sino transformarlo todo. ¿Pero cómo debemos abordarla? Primero, la crisis "limpiará" a la sociedad humana. Será como tomar un sacudidor y desempolvar todo, dado que la crisis desintegrará todas las profesiones y los roles que no son necesarios para la existencia del hombre. Estas profesiones provocan el desequilibrio de la Naturaleza porque son redundantes y sólo nos dificultan la vida. También nos fuerzan a trabajar más de lo necesario para ganar el sustento. Estas profesiones dañan tanto a la sociedad como a la Tierra en general.

La crisis también pondrá fin a nuestra tendencia a calificar al individuo por su trabajo y sus condiciones de empleo en lugar de valorar a la persona misma. Nos conectaremos con el lado humano de la gente que nos rodea, esa parte que todos debemos complementar.

El propósito de la creación como se presenta a partir de la evolución es conducirnos a una sociedad única, integral, en equilibrio con toda la Naturaleza. Ahora descubrimos que esta crisis global nos obliga a hacer justamente esto. Que nos guste o no, con el fin de darle el orden correcto a nuestras vidas, necesitamos conectarnos.

Para conectarnos, necesitamos aprender a reorganizar toda la sociedad. A medida que nos van despidiendo de nuestros empleos, debemos dedicar el tiempo disponible a aprender cómo transformarnos, crear una conexión mutua e íntegra, establecer la garantía mutua, cambiar y descubrir al ser humano que llevamos dentro y lograr que sea una parte vital de la nueva sociedad unida.

Para establecer una sociedad así, necesitamos de una educación integral al alcance de todos. Debemos establecer una red que nos mantenga tan ocupados como siempre, y organizar las actividades para que se dividan en dos horas de trabajo y seis o siete horas de aprendizaje y actividades.

Durante estas horas, aprenderemos, interiorizaremos y nos transformaremos junto a los demás para establecer esta sociedad integral. Entonces, apreciaremos a las personas como seres humanos, por sus esfuerzos y logros, aunque no en función de sus puestos y empleos.

Se trata de una tarea monumental, pero si no la realizamos, no pasaremos al siguiente nivel que la Naturaleza ha preparado para nosotros, y que se revela a través de las crisis actuales. La crisis nos muestra nuestro próximo estado, así como las fallas que existen dentro de nosotros, en comparación con el siguiente grado al que podemos aspirar. Percibimos que es necesario poner orden en nuestras familias, en la educación de nuestros hijos, con nuestras parejas, entre vecinos, naciones, la humanidad entera, y el deterioro que le hemos causado a la Naturaleza.

Para lograr todo esto debemos cambiar desde nuestro interior. Debemos percibir cuánto dependemos de los demás y sacar las conclusiones correctas. Dicho de otra forma, necesitamos recrearnos como seres humanos, cosa que no hemos hecho antes porque no pensamos que era necesario.

A través de la historia nos preocupamos por ganarnos la vida, proveer para nosotros mismos. Es cierto que hasta aproximadamente doscientos años tuvimos que ocuparnos en conseguir las necesidades básicas para nuestra existencia. Pero en los dos últimos siglos, la industria y la tecnología crecieron tanto que ahora producimos en exceso. Hemos súper desarrollado nuestras industrias. De hecho, ahora es el momento de "reconocer el mal", el momento de advertir que el ego nos ha conducido a usar nuestra capacidad en forma equivocada y nos hemos salido del camino correcto.

En lugar de regalarnos seis o siete horas libres de las preocupaciones de nuestras necesidades cotidianas, hemos llenado estas horas con redundancias. Ahora, gracias a la crisis, finalmente nos damos cuenta que tenemos que abrir espacios para construirnos como seres humanos.

Nosotros, así como nuestros hijos, requerimos de esta educación. Hasta ahora nos hemos preocupado para que ellos accedan a una buena educación, como medio para conseguir un empleo. No atendimos a su formación como seres humanos, sino que hicimos hincapié en la importancia de conseguir un empleo, en aprender a manipular a los demás y en sobresalir.

Ahora es necesario enfocarnos en la educación destinada a construir a nuestros hijos y a nosotros mismos como seres humanos. Tan pronto lo hagamos veremos una sociedad integral, mejor, la desaparición de todas las crisis que nos afligen y el despertar de un nuevo mundo.

El cambio será tal que ya no pasaremos nuestra existencia trabajando de sol a sol, con tan sólo dos horas, en el mejor de los casos, para convivir con la familia y apresurarse para realizar otras tareas domésticas. Necesitamos convertir nuestra vida en algo distinto, crear sistemas para que las personas trabajen las horas necesarias y pasen el resto del día aprendiendo, capacitándose, formándose. De hecho ha llegado el momento de cambiar toda la estructura social. Este es el reto que tenemos frente a nosotros.

Por lo general, consideramos que la crisis global sólo se presenta en el comercio, la industria y las finanzas. Sin embargo, tenemos problemas con la atmósfera terrestre, la desintegración familiar, las crisis en la educación, la cultura, y prácticamente con todo lo que emprendemos. Las crisis que más nos afectan son la financiera y la ecológica, porque amenazan nuestras vidas: el sistema financiero provoca presiones, revoluciones, guerras y revueltas; y el sistema ecológico complementa el cuadro con el desabastecimiento de alimentos y el clima extremo.

En efecto, el costo de los desastres naturales en 2011 estuvo entre los más elevados a nivel mundial, alcanzando los 35 mil millones de dólares, en virtud de un incremento significativo de tales acontecimientos en comparación a años anteriores. Hoy el precio de los desastres va en ascenso. Los expertos advierten que los daños causados por el clima extremo y los desastres naturales como tsunamis y terremotos, tornados y huracanes serán enormes y afectarán a muchas más personas. Aún podemos sentir las secuelas del terremoto y el tsunami en Japón en 2011.

Resulta que el aspecto ecológico también está relacionado con el equilibrio económico. Es difícil captar que somos nosotros mismos los que hemos provocado el desequilibrio en la Naturaleza, que no sólo proviene del abuso de los recursos naturales. El sistema que sostiene la vida sobre la Tierra está fundado en una delgada corteza bajo la cual existe una enorme masa de magma en movimiento. Los continentes son pequeños trozos de tierra, cabalgando sobre océanos de una materia sofocante. Estas costras son las áreas habitables de la Tierra, y sin embargo estamos saqueando de nuestro subsuelo todos los minerales, petróleo y gas.

Los científicos predicen que cuando la capa de hielo polar se derrita debido al calentamiento de la Tierra, el nivel del agua de los océanos subirá 20 metros por encima de los niveles actuales. Imaginen la cantidad de tierra que quedará cubierta por el agua, cuántas personas morirán… y piensen en el tipo de vida que tendrán que soportar los que queden.

Estamos frente a terrible desastres y nuestro ego nos venda los ojos. En realidad, de no ser por la crisis financiera, ni siquiera lo notaríamos sino hasta el último instante. Existiríamos bajo la premisa de "comamos, bebamos y estemos felices, porque mañana moriremos". Pero el problema es que no sucederá mañana. Hoy mismo, estamos en peligro de conflictos civiles violentos cuyas consecuencias serán la ingobernabilidad de una nación.

Por esta razón debemos empezar por educar a la gente, mejorar las conexiones que existen entre ellas y llegar a un estado en que podamos convivir entre nosotros. La crisis es tan sólo un síntoma de las relaciones defectuosas, que nos muestran que no podemos continuar en la dirección que tomamos hace dos siglos.

Marx adelantó que no era prudente que la humanidad continuara por este sendero que conducía a una crisis. Él estaba en contra de las revoluciones y señaló que el cambio debía suceder gradualmente, que a las personas había que educarlas y desarrollarlas. Predijo que llegaríamos a un punto en que no habría más trabajo y que la gente saldría a las calles a amotinarse tal como sucede en nuestros días. Es por esta razón que él sugería que además de los avances tecnológicos había que desarrollar a las personas.

Sus sucesores hicieron a un lado lo que era trascendente, tomaron lo que no tenía importancia -cambiar el gobierno- y decidieron que su meta principal era establecer un régimen comunista. ¿Pero cómo sería posible que se realizara si la multitud no lo deseaba y los potentados aún menos? La solución fue iniciar una revolución.

La percepción de la gente sobre el comunismo está totalmente distorsionada por quienes subieron al poder después de lo expuesto por Marx y Engels. Éste último entendió más o menos a Marx, pero los gobernantes posteriores en la Unión Soviética crearon una percepción deformada de la ideología.

Al considerar el progreso de la historia y sus movimientos como olas de transformación y desarrollo de las sociedades, vemos que algunas personas se elevan sobre otras y conducen el proceso histórico. Eso sucede no por su propia creación, sino como resultado del trabajo de un vasto sistema integral que nos conduce a una sencilla conclusión: tenemos que aprender a ser similares a ese sistema.

Hoy, dado lo crítico de la situación, queremos cambiar el camino que hemos recorrido durante los dos últimos siglos. Tenemos mayor libertad gracias a la industria y a la tecnología, pero para llenar el tiempo libre, creamos el horario extra con el que arruinamos nuestro planeta y nuestras vidas; nos hemos convertido en esclavos de nuestra industria.

Son precisamente esas horas extras que debemos liberar para aprender a ser humanos. Necesitamos examinar la vida desde un ángulo diferente, a través de una percepción integral, que es nuestra meta principal. Para esto fue hecho el hombre y es por esto que hemos evolucionado a través del tiempo.

En resumen, tenemos la opción de caer en los regímenes de extrema derecha y una Tercera Guerra Mundial, o la educación integral que nos lleve al equilibrio. Nos encontramos en una encrucijada: o dejamos que el ego nos domine, o activamos la educación integral apegándonos a la ley de la Naturaleza para alcanzar un equilibrio completo.

Con la Educación Integral cambiaremos nuestra percepción sobre la consideración de limitar la vida al trabajo esclavo como nuestra fuente de sustento. Más bien, debemos aprender a vernos como personas dignas y valiosas, que junto con nuestro entorno, podremos empezar a construir la nueva humanidad y alcanzar la plenitud.

Cuando experimentemos el sistema integral, sentiremos la perfección de la Naturaleza y esa sensación nos llenará de satisfacción. Nuestra sociedad se convertirá en una sola entidad y reviviremos con entusiasmo e inspiración un deseo y un pensamiento en común. No nos sentiremos solos porque seremos parte de un sistema absoluto.

Capítulo 8
Otra forma de desarrollo

El uso constructivo del ego

Todos queremos vivir en una generación renovada. Al menos quisiéramos que nuestros hijos gozaran de ella. No queremos que ellos crezcan en una sociedad competitiva en la que constantemente nos tenemos que proteger de los demás, en la que todo el tiempo los países se encuentran en conflicto y bajo la amenaza de destrucción por el armamento nuclear que hemos acumulado.

No queremos que nuestros hijos pasen por estas mismas pruebas que sobrellevamos y que además se están intensificando. No queremos que vivan en una sociedad en la que no es posible andar por la calle después del atardecer, que no sabemos lo que pasará en el instante siguiente y cuyas condiciones de vida empeoran año tras año.

Las tasas de divorcio aumentan así como el número de individuos deprimidos, desesperados y estresados, disparando los índices de suicidios. Incluso crece el número de enfermedades resistentes a los medicamentos, así como las violaciones y otras formas de abuso.

Se incrementa también el desempleo en el mundo y la incidencia de violencia escolar y las adicciones al alcohol y las drogas. Al mismo tiempo, a través del planeta, se amplía el número de zonas en conflicto debido a la escasez de alimentos, problemas de seguridad, malestar social y revoluciones. Los desastres naturales son cada vez más frecuentes: los tsunamis, terremotos, erupciones volcánicas, huracanes y tornados ocurren mucho más a menudo. Los errores técnicos, como los derrames de petróleo, provocan catástrofes ambientales y cada año tales tragedias son cada vez más ordinarias.

Nos encontramos en una situación muy alarmante. La gente no advierte los peligros no porque no sean palpables, sino porque no podemos estar pensando en ellos todo el tiempo, así que preferimos desconectarnos de la realidad y seguir la corriente. Sin embargo, si nos detenemos y consideramos el mundo que estamos legando a nuestros hijos, nos daremos cuenta que no les estamos asegurando una existencia feliz, pacífica o segura que les brinde satisfacciones, cariño y confianza.

Parece que durante la evolución hemos perdido nuestro camino. A través de la historia progresamos junto con nuestro creciente ego, que nos impulsaba a avanzar para descubrir nuevos modos de vida social, política y económica. Hemos desarrollado la ciencia y la tecnología, hemos realizado grandes cosas usando nuestro deseo de prosperar y crecer. Pero ahora hemos perdido la brújula y no sabemos cómo aprovechar las enormes posibilidades a nuestro alcance.

Hoy en día, la humanidad es como un grupo de personas extraviadas en el desierto, que no saben hacia dónde encaminar sus pasos. Los líderes mundiales, quienes toman las decisiones, los pensadores y los científicos se reúnen en importantes asambleas, como el G7, G8 y G20, y no saben qué decisión tomar. No tienen un plan de rescate para sus países o para el mundo.

Nuestros egos constantemente nos empujan, pero ¿qué ocurrirá si continuamos desarrollándonos como antes? Si lo hacemos de esa manera, acabaríamos en una destrucción masiva, con hambruna, plagas, catástrofes climáticas y ecológicas. ¿Existe entonces otra forma de desarrollo que podamos elegir?

Sabemos que el hombre se desarrolla a través de su medio ambiente. Literalmente somos el producto de su influencia, entonces ¿por qué no crear un ambiente que nos desarrolle y que nos conduzca a la dirección elegida? Tal vez esto sea todo lo que necesita llevar a cabo nuestra generación. Existe una buena razón por la que sentimos que la

Naturaleza ya no nos empuja a desarrollarnos como antes. Es como si estuviera esperando algo de nosotros. Tenemos ahora el conocimiento y la sensibilidad y tal vez los medios para arreglar la sociedad de tal forma que por primera vez en la historia podemos determinar nuestro propio desarrollo.

Es posible que luego de milenios de desarrollo obligados por la Naturaleza, ahora contemos con la información suficiente, el sentido y la habilidad analítica para desarrollar nosotros mismos un medio ambiente que nos haga avanzar. Ahora, la única elección que tenemos que hacer es ubicarnos en un buen ambiente y dejar que nos moldee.

Si empleamos el poder del entorno adecuadamente, reformaremos nuestra naturaleza. En lugar de ser egocéntricos, necesitaremos aprender a usar nuestro ego para crear un buen ambiente. Hasta ahora habíamos estado ciegos porque no veíamos hacia dónde nos llevaba el ego y cómo nos afectaba, pero ahora ya estamos conscientes de que no vamos en la dirección correcta, hacia la prosperidad, la seguridad y la paz emocional.

Necesitamos construir un buen hábitat que nos convierta en buenas personas que emplean sus impulsos y capacidades en forma constructiva. De esta forma, no será necesario construir nada nuevo, salvo un medio ambiente adecuado que sea similar a los que creamos para los niños, en donde cada uno recibe la educación apropiada y la formación la imparten los educadores que saben cómo aprovechar los impulsos de los niños en forma constructiva.

Nuestro desarrollo tecnológico, económico y comercial nos permite dedicar mucho tiempo y energía para estructurar un nuevo ambiente. El 80% de aquellos capacitados para trabajar, deberían ocuparse en desarrollar este tipo de ambiente; y sólo el 10 o 12% de los individuos calificados para trabajar deberían ocuparse en lo necesario para nuestro sustento.

Las investigaciones recientes indican que el 10% de la población mundial tiene una inclinación natural para ayudar a los demás. Se afilian a las organizaciones caritativas, ayudan a los pobres y enfermos, trabajan para comedores populares y viajan a lugares remotos para asistir a las personas desamparadas.

Sin embargo, estos idealistas son muy pocos. Su deseo de ayudar a los demás tiene su origen también en el ego, que los inspira para realizar tales acciones. Si bien están dispuestos a dedicar sus vidas al bienestar y el progreso de la sociedad, estos "altruistas-egoístas" natos no son el objetivo de la nueva educación. Más bien, el enfoque está en la mayoría, la gente común y corriente que sólo busca su propio bienestar. La idea es que todos acepten una transformación positiva para que el mundo cambie, y todas esas fuerzas enfocadas en la destrucción del mundo se reviertan para beneficiar al ser humano.

El único medio para promover esta transformación es por supuesto la educación, la cual hasta cierto punto se basa en el aprendizaje, en la transmisión de la información. Más allá de eso, se trata principalmente de la influencia del ambiente. Necesitamos implantar cursos, un ambiente virtual, cultura, teatro, música, películas, libros y todo lo que defina para el nuevo mundo incluyendo los medios en general.

A pesar de que aún debemos detallar con realismo estos cambios favorables, podríamos educarnos construyendo un buen ambiente para los adultos, como también para los niños. Esto es, subiríamos a un grado superior de madurez desde el cual construiríamos el sistema que ejerciera su influencia en nosotros positivamente.

Si lleváramos a cabo esto, la gente se vería inmersa en una infinidad de buenos ejemplos que se manifestarían en el mundo exterior para influirnos, al grado que nos acostumbraríamos a recibir el efecto de dichos ejemplos. Sabríamos cómo debemos comportarnos. No tendríamos elección porque el ambiente actuaría en ese sentido, y conocemos el poder que ejerce en nosotros la sociedad.

Incluso si todas estas actitudes fueran artificiales, los ejemplos recibidos de todas formas nos influirían. A pesar de que provengan de diferentes entornos y en contra de nuestro deseo, funcionarían, primero en contra de nuestra voluntad y luego por voluntad propia. Poco a poco los aceptaríamos, porque el hábito se convierte en una segunda naturaleza. Estaríamos dispuestos a adoptar nuevos valores por nuestros hijos, por nuestra seguridad y para un futuro mejor. Ahora debemos empezar a organizarnos hacia esta nueva forma de vida.

Todas las crisis que estamos atravesando, todos las situaciones que se crean con nuestro acontecer, son en realidad revelaciones de las fallas de nuestra naturaleza que no podemos componer. Por consiguiente, primero debemos entender lo que implica "una nueva vida", para que podamos imaginarla y fantasear acerca de ello. La nueva existencia es insuperable, incluso sus condiciones son utópicas. Así que primero debemos sumergirnos en ese sueño.

Queda claro que la mejor situación y la más segura es que todo el mundo actúe como una familia armoniosa que vive brindándose cuidados: todos dependen de todos. El bienestar de uno está en manos de toda esa sociedad, en donde uno es para todos y todos para uno. En consecuencia, cada miembro trabajará lo mejor que pueda para todos, al igual que lo hacemos ahora para nuestra propia familia. A cambio de producir para beneficiar a la sociedad, cada individuo recibirá lo que necesita para su sustento.

Es cierto que las personas son muy diferentes. La sociedad humana es heterogénea, con numerosas religiones, creencias y costumbres. Sin embargo, debemos tratar a todos con comprensión y respeto, incluyendo a cada segmento y sector de la sociedad humana. Necesitamos crear un espacio para cada individuo y respetar las ocupaciones de la gente y sus hábitos. La idea no es moldear a las personas dándoles una forma uniforme, o borrar las brechas y reforzar una sola cultura. Más bien, la idea es que todos guarden sus características y añadir a la sociedad el ingrediente de la buena voluntad que existirá entre nosotros.

Sólo una educación que gradualmente transforme a las personas nos impulsará hacia la realización de grandes cambios en las estructuras, políticas, sociales e internacionales. Dicho cambio propiciaría la eliminación de las fronteras y finalmente de los Estados mismos, con el objetivo de crear una humanidad "circular" y global.

No queremos establecer leyes o marcos de acción, sólo proponemos que todo lo que hagamos favorezca la integralidad de la humanidad. Todo debe suceder por convencimiento propio, a través de la influencia de un ambiente propicio que ofrezca una sensación de pertenencia y nos eduque para hacer concesiones y ser considerados hasta el punto de poder amar a los demás. Así es como construiremos el futuro.

Debemos entender que necesitamos organizarnos contra las amenazas que la vida moderna nos plantea: el aumento del costo de la vida, la crisis en la educación, la cultura, y los peligros a los que están expuestos nuestros hijos en sus entornos. Es necesario luchar contra el abuso del alcohol y las drogas, la prostitución y la educación mediocre, para poder salir adelante en la vida.

Necesitamos gozar de un buen ambiente que podemos crear con la ayuda de educadores, psicólogos y las personas que entienden cómo debe construirse la nueva sociedad y cuánto puede influirnos. Es imperativo que todos demos la bienvenida a ese ambiente y que nosotros y nuestros hijos quieran recibir su influencia. Deberíamos empezar a implantar esos sistemas para que todos se encuentren bajo esta influencia positiva y se transformen. Naturalmente, necesitamos establecer nuevos sistemas de comunicaciones, de educación, de información y de valores. Para ello necesitaremos los servicios de un gran número de profesionales de cualquier medio de influencia que exista.

Sin embargo, no lo haremos como el gobierno y los administradores de los medios, que manipulan a las personas para sus intereses personales empleando cualquier medio que tengan a su alcance. Más bien, lo haremos junto con todos, explicando claramente nuestras razones. Estaremos construyendo esta envoltura ambiental para que nos influya, pero con la participación de la comunidad, de todos sus integrantes, para que podamos avanzar juntos, percibiendo y comprendiendo nuestra autoconstrucción.

Por consiguiente, a través de la construcción personal, los individuos se elevarán en su grado de autonomía y participarán en su propia educación. Todos estarán involucrados en la construcción del ambiente cuyo propósito sea desarrollarlos.

Si lo llevamos a cabo, existe la esperanza de que este grupo de personas que se han extraviado en el desierto, logren construir un mejor futuro para sí mismas. Puede sonar un tanto fantástico y utópico, pero es un futuro realista en el que podemos desarrollarnos según sea nuestra capacidad de absorber la educación y de transformarnos mutuamente a través de la envoltura que estamos construyendo.

De esta manera recíproca, constantemente iremos perfeccionando esta cubierta -el ambiente que habremos construido- para educarnos cada vez más. Y a medida que alcancemos un nuevo grado de educación, reconstruiremos y planearemos el siguiente ambiente que continuará influyéndonos con demandas y discernimientos más elevados.

Por lo tanto, nos encontraremos en un flujo continuo de cambio, derivado del análisis y la cognición personal y extraeremos lo mejor de nosotros; y desde cualquier situación dada, subiremos cada vez más alto en la escalera de la reciprocidad, la amabilidad, la consideración y el amor.

Cualquiera que participe en este proceso no estará solamente empezando una vida más tranquila y mejor, en la que todos lo traten bien, sino que cada persona corresponderá a los demás con esta actitud como resultado de una buena educación, constituyéndose en parte activa del sistema. Es de esta forma que el sistema en su totalidad se planea y se construye a sí mismo.

Por primera vez en la historia, no estamos evolucionando como resultado de los impulsos del ego. Por el contrario, evolucionaremos a través de la auto-educación, utilizando el ambiente. Nos volveremos menos egoístas, más amables y cooperativos. Entonces, la gran crisis humana -que se suscitó debido a la carencia de una educación integral adecuada a través de los milenios- quedará corregida y el ser humano, en el centro de la creación, se encontrará en un nivel que le permitirá construir un ambiente adecuado y favorable. De esta forma, la creación entera alcanzará a rectificarse mutuamente.

Las frases que escuchamos de los manifestantes durante las marchas de protesta en el mundo exigiendo justicia social, división equitativa, repartición de ganancias, una vida digna y vivienda para todos, en realidad lo que quieren decir es: "¡podemos hacerlo, construyamos esa sociedad, el planeta está listo para ello, tenemos de todo!; ¿cómo usarlo es responsabilidad de todos!".

Vemos que las personas tienen una visión, una voz y un poder cuando se conectan, y sus exigencias son válidas y relevantes. No es así cuando tienen demandas que beneficiarían sólo a una pequeña fracción de las partes, mientras que el resto se quedaría fuera de la jugada. Por consiguiente, la esperanza de gozar de una vida decente, por encima de la línea de pobreza, y, segura con buena educación, dependerá de la construcción del ambiente correcto en la sociedad apropiada.

El hombre es la única criatura que tiene un ego que se desarrolla de generación en generación, año tras año, día a día. Nuestro desarrollo es distinto al de los animales y las plantas. Y como con todo fenómeno natural, lo debemos considerar como la manifestación de una fuerza benigna.

Pero cuando el hombre comienza a usar el ego a favor de sí mismo, debemos ocuparnos y prevenirlo mediante la educación. Necesitamos demostrar que a la larga, usar nuestro ego para beneficio personal no nos conduce a nada; que el ambiente ya no tolerará más el daño de quien proceda así, egoístamente. Educados, convertimos a nuestro ego en una fuerza positiva dentro de nosotros, una cualidad buena a través de la cual evolucionamos.

Si antes teníamos que trabajar de sol a sol para alimentar a nuestras familias, criar animales en la granja y labrar la tierra, hoy en día, gracias al progreso generado por nuestro ego, hemos construido maquinaria y tecnología científica que nos permite trabajar un par de horas al día para cubrir nuestras necesidades de comestibles, vestido y vivienda.

Actualmente la población mundial ha rebasado los siete mil millones de personas y sin embargo cada individuo podría trabajar una o dos horas al día para proveer a la familia, sin necesidad de vivir por debajo de la línea de la pobreza y cubrir todas sus necesidades de casa, vestido, calefacción, salud, pensión, libertad y educación. Realmente podemos lograr que esto se convierta en realidad.

El instrumento que determinará que actuemos favorable o desfavorablemente es la intención de beneficiar a los otros. Debemos construir nuestra sociedad con la misma intención -sin utilizar este instrumento en forma egoísta- para beneficio personal, sino pensando en el beneficio de los demás. Sólo una educación que inculque la intención de beneficiar a los demás y a nuestro ambiente, puede salvarnos, logrando que nuestras aspiraciones sean las correctas en lo relativo a nuestro trabajo y a nuestra conducta.

Para que nuestros bebés no se lastimen, nos aseguramos de que no tengan a su alcance objetos punzantes o cortantes, que sus juguetes no sean demasiado frágiles, pesados o tan pequeños que puedan tragarlos. Es decir, nos rodeamos de un ambiente en el que los bebés se desarrollen segura y favorablemente. Cuando crecen y aprenden a usar sus juguetes apropiadamente, les ofrecemos otros porque sabemos que no los usarán correctamente. Así es como ellos aprenden a conocer los límites más allá de los cuales el ego se convierte en un riesgo. Como sociedad, necesitamos mostrarles ejemplos que se ajusten a su nivel de desarrollo y el nivel educativo que han adquirido. Sólo entonces podrán observar y controlar su ego con propiedad y para beneficio de todos.

Podemos definir hoy a los seres humanos como egoístas que han perdido el rumbo de su existencia, que no saben cómo construir una vida buena y valiosa. Hoy en día las personas tienen exigencias que no saben cómo satisfacer. No saben cómo sostener a sus familias y sienten temor por los hijos que se han corrompido y son tan rebeldes que sus propios padres no vislumbran un buen porvenir para ellos. La gente ha perdido la esperanza en el futuro de sus familias, sus parientes, el mundo y en el suyo. Pero como prefieren no pensar en ello, pueden tolerar esta vida, que a veces parece peor que la muerte. El hombre está roto, destruido y perdido. Es parte de una crisis de gran alcance en todos los niveles: ambiental, personal y social.

Incluso nuestro marco acostumbrado, esto es, nuestro trabajo que absorbía nuestra dedicación, nuestra esclavitud a los patrones, a la TV, y los medios en su conjunto, están en crisis, lo cual ha tenido efectos adversos para nosotros y ahora nos encontramos sin trabajo ni dirección y sentimos que nos han dejado con las manos vacías en todos los frentes. En consecuencia nos preguntamos, "¿qué sucederá después?". Por lo que podemos volvernos más abiertos para considerar darle una nueva dirección al desarrollo.

Necesitamos descubrir cómo podemos alcanzar seguridad, salud, una vida familiar agradable y una buena educación para nuestros hijos; reflexionar en lo que se debe hacer para que la gente tenga empleo y otras satisfacciones de la existencia, incluyendo esperanza y una atmósfera de seguridad.

Para lograrlo debemos transformar a la sociedad, a cada uno de nosotros y nuestras conexiones. Se puede hacer a través de la única libre elección que tenemos, el único medio que puede transformar el ambiente social y a las personas: la influencia del ambiente; por lo que necesitamos construirlo acertadamente, conscientes de lo que hacemos.

Nuestro estado actual es de indefensión, pero afortunadamente el ser humano es una especie inteligente que se puede educar a sí mismo. No cabe duda que la educación de hoy está mal enfocada, sin embargo, tiene arreglo. Debemos examinar el tipo de sociedad que queremos construir con el fin de educarnos. Nadie puede venir a decirnos, "haz esto o aquello; deja de pelear; sé un buen chico". Nosotros mismos debemos construir nuestro ambiente con sabiduría y madurez.

El verdadero educador trata a todos con respeto y tiene confianza en la capacidad que tiene la gente de reconocer que se equivoca. El educador también confía en la habilidad analítica del estudiante y su destreza para desarrollarse hasta un nivel en que entienda toda la creación.

Por primera vez en la historia, tenemos un nuevo desarrollo mediante el cual la humanidad está construyéndose a sí misma. La crisis actual no nos deja otra opción sino avanzar para hacer surgir al ser humano que llevamos dentro. Cada quien debe alcanzar el nivel de participación, reciprocidad, consideración y garantía mutua, el nivel de "ama a tu prójimo como a ti mismo. A esto se lo denomina, "educarnos para alcanzar el nivel humano". Además tendremos que hacerlo con entendimiento, cognición y consciencia.

En un principio, podríamos no estar conscientes del cambio, pero gradualmente, a través de las actividades y conversaciones en grupos -mediante los cuales lleguemos a entendimientos y acuerdos en común- nos daremos cuenta que necesitamos de un ambiente así. Y mientras nos hallemos dentro de una agrupación, estaremos construyendo este ambiente para nosotros mismos. Esto es, sabremos lo que estamos haciendo, por qué lo hacemos y los cambios que deben ocurrir en nosotros. Cada uno será su propio analista y fungirá como tal para los otros integrantes del grupo. Cada individuo deberá convertirse en experto de la naturaleza humana.

Se diría que existe una contradicción, porque al principio debemos tratar a las personas como si no tuvieran conocimiento. Por supuesto, que no es su culpa, ya que así es como fueron criados y esto fue lo que nos orilló a la crisis. Sin embargo, todos deben ser tratados con respeto y promover sus capacidades y su potencial para transformar al mundo entero.

Empezamos diciendo que somos como personas que han extraviado su rumbo en el desierto. Ahora nos toca encontrar nuestro destino: la vida plena que estamos examinando. Durante esta investigación y después, construiremos un mundo de abundancia, justo en medio de nuestro desierto. Primero, debemos actuar a favor del grupo, después a favor de nuestros vecinos, luego del Estado y luego del mundo, en concordancia con nuestro ritmo de desarrollo.

De esta forma, los cambios ocurrirán en las personas, y comprobarán que estas acciones son necesarias para nuestra continuidad, ya que no existe otra opción. En efecto, la humanidad puede deteriorarse hasta caer en una guerra nuclear y la destrucción global (lo cual no puede suceder sin guerras) o puede cambiar y seguir la dirección correcta. Esta es la encrucijada en la que nos hallamos ahora. La estructura debería ser tal que a la larga todos vivamos en el mismo nivel recibiendo lo que necesitamos para una vida decente y plena, al mismo tiempo que nos preocupamos por los demás, participando en la vida de la sociedad. Las pasiones del hombre no deben ser eliminadas; existirá la competencia, la envidia y los deseos, incluyendo el honor y el dominio. El ego permanecerá igual, pero encontraremos nuevas maneras de expresarlo para que trabaje en favor de la humanidad.

Aquí es en donde debemos trabajar de manera innovadora e interesante. Estas son cuestiones que pueden desafiar a cualquiera: emplear favorablemente la envidia, la codicia, el dominio, la búsqueda de honores, conocimientos y astucia, en lugar de que actúen en contra. Lo anterior no significa que necesitamos conformarnos con recibir nada más que comida, tener una familia, una casa, seguridad, salud. Más bien podemos continuar elevando los niveles de vida alrededor del mundo y mantener nuestro equilibrio con la Naturaleza. Viviendo dentro del equilibrio no sufriremos por las catástrofes naturales y podremos crecer y prosperar por siempre. No queremos que las personas vivan como animales, contentándose con lo mínimo. Más bien todos vivirán muy por encima de la línea de pobreza.

Para ello, necesitamos nuevos tribunales en donde se juzgue a las personas por sus acciones y comportamientos, apropiados o inapropiados. En otras palabras, el ambiente sería el medio para educar, todos sabrían mediante la reacción del medio si se comportan bien o mal. Si la intención de un individuo es beneficiar al ambiente, esa persona y su familia recibirán reconocimientos y compensaciones. Pero si actúa en contra de éste, las presiones sociales lo convencerán de cambiar su conducta. Sin embargo, no se empleará la presión, sino sólo el reproche de sus amigos, familiares y el medio social. El objetivo será la satisfacción personal de realizar las acciones correctas.

Necesitamos determinar si las personas piden sólo lo que es necesario para una vida plena, o no. Se deben definir las necesidades de todos y registrarlas según la personalidad del individuo, su carácter, sus hábitos y circunstancias; un servicio se encargaría de dar a todos lo que requieran de acuerdo a esta información.

Existe un gran número de asuntos que tenemos que esclarecer acerca de cómo administrar el ambiente social. Si habrá sistemas similares a los que ya tenemos o se establecerán nuevos. Será menester examinar cada aspecto y tratar de mejorar todo lo que podamos. Constantemente estamos construyendo el ambiente como un elemento de educación para nosotros mismos. El medio ambiente debe estar un paso adelante y más avanzado que nosotros para que tenga un efecto positivo; así es como nos elevaremos a un nivel superior.

Constantemente busco una imagen que me indique cómo mejorar mi comportamiento. ¿Cómo impresionarme? ¿Cómo debe mantenerse frente a mí como una idea educativa con la que me identifico? De hecho, esta imagen soy yo mismo en un nivel superior.

Y como esta imagen es "mi yo óptimo" me esfuerzo para que mis cualidades actuales sean iguales a las de la noción que he construido. Hay características en esta imagen que imagino, pero no son fantasías, sino más bien son mis propias características ligeramente mejoradas. Las hago realidad examinando mis cualidades actuales y determino los rasgos defectuosos que veo en mí. El aspecto desfavorable que aparece es lo que debo reformar.

Después, imagino esa capa en su formato opuesto, en la imagen educativa del ambiente, ya que la idea del educador y la del ambiente son lo mismo. La persona debe examinar cómo desea verse si pudiera corregir sus rasgos negativos en relación con los demás. Esto es, se imaginará a sí misma en un nivel muy avanzado de interés y preocupación por el medio ambiente. Esto se denomina "la imagen del educador" o "la imagen del ambiente", o "la imagen de la sociedad". En suma, esto se denomina, "elegir cada vez un mejor ambiente".

En la medida que es impresionada e inspirada por este ideal, la persona intenta alcanzar estos principios y valores, constantemente imaginando una mejor percepción de sí misma e intentando sentir atracción por ella. Puede imaginar imágenes que son mejores y llegar al nivel que desea avanzar, excepto que no sepa cómo hacerlo. Entonces, lo único que resta es pedir al ambiente que la influya. Si está en un ambiente mejor, recibirá el estímulo para entrar en la idea que está imaginando. ¿Cómo llegamos a un estado en que percibimos que somos malos? Habitamos en un cierto medio social, un círculo social, donde también habitan otros -que como yo- participan en la educación integral. Dentro de este círculo social descubro mi parte defectuosa y lo que necesito corregir. A esto se le llama "reconocer lo que está mal en relación con el ambiente social". Este ambiente me muestra mi siguiente grado y puedo verlo porque me desenvuelvo en él. ¿Si no lo hiciera, cómo sería posible reconocer lo que está mal? El ambiente es imprescindible como modelo de medición.

Si no tuviera deseos malos, estaría conectado a los demás, abrazándolos figurativamente con mis cualidades interiores, en equivalencia con ellos. "Equivalencia" significa vínculo interno al grado de crear una forma perfecta. Me relacionaría con los demás de tal forma que estaría dispuesto a abrazarlos como si no hubiera diferencias entre nosotros.

Por supuesto, todo lo anterior no tiene nada que ver con abrazos físicos, sino con mi deseo de tratar a los otros como ellos me tratan a mí: bien. Reconocer el mal se mide por la actitud que tenemos hacia los otros, al compararnos con ellos. Debe existir una pauta, una medida, y esto es lo que detecto; su buena actitud hacia mí, que contrasta con mi propia mala actitud hacia ellos. Esta brecha se denomina "reconocimiento del mal".

A través de la influencia que absorbe del ambiente, la persona percibe su inferioridad con respecto a éste. La actitud del ambiente hacia la persona es considerada mejor que la actitud de ésta hacia el ambiente.

Debido a que está en un nivel inferior, lo percibe en el ego como una falta. Esto lo mueve a mejorarse en relación con el ambiente. En otras palabras, por una parte la persona percibe en el ego una falta, y por otra parte no tiene opción sino acercarse al ambiente, parecerse a ellos, ser como ellos. Por lo tanto, el entorno constantemente nos da tales ejemplos, y no tenemos otra opción sino igualarnos a éste como un niño que aprende de sus maestros en el jardín de niños.

Para reforzar la conexión con el medio necesitamos redoblar nuestros esfuerzos. Sin embargo, no son realmente nuestros esfuerzos. De hecho requerimos la influencia recíproca para acercarnos y conectarnos. Por lo tanto, por nuestra natural conexión seremos testigos de los cambios de todos.

Resumiendo, lo más importante es que continuemos examinando el espíritu general del ambiente, siempre procurando mantenernos en la vía de la unión, consideración, reciprocidad y amor. Entonces cambiaremos a pesar nuestro. Naturalmente nadie desea hacerlo. Conocemos nuestra naturaleza humana, pero no tenemos otra opción sino entrar a un sistema que nos transforme en contra de nuestro deseo inicial, en contra de nuestra naturaleza egoísta. El ambiente no nos cambiará de modo que corrompa nuestra naturaleza. Más bien cambiará dependiendo de cómo usamos nuestro ego -de egocéntrico a constructivo- a favor de los otros, del ambiente y la humanidad. Entonces todos los que reciban esta educación serán renovados y construirán el nuevo mundo.

Capítulo 9
El final del ego

¿Qué ha cambiado en nuestras relaciones?

Después de siglos de desarrollo científico, descubrimos que existen leyes fundamentales en nuestro mundo que afectan la calidad de vida y a nosotros mismos. Nuestro compromiso en este mundo es evolucionar y revelar esas leyes naturales del mundo que nos rodea. Como seres inteligentes nos distinguimos del reino animal y probamos y examinamos esas leyes de la Naturaleza: lo que nos beneficia, lo que nos daña, cómo mejorar nuestras vidas y cómo garantizarnos un futuro mejor.

El hombre no es un animal que actúe motivado por sus instintos, guiado por sus impulsos naturales que dicten su comportamiento desde su interior. A diferencia de los animales, la especie humana tiene libertad de elegir sus actos. Pero esta libertad en ocasiones produce resultados no deseados. Los humanos se causan daño, mientras que los animales no, pues estos no toman drogas o alcohol, o se hieren unos a otros innecesariamente. Se devoran, pero únicamente para alimentarse, no como consecuencia de su ego o por tener la inclinación de lastimar o dominar a los demás.

En pocas palabras, los humanos tienen un "sobrante de deseo" que no está sujeto a las leyes absolutas de la Naturaleza. Más bien usamos nuestro libre albedrío para bien o para mal. Nuestros deseos van más allá de alimentarnos, reproducirnos y construir un nido o una madriguera. También queremos viajar, ver el mundo, desarrollar la ciencia, el conocimiento, la cultura, la educación y todo lo que nos haga la vida más placentera.

Por alguna razón, los humanos administran sus vidas peor que los animales. Algunas veces envidio a algunos gatos o perros, porque llevan una vida buena y segura; parecen tener todo lo que necesitan. Los humanos constantemente sufren, se estresan, compiten y se consumen a sí mismos. Cuando observamos a los demás los envidiamos y odiamos, y sin embargo les exigimos respeto. En el curso de la historia nunca hemos tenido idea de cómo emplear nuestras superiores características humanas. En lugar de crearnos una existencia plena de bienestar y felicidad, hemos venido a dar con un lugar de desilusión y depresión.

La vida del individuo comienza con la gota de semen de su padre. La Naturaleza ha preparado para nosotros un lugar seguro para desarrollarnos: una matriz que nos protege. Cuando concluye nuestro crecimiento dentro del albergue protector del útero, venimos a este mundo. Quedamos confiados a los amorosos brazos de una madre y un padre que nos cuidan, porque dependemos totalmente de ellos y no podemos sobrevivir por cuenta propia.

La sociedad por igual cuida de los infantes y los trata con comprensión hasta que maduran. Así sucedió durante generaciones hasta hace poco, ya que esto también ha sido dañado. Pero hasta llegar a la madurez, cuando podemos valernos por nosotros mismos, recibimos el sostén de nuestros parientes y el de la sociedad que facilita nuestro desarrollo.

Cuando los niños se convierten en adultos, ingresan al círculo de la vida y la actitud de la sociedad cambia abruptamente. Las leyes de la Naturaleza dictaminan la obligación de rendir cuentas, y la familia y el ambiente exigen responsabilidad y fiabilidad. Las imprudencias que cometemos cuando tenemos diez años, contempladas como travesuras, serán percibidas de manera muy distinta a los veinte años y podemos ser castigados por ello.

De hecho se invierte la actitud de la sociedad hacia nosotros. Mientras somos jóvenes, la Naturaleza y el ambiente social son atentos y complacientes. Pero en cuanto empezamos a acumular años, la actitud cambia y se vuelven desconsiderados, si bien hubiéramos preferido que continuaran tratándonos como niños, las circunstancias han cambiado. Ahora se espera de nosotros que desempeñemos ciertos roles si queremos seguir contando con la aceptación del ambiente. La indulgencia a la que estábamos acostumbrados de niños y adolescentes ha llegado a su fin.

El cambio de actitud hacia nosotros por parte de la Naturaleza es radical. Entre los animales, los progenitores cuidan de sus crías hasta que éstas pueden ponerse de pie, moverse y desenvolverse en su medio ambiente. En unos meses -máximo dos años, dependiendo de la especie- se pone en libertad a las crías que deben buscar su propio alimento, seguridad, cuidar de sus retoños o convertirse en parte de la manada.

Al parecer no debería ser así para nosotros porque nuestra sociedad está conformada por personas inteligentes, conscientes y comprensivas. Empleamos la inteligencia para transformar al mundo mejorándolo y logrando que sea más agradable. ¿Entonces por qué no podemos crear un mundo mejor para los adultos? Cuando llegamos a la edad adulta y empezamos a dirigir nuestra vida, ¿por qué no podemos establecer relaciones favorables y satisfactorias y continuar de esa forma? Después de todo, vemos que la Naturaleza nos ha promovido a través de la evolución; nos ha provocado sufrimiento para que cambiemos por medio de la presión, el castigo y los tormentos, así que probablemente podemos aprender de su guía.

En efecto, si nos relacionamos con el ambiente social apropiadamente y construimos juntos una sociedad sana, viviremos como antes del nacimiento, cuando estábamos protegidos en el útero y luego del nacimiento en la incubadora de la familia, el jardín de niños y la escuela. ¿Por qué no podemos relacionarnos entre nosotros de esta forma y continuar por ese sendero tan favorable? Asimismo, si así ocurre durante ese período, ¿qué es lo que nos impide continuar con este modo de vida tan grato y conveniente?

Si examinamos la historia veremos que las generaciones anteriores vivían en clanes, en aldeas, en donde todos se preocupaban por los demás. Los hombres cazaban juntos para conseguir el alimento del grupo y las mujeres se quedaban en casa, preparaban la comida y atendían a los pequeños. Todas cuidaban de los hijos de las demás. Hoy en día aún se puede ver este modo de vida en diferentes lugares del planeta.

¿Por qué no continuamos nuestro desarrollo de esta forma, conservando este ventajoso ambiente a una escala más amplia, empleando la tecnología, la cultura y la educación que creamos? ¿Qué vino a estropear estas relaciones? ¿Qué fue lo que cambió?

Lo que sucedió es que nuestro ego creció y como resultado nos hemos apartado unos de otros. Empezamos a mirarnos no como hermanos, sino como competidores, evaluando quién valía más y quién menos. Ahora queremos dominar a los otros, "comprarlos" como empleados o esclavos. Incluso queremos robar lo que les pertenece porque no tenemos nada en común con ellos, como sería mantener unida una familia.

Nuestro ego comenzó a apartarnos y alejarnos de esa sociedad primitiva, esa comunidad primordial, y se malograron las cosas. Si nuestro ego no hubiera crecido y sólo hubiéramos acrecentado nuestro conocimiento, la situación sería mejor.

El problema es que el ego creciente es justamente lo que nos motiva a adquirir conocimientos y a realizar descubrimientos. El empuje del ego para desarrollarnos y querer recibir más y más, es positivo. Pero si ese deseo hubiera evolucionado para alcanzar algo benéfico, no sólo para nosotros mismos, sino para nuestro ambiente, el resultado habría sido mejor. Si hubiéramos estado conscientes y nos hubiéramos hecho cargo a tiempo, habríamos triunfado sobre el ego y éste no nos habría separado. Habríamos velado porque todas sus acciones -la educación de nuestros deseos- se enfocaran sólo en beneficio del ambiente.

¿Pero acaso será esto posible? La historia nos prueba que no. Hasta ahora, nos hemos desarrollado y nuestro ego se ha convertido en una montaña de odio, envidia, codicia, deseo de honores y dominación. Es por esta razón que nos encontramos en esta crisis. Lo tenemos todo, pero debido a nuestras actitudes equivocadas hacia los demás no podemos dictar leyes justas, somos infelices, sentimos molestia e inseguridad. En virtud de la competencia, destruimos la ecología pues empleamos el ego para perjudicar a los otros. No podemos controlar al ego y como resultado nuestro modo de vida, cada día es peor.

La Naturaleza, que nos desarrolla a través de sus leyes y el ambiente, nos trata de dos formas. Por un lado intensifica el ego, por el otro nos señala que el ego creciente nos separa y nos pone unos contra otros. Esta es la causa de todo lo malo y estamos siendo castigados por esta razón.

Pero, ¿qué podemos hacer si tenemos dos fuerzas opuestas dentro de nosotros? Por un lado tenemos la inclinación a sentir satisfacción cuando obtenemos alguna ganancia a expensas de los demás. Por el otro, con esta inclinación no sentimos satisfacción, porque cuando la usamos el resultado es que todo -sociedad, ciencia, educación, cultura y vida personal- queda destruido por el mismo poder del desarrollo, es decir, el ego. La cuestión radica en poder cambiar el uso de nuestro de ego y en aprender cómo hacerlo.

La Naturaleza es la fuerza que nos rodea y opera en toda la realidad de manera uniforme, siguiendo una sola ley, la ley de unificación, participación y amor, la ley de otorgamiento. Así es como la Naturaleza opera en todas sus partes en todos los niveles -inerte, vegetal, animal y humano-. Es debido a esto evolucionamos, la que no sería posible si la Naturaleza no nos proporcionara constantemente calor, alimento y todo lo requerido para el crecimiento.

Si no podemos hallar dentro de nosotros el poder de restringir el ego, debemos descubrir en la Naturaleza la fuerza que nos permita usarlo en forma positiva. No significa que debemos dejar de ser egoístas, porque precisamente a través de esta motivación hemos alcanzado mucho más que alimento, vestido, vivienda y salud. Con sólo una tercera parte del día, durante nuestro tiempo libre, podemos hacer muchas cosas que serían buenas para los demás.

Si el ego nos ha llevado a tal excelencia en el desarrollo tecnológico, debemos aprender a usarlo para algo mejor, ponerle riendas y llevarlo lejos del odio a los demás y amarlos. De esta forma conservaremos nuestro nivel de vida y continuaremos desarrollando todas las esferas de nuestra existencia en este mundo, la familia, la educación de los hijos, la cultura, la salud y todo el resto.

Si tan solo supiéramos cómo emplear nuestra naturaleza egoísta a favor del ambiente y la sociedad, desarrollaríamos nuestro entorno y a nosotros mismos de manera positiva y favorable, capacitando a la gente para que cuiden de la sociedad en su conjunto y se vuelvan a sentir como la gente de hace miles de años viviendo en clanes y aldeas, en familia. Ayudaríamos a la gente a salir de ese estado de indiferencia hacia los demás.

Antaño, la gente consideraba a todos como parte de una sola entidad porque el ego no se había desarrollado. Pero, ¿puede la gente de hoy progresar por encima de su ego considerando a todos como sus familiares? ¿Podemos hallar la cura que nos haga ver al mundo con una perspectiva integral: que todos somos uno? ¿Cómo puedo considerar a los siete mil millones de seres como parte mía, algo que nunca antes supe o sentí?

Sería muy distinto a mi proceder actual, sólo tratando de ser condescendiente con los individuos. En cambio, sentiría que tengo que cuidar de ellos al menos tan bien como me cuido a mí mismo, o a mis hijos, a quienes atiendo antes que a nada. ¿Cuál sería la cura con la que podamos sanar nuestras relaciones y nuestras actitudes hacia el ambiente y toda la humanidad? Si la encontramos, no cabe duda que continuaríamos prosperando a pesar de la crisis que frena nuestro desarrollo. Ahora, parece que ya no tenemos hacia dónde desarrollarnos; estamos en un punto muerto, sintiendo que extraviamos el camino sin saber hacia dónde ir.

Por lo tanto, necesitamos considerar de dónde sacaremos la fuerza para usar nuestra naturaleza en forma positiva y no negativa. Ahora, constantemente queremos tener a todo el mundo a nuestras órdenes para beneficio personal, a pesar de que somos nosotros que sufrimos con esta intención, y sin embargo instintivamente operamos de esta manera. Si revirtiéramos nuestra actitud y pensáramos en el bienestar de los demás y del ambiente, como lo hacemos con nuestros hijos, instintivamente, el mundo estaría lleno de amor.

Además, tal vez finalmente entenderíamos que somos nosotros los que estamos destruyendo el sistema ecológico; la corrupción no viene de fuera. Si estableciéramos entre nosotros relaciones basadas en la bondad, consideración y unidad, lograríamos que la Naturaleza y el ambiente también se volvieran unidos y considerados.

Estudios recientes muestran que todas las partes de la Naturaleza están interconectadas, que es "circular" e integral y que estamos afectando a los niveles inerte, vegetal y animal. Si establecemos buenas relaciones entre nosotros, entonces no solamente nuestro comportamiento hacia la Naturaleza y el ambiente cambiará la tendencia actual de corrupción y destrucción, sino que la calidad de nuestras relaciones también mejorará.

Las relaciones entre nosotros también se basan en nuestro poder mental e intelectual, el poder del deseo, que son los más grandes en la realidad. Estas fuerzas existen en ese mismo campo, pasando a través de todo nuestro mundo de un extremo a otro, gobernando a todos los sistemas, desde el interestelar hasta el humano. Por lo tanto, estabilizando nuestras relaciones, podemos propiciar mayor equilibrio en la Naturaleza. No solamente nosotros estaremos equilibrados, sino que todo nuestro mundo se volverá más tranquilo y armonioso.

La Naturaleza nos enseña que el único camino para influir a la gente es a través del ambiente, precisamente por nuestro deseo egoísta de dominarlo. En otras palabras, además de estar vivos, los individuos dependen de su entorno y quieren regirlo usándolo para su propio beneficio, curvándolo para que esté bajo sus órdenes. Si situamos a una persona en un hábitat que es todo lo opuesto, que espera que el individuo sea amable y considerado y que de lo contrario el individuo será rechazado, él modificará su tendencia original hacia la envidia, codicia, honor y poder, para observar las exigencias de la sociedad y beneficiar a los demás.

Es precisamente esa inclinación al mal en nosotros que exige estar conectados con el ambiente, salvo ahora en que la conexión es tal que la inclinación al mal es la soberana. Si no revocamos esa conexión, el ambiente puede hacernos entender que si queremos ser grandes y estar orgullosos, debemos funcionar bondadosamente, sin crueldad. En forma gradual, debido a que dependemos de la sociedad, esa persona comprenderá que el deseo de beneficiarse a sí mismo, en detrimento de la sociedad debe revertirse para beneficiar a toda la sociedad.

Podemos observarlo en los ejemplos corrompidos de nuestro

mundo. Una persona que desea ser elegida presidente, en realidad lo que desea es gobernar, mostrar a todos que es poderosa, que puede dictar leyes, establecer un nuevo régimen, porque se siente superior a los demás. Sin embargo, el candidato se muestra en forma opuesta a sus electores: "voy a servirles mejor que cualquier otro; sólo tengo el interés de la población en mente; soy la mejor opción; seré como un padre para ustedes".

Esto es lo habitual en muchas situaciones. Nuestras intenciones hacia el ambiente pueden ser totalmente egoístas, pero entendemos que debemos actuar en forma contraria, o fingir que lo hacemos.

Por lo tanto, sólo hay una forma de inducir el cambio. Si le mostramos a la gente un ambiente que puede educarlos para adquirir nuevos valores, no tendremos mayor problema. Una persona egoísta que aspira a ser presidente, prometerá a todos empleo, vivienda, vacaciones, cuidados de salud y seguridad y será recibido de tal forma por la sociedad que le dirá: "si quieres ser presidente, primero trabaja a favor de nosotros, obtén buenos resultados y luego tendrás nuestro reconocimiento; conseguirás lo que mereces como consecuencia de los buenos actos que habrás hecho por nosotros".

En otras palabras, volvemos a la situación en que no podemos acudir a nadie para quejarnos. Cuando tratamos de cambiar nuestras vidas, no podemos pedirle a nadie que lo haga por nosotros. No estamos señalando a nadie con el dedo pidiéndole que cambie. Esa exigencia, ese enfoque, no sería prudente. Lo que sí podemos hacer es llegar hasta cada individuo en forma indirecta por medio del ambiente e influirlo de tal forma que esa persona reciba todo lo que necesita sin mayor esfuerzo. La persona crecerá como en un invernadero, donde la temperatura y la humedad se mantienen en las condiciones ideales y mediante representaciones y actuaciones el individuo se convertirá en el molde de una nueva sociedad y será feliz, como los niños que aprenden jugando y así crecen para ser adultos conscientes.

Esto quiere decir que todo depende de la influencia del ambiente en una persona. Si somos inteligentes, no tenemos que pensar cómo debe ser nuestra transformación. En lugar de eso, crearemos un "escenario teatral", un juego divertido. Pasaremos el tiempo libre que el ego nos ha dejado para construir un buen ambiente apropiado para todos.

Con la ayuda de los educadores, asistentes y maestros, sin grandes reflexiones o esfuerzos creceremos, como los niños lo hacen cuando juegan, logrando el cambio sin molestias. Todo lo que necesitamos es saber emplear el tiempo libre y las leyes que estamos aprendiendo para adquirir por nuestra cuenta una imagen correcta.

Nunca lo hicimos antes porque ignorábamos todo esto. Fuimos muy ingenuos para no darnos cuenta del mal que vive en nosotros. Pensamos que el ego nos ayudaba a crecer y no consideramos que fuera malo. Sentimos que nos impulsaba, creando familias, sociedades y países, pero no percibimos lo distante que nos volvimos. Nunca creímos que el ego nos traería tal destrucción y daño.

Sólo en épocas recientes hemos empezado a comprender lo desesperados que nos sentimos. Y sólo construyendo un nuevo ambiente podemos influirnos para crear "nuevos seres humanos" dentro de un ambiente "incubadora" o "invernadero". Como un artista, este ambiente nos esculpirá para ser nuevas personas. En lugar de usar la fuerza que poseemos, que es superior a la de los animales, para el mal, la usaremos para el bien.

Para que esto ocurra, usaremos el poder que tiene la sociedad, el ambiente, la humanidad, para dirigirlo en la dirección correcta. Cualquiera que empiece a vincularse con los demás sentirá que está unido a todos con su corazón y su alma: una mente, un sólo cuerpo. La sensación será tan fuerte que percibirá los pensamientos y deseos que recorren al mundo y cada uno de nosotros incluirá a toda la humanidad dentro de sí.

Entonces veremos que la evolución y el impacto que ha tenido la Naturaleza en nosotros, nos trajeron a un estado maravilloso, en el que cada uno siente su propio ser como un todo. Llegaremos a ese estado en que el individuo podrá salir de la sensación de su vida breve y limitada para percibir el mundo integral a través de toda la humanidad. De esta forma materializaremos la principal fuerza de vida. El ego que nos separa y nos eleva del nivel animal, nos hará ascender al nivel humano.

Como animales, somos distintos a otros animales porque deseamos usar el ambiente ya sea a favor o en detrimento de éste. Usar el ambiente a favor, quiere decir que deseo recibir todo lo que el ambiente humano puede ofrecerme. Si deseo usar el ambiente en forma cruel, es decir en detrimento de éste, entonces puedo disponer del dinero de los otros por medio de un fraude, invadir otro país y esclavizar a su gente, explotando además sus recursos naturales.

Lo anterior significa que el hombre se eleva sobre el nivel animal mediante dos aspectos: en relación al ambiente y en relación a la sabiduría humana. Por un lado, el ambiente humano es algo que los animales no tienen. Sin embargo, la Naturaleza ha instituido el ambiente humano para nosotros, nos ha vinculado a él y nos obliga a incorporarnos a él si queremos existir bien. No podríamos vivir como seres humanos sin este ambiente. Si viviéramos en la jungla, descenderíamos al nivel de los animales.

Por lo tanto, cuando usamos el ambiente en detrimento de éste, a la larga terminamos envueltos en una crisis, ya que somos interdependientes y esa dependencia provoca que nos odiemos. Entonces todo se detiene y la vida deja de ser buena. No nos causa alegría, libertad o cariño, sino por el contrario, la vida se vuelve tan mecánica y amenazante que preferimos escapar por la puerta de las drogas y el alcohol, incluso intentar matar a otros porque no sabemos qué hacer con los individuos que nos rodean.

Es una situación terrible, pero es nuestra realidad. Estamos descontentos con la vida: al observar las escuelas de nuestros hijos y la atmósfera que reina allí, nadie podría sentirse bien con lo que ve allí. Todo lo que podemos hacer es convencernos que es el menor de los males.

Por otra parte, tenemos la inteligencia del hombre, que los animales no poseen. Con ella, podemos analizar lo que percibimos, las situaciones que encontramos y sacar nuestras conclusiones, como por ejemplo, que el origen de nuestra deplorable existencia es nuestra actitud hacia el ambiente. Si cambiáramos esa actitud por una buena, podríamos alimentar a todo el mundo únicamente con los excedentes de producción alimenticia que ahora desechamos. ¡Los fondos que gastamos en armamento serían suficientes para construir una casa con piscina para todas las personas en el mundo! Podríamos hacer grandes obras para preservar la ecología en todos los lugares del planeta.

Hace algunos años, la gente estaba muy entusiasmada por el nuevo acelerador de partículas en Suiza, que intentaba descubrir la partícula elemental, el *bosón de Higgs*, que supuestamente excede la velocidad de la luz. La construcción del acelerador requirió recaudar fondos durante varios años, pero la cantidad necesaria para el financiamiento del proyecto en su totalidad era igual a la cantidad de dinero que el ejército de Estados Unidos gastaba en Iraq en tan sólo dos semanas.

Este es un ejemplo de lo que podríamos hacer con el dinero si nuestra actitud hacia el ambiente fuera distinto y no estuviéramos derrochando tales fortunas en defensa o armas. Vemos el tesoro que tenemos, una mina de oro que botamos al mar y nuestros egos lo consumen todo, impidiéndonos usar nuestros recursos para gozar de una vida placentera.

Si calculáramos lo que podríamos recuperar si la carrera armamentista llegara a su fin y cesara el desperdicio de la sobreproducción, el resultado sería que con el 5 ó 10% de la población mundial podríamos proveer a toda la humanidad. Es evidente que la única razón por la que existe la sobreproducción es nuestro ego.

Por lo tanto, no necesitamos pensar que si producimos sólo lo necesario para nuestro sustento, nos quedará tiempo libre para broncearnos al sol. Para mantener la actitud correcta frente el ambiente, necesitamos participar en la creación de un ambiente favorable durante varias horas al día. Es por esta razón que se nos entrega este tiempo "libre". Cada persona que queda relevada del cargo de ocuparse de sí misma, necesita aceptar todo lo que implica este nuevo mundo y las nuevas relaciones y entonces ocuparse de estas nuevas conexiones. Al ser liberados de la carga de ocuparse de uno mismo, tendremos que promover nuestras relaciones con el ambiente, dándoles preferencia constante más allá de las inclinaciones de nuestros egos.

Estamos hablando de usar las fuerzas conocidas de la Naturaleza, pero la gente no lo aceptará sino cuando no les quede otra opción, cuando los millones de desempleados tomen las avenidas y las madres tengan temor de enviar a sus hijos a la escuela debido a la violencia, las drogas y la prostitución. Será una situación en que la gente tendrá miedo de salir a las calles y nadie podrá predecir lo que le depare el mañana con respecto a la seguridad personal y los cuidados de salud.

En tal estado se detendrá todo el desarrollo de la cultura que es tan importante para los humanos. Llegaremos a la conclusión que vivir así no se considera vida.

Incluso hoy, cada vez menos personas quieren casarse o tener hijos. Nuestros propios hijos ya no quieren esta existencia y se preguntan por qué los trajimos al mundo. Tenemos una generación que no puede vislumbrar su futuro y no podemos vivir, mucho menos desarrollarnos, sin tener una visión de lo que nos espera. Es por este motivo que la depresión y la desesperación son las enfermedades más comunes a nivel mundial, ¡incluso a las mascotas se les recetan antidepresivos!

Teóricamente, podríamos haber evolucionado estupendamente, como en las generaciones anteriores en que instintivamente vivíamos en unidad como hermanos, pero fallamos. Porque si bien evolucionamos naturalmente con nuestros egos, hasta ahora llegamos a este estado en que descubrimos que él es nuestra inclinación al mal, que nos perjudica. ¿Quién pensó antes que su ego era el villano?

Por ejemplo, cuando yo era un niño me gustaba la tecnología y la ciencia y las estudié en la escuela. También seguí diversos cursos y más tarde fui a la universidad. Cuando terminé mis estudios académicos, trabajé para un centro de investigaciones. Mi ego constantemente me empujaba hacia cuestiones que yo percibía como positivas. Quería conocer el mundo. Esto era en cierta forma deseo de controlar, salvo que no estaba enfocado a un dominio para imponerme por la fuerza a los demás, sino estar por encima de esto.

En ese momento pensaba que no me importaba la humanidad; no quería fijarme en todas esas patéticas criaturas. Quería ser como un dios, conocer todo lo que sucedía, encontrarme en el nivel de las leyes, las cualidades más elevadas de la Naturaleza que gobiernan al hombre. Quería entender y absorberlo todo -la sabiduría de la Naturaleza, sus capacidades- y no sólo ser superior en el nivel humano. A pesar de que en aquel entonces este rasgo no era muy evidente, en retrospectiva veo que tenía su origen en un deseo de control.

Recuerdo cómo me relacionaba con la humanidad y a todo lo que existe sobre la Tierra. No sólo quería absorber al planeta, quería estar a un nivel en que pudiera inhalar al universo entero. Si bien esta aspiración es egoísta, en esos días me impulsó hacia el desarrollo. Sólo más tarde me di cuenta que si éste no es a favor de la humanidad, es malo.

En realidad, existen varios grados de "malo". Podría ser un altruista que ayuda a la humanidad porque no me queda otro remedio o porque quiero recibir grandes reconocimientos. Alternativamente, podría ser que sencillamente amara a la humanidad. Si bien pienso que me beneficiaré haciendo donaciones, empiezo a entender que hacerlo es bueno incluso si no recibo una recompensa inmediata. Hay algo especial en este rasgo que me conforta el corazón y amplía mis sensaciones, por lo que disfruto amando a los demás, no de lo que podría recibir a cambio.

De pronto, surgen grandes vacíos en nuestros sentimientos y una sensibilización de la que no estamos conscientes ahora. Pero gradualmente, por medio de la causa y el efecto, nos abrimos más y más a las cualidades que están latentes y que ahora evolucionan. Aunque son rasgos triviales que ya usamos, estas cualidades ya se encuentran en nosotros, sólo que anteriormente no teníamos conocimiento del mal, y no podíamos usarlas para atendernos.

Necesitamos comprender que es precisamente el ego creciente el que nos empuja a la sabiduría. Así es como nos promueve. A pesar de que es el ego, no es la inclinación al mal. Existen dos niveles en el ego. Un nivel en el que quiero llenarme de conocimientos, de buenas sensaciones, de comida, sexo, familia. Es como si estuviéramos solos en el mundo, sin hacer daño a nadie, como cualquier organismo que busca satisfacción. En el otro nivel del ego existe una inclinación al mal y quiero llenarme de riqueza, honores y conocimiento, cosas que sólo puedo obtener explotando al ambiente y a los demás.

La riqueza, el honor y el conocimiento son grados por encima del nivel animal. Son deseos humanos que usamos para satisfacer nuestra parte humana. Se derivan del ego y se originan en mi deseo de alcanzar tanta satisfacción como sea posible. Esta es la parte llamada "inclinación al mal", cuando quiero obtener mi propia satisfacción oprimiendo a los demás.

Y también existe otro grado que se manifiesta cuando uso a los otros y los otros me usan, en buena forma, como sucede dentro de una familia y entre los seres queridos. Dentro de la familia, uso a los que amo y ellos me usan para disfrutar mutuamente, beneficiarnos, sentirnos felices y contentos.

Este es el grado de unidad: podría tratarse de amigos, una pareja o quien sea. Debido a que implica usar a los demás, se considera también como ego, inclinación, deseo, pero no es malo porque no tiene la intención de dañar a los demás.

Sólo si tengo la intención de obtener placer a la fuerza, se considera una inclinación al mal porque quiero disfrutar sin tomar en cuenta a los otros, e incluso deseo dañarlos.

Tenemos aquí una amplia gama de relaciones. Podría estar recibiendo placer independientemente de los demás, o podría hasta obtener placer específicamente lastimando a los otros. Pero absolutamente, mi deseo de disfrutar el sufrimiento que provoco en los demás -o el hecho de que no tengo consideración por los demás y no me preocupa si otro está sufriendo- se llama "el mal".

Supongamos que cometí un fraude bancario y pude robar un dólar de cada cliente; luego huí con este dinero y acumulé millones. Puedo disfrutar del hecho que ahora tengo mucho dinero pero también puedo disfrutar la humillación que infringí a quienes robé.

Esto es sólo parte de una amplia gama de actitudes que puedo tener hacia el ambiente, empezando por ser desconsiderado y terminar por disfrutar el sufrimiento de los otros. Si sencillamente soy desconsiderado, hago que los otros trabajen para mí y les trato como a una maquinaría que opero. Recibo lo que necesito como hace doscientos años cuando los trabajadores eran tratados como esclavos. Si también tomo en cuenta las capacidades de los otros, trato de usarlos tanto como me es posible, es decir, tomo en consideración sus personalidades, conocimientos y habilidades. Hoy en día nuestra inclinación al mal ha evolucionado tanto que como humanidad disfrutamos dañando a los otros.

Estos placeres egoístas son señales de que hemos llegado al nivel más avanzado de egoísmo. Con nuestro desarrollo, todos estamos a un determinado nivel y nuestro ego disfruta al comprobar lo superior que soy a ti y como puedo explotarte.

Ya no es suficiente ser rico si nadie lo sabe, salvo mi banquero. Gozo sólo si todos pueden ver mi lujoso automóvil, mi yate, mi posesión de fábricas y el control del personal a mi servicio. También disfruto oprimiendo a los otros, porque el dinero en sí no me satisface más, sino que me catalogo en relación a otras personas.

Todo lo anterior es considerado "usar a los otros en su detrimento", porque quiero ser superior a ellos. Esto es lo que está provocando el sentimiento prevaleciente de insatisfacción y el alza de tasas de suicidios en todos los países. Nada es suficiente para nosotros; estamos en un callejón sin salida y ya nada nos produce placer.

Sin embargo, el ego también nos desarrolla. Nos está llevando a un estado en el que no sabemos hacia dónde movernos. Nos ha traído hasta el punto en que no disfrutamos incluso del deseo de ser superiores a los otros. Y si ya no puedo gozar ser superior, no tengo hacia dónde desarrollarme y nada por qué vivir, porque ser más rico y poderoso no me aporta nada, entonces ¿por qué molestarme si ya nada me complace?

Hoy en día el Hombre ha perdido su motivación para desarrollarse, el fundamento, la maquinaria de desarrollo. No tiene nada más que lo propulse a continuar. Ya no le importa si tiene más o menos. El futuro le es totalmente indiferente. Esta es una proyección de una falta de deseo, una impotencia dentro de nosotros. Antes queríamos ser ricos, poderosos y sabios. Ahora no queremos nada. De hecho, ni siquiera deseamos continuar como especie; incluso nos preguntamos la razón para engendrar hijos.

Todo el mundo se encuentra en este estado general de confusión. La situación es muy complicada, y tiene muchas capas. La solución se encuentra en nuestra relación con el ambiente y la relación de éste con nosotros. Si logramos establecer buenas relaciones entre nosotros, que sean apropiadas, podremos crear una vida maravillosa y podremos recibir nueva energía, a diferencia de ahora en que nos descubrimos imposibilitados y no tenemos dónde ir.

Hasta el día de hoy todos nos desarrollamos individual, linealmente, como en una línea recta desde el principio de los tiempos hasta este día. Nuestro deseo evolucionó tanto en cantidad como en calidad y nos produjo buenos resultados. Pero de pronto estamos en un alto, sin razón para continuar. Hemos llegado corriendo y nos detuvimos porque no existe razón para proseguir la carrera. Hemos extraviado nuestro camino en medio del desierto. Es como si estuviéramos en el espacio.

La motivación individual se ha apagado, por lo que estamos inmersos en la desesperación que se inició hace unos cincuenta años y está provocando crisis en todos los ámbitos: la educación, la cultura y en nuestras vidas personales. De hecho son estas crisis las que han motivado el estancamiento. No se renovarán los impulsos porque hemos llegado al final y no tenemos nada por qué vivir, como pueden atestiguar los médicos que prescriben los antidepresivos. Estadísticamente, las tasas de suicidio son de un millón al año en el mundo, un incremento del 60% sobre los últimos cincuenta años.

Ahora queremos salvar al paciente al que se le da el nombre de humanidad, antes de que muera. La situación es crítica, pero no irremediable. Podemos corregirla usando los poderes suplementarios que la harían avanzar. Es una fuerza que no viene del interior del ser humano, porque no tenemos de dónde sacar más deseos para vivir. En lugar de eso las personas empezarán a conectarse entre ellas y tendrán fuerzas renovadas.

Veríamos como el paciente llamado "humanidad" recibe fuerzas adicionales y sale de su depresión, su impotencia y punto muerto. Podríamos ver cómo absorbe nueva vida del medio ambiente que lo rodea y descubre que ese medio ambiente es sencillamente él mismo, es decir, que todos somos uno y estamos conectados. Esto es, que uniéndonos encastraríamos partes que eran en realidad nuestras, pero que no sentíamos como propias.

Es como una mujer que se convierte en abuela y esto le da una nueva vida. Ama a sus nietos más que a sus propios hijos porque ahora es el único placer que puede tener en la vida. Para ella, los nietos son -literalmente- un remedio.

Resumiendo, nuestro estado actual es tal que si no adquirimos del ambiente los deseos suplementarios de los que obtendremos grandes placeres adicionales, no solamente terminaremos en la desesperación y la depresión, sino en el terrorismo y en las guerras mundiales. Nos veremos impotentes y sin esperanza y no entenderemos por qué estamos en un mundo en el que sería mejor estar muertos que vivos. Viviremos apegándonos a la máxima: "coman, beban y estén alegres, porque mañana moriremos".

Tendremos revueltas y estallidos para poder ignorar la pregunta de para qué nos sirve la vida. Incluso ahora podemos presentir la pregunta pero en proporciones mínimas. La gente busca la paz y la tranquilidad de muchas maneras, pero no encuentra nada. Después, esto dará como resultado los disturbios que conducirán a la guerra.

Es posible que estemos desesperados porque no encontramos la cura a nuestra situación, pero ésta se encuentra aquí, en la unión y la conexión. Sólo uniéndonos con la Naturaleza y con los demás, cada uno de nosotros recibirá la energía, el apoyo y el cuidado que necesita; y con el nuevo deseo que recibiremos del ambiente, obtendremos nuevas satisfacciones.

Cuando nos conectemos a todos, descubriremos dentro del ambiente la plenitud que nos elevará al nivel del ser humano. Empezaremos a experimentar nuestras vidas por encima del nivel animal. Percibiremos la perfección de la Naturaleza, la eternidad y la relativa tranquilidad que nos rodea ahora. Reconoceremos también el mal que se ha revelado, permitiéndonos corregir la situación con todo éxito.

Michael Laitman

Capítulo 10
Hagamos que el mundo vuelva a prosperar

Equilibrando el bien y el mal en el hombre

Durante nuestras vidas, atravesamos por un proceso de evolución. Al principio, como no vemos el final del proceso, no podemos entender la razón de cada una de las fases. Lo que queda claro, sin embargo, es que todo por lo que pasamos en nuestra existencia nos parece corrompido o redundante. Nos sentimos incómodos con nuestra naturaleza y hábitos y la mayor parte del tiempo no estamos satisfechos ni de nosotros mismos ni de los que nos rodean.

Podemos comparar dicho proceso evolutivo con la maduración de una manzana. Cuando empieza es pequeña, dura y amarga. Pero al desarrollarse absorbe agua, minerales, gases esenciales como CO_2 y la luz del sol. Gradualmente crece y madura. No percibimos la necesidad de las etapas del proceso, pero al final tenemos un fruto hermoso y delicioso, totalmente contrario a su amargo estado inicial.

Al igual que la manzana, pasamos por un proceso que tiene un objetivo determinado, sólo que no lo notamos. No entendemos ni la finalidad de todo el proceso, ni que las fases por las que atravesamos son indispensables. Llegamos al final de nuestros días sin entender que estamos avanzando hacia una situación superior en la que todos seremos sabios, bondadosos y tendremos buena voluntad.

A diferencia de las plantas o los animales, las personas progresan de generación en generación; la siguiente etapa será más evolucionada que la precedente. Por esta razón no podemos contemplar la vida desde la perspectiva de una generación aislada. La evolución de la humanidad a través de los milenios es como la maduración de una persona desde sus inicios, pasando por el cumplimiento de su destino, hasta llegar a su estado ideal.

Así es como evolucionamos. De ahí que decimos, "no le muestres a un necio un trabajo a medio terminar". La diferencia entre una persona prudente y un necio es que el prudente ve el futuro y conoce el final, por lo que puede justificar el proceso que se está llevando a cabo. Pero nosotros somos unos necios; no vemos cómo será el trabajo terminado y es difícil justificar las situaciones que experimentamos a lo largo del camino.

Es cierto que el proceso es largo, difícil y doloroso. Vamos avanzando entre golpes, errores, dificultades y todo tipo de problemas; sin embargo, de alguna forma continuamos avanzando. Empero, ahora nos encontramos en una encrucijada, o peor aún en un punto muerto. Como si hubiéramos extraviado el camino, estamos perdidos en el desierto sin tener idea hacia dónde dirigir nuestros pasos. De nuevo, necesitamos aprender de la Naturaleza, de la que somos parte integral. La Naturaleza siempre busca el equilibrio, y el equilibrio con la Naturaleza significa adquirir las mismas cualidades de ella.

Puesto que nos hallamos en medio de un proceso evolutivo, es menester descubrir la fuerza general de la Naturaleza, entender hacia dónde se dirige, lo que "quiere" y lo que nos sostiene. Si lo logramos, veremos que estamos evolucionando en forma positiva y que es la forma de llegar al reconocimiento del mal, nuestro ego. Entonces entenderemos hasta qué punto estamos amargando nuestra propia existencia y la de los demás.

Percibimos que cuando queremos triunfar a través del ambiente, explotar a todos y volvernos poderosos, acaudalados y dominantes, esta forma de actuar se vuelve en contra nuestro, en detrimento de nuestros intereses. No tenemos más que observar la sociedad que hemos construido, la clase de seres humanos en que nos hemos convertido. La humanidad tiene muchos conocimientos y riquezas, entonces ¿por qué nos hallamos en este estado al que nunca planeamos llegar?

¿Cuál es la razón del surgimiento de tanto mal? ¿Por qué continuamos cometiendo errores y sacando conclusiones equivocadas sobre por qué somos desdichados? Perseguimos una metas que pensamos nos hará felices y en cuanto ésta nos falla corremos tras otra esperando que esta vez sí alcancemos la felicidad. Pero al final, todo termina en desilusión, cuando no en tragedias, como las guerras o enfermedades.

Cuando nos comparamos con los otros niveles de la Naturaleza -inerte, vegetal y animal- comprobamos que su evolución es muy lenta. Esto se debe a que la evolución en esos niveles sólo ocurre cuando se cumplen los impulsos naturales derivados de instrucciones internas. Por ejemplo, si examinamos el comportamiento de un caballo, un perro o un gato, veremos que actúan conforme a su naturaleza y no cometen errores. Llevan integradas sus propias leyes de vida.

En contraste, los seres humanos constantemente nos equivocamos. Estos errores deberían promover nuestro desarrollo intelectual. No obstante, si nuestra inteligencia evoluciona de generación en generación mediante la adquisición de nuevos conocimientos, la cognición del mundo, la Naturaleza y nosotros mismos, estamos usando indebidamente nuestro intelecto.

Los académicos de la antigüedad como Aristóteles y Platón hablaron acerca del uso adecuado o inadecuado del intelecto. Ellos sentaron las bases de la ciencia moderna y argumentaron que el conocimiento no se le debe impartir a cualquiera, sino sólo a personas que lo empleen a favor de la humanidad. Entonces, a través de este conocimiento la gente desarrollaría buenas relaciones con sus semejantes.

El conocimiento estaba destinado a alcanzar una vida mejor para la humanidad. Pero cuando dicho conocimiento es de dominio público perjudica a la humanidad, porque el ego hace mal uso de éste, en detrimento de la persona y de su entorno. El mal se vuelve en contra y termina por destruir el ambiente, provocando la fabricación de armamentos y otro tipo de cosas innecesarias.

Comprendemos ahora que a través de la ciencia, el conocimiento y nuestras enormes capacidades, nos hemos hecho de una gran abundancia que usamos para destruir. Nos encontramos en medio de una crisis total que afecta cada aspecto de nuestra existencia y a todo nivel de población. Incluso la ciencia se halla en crisis. La educación, la familia, las relaciones humanas, las relaciones entre parejas y entre familiares e hijos, el sistema de salud, la cultura y los medios, todos están en crisis. Existe un cisma entre lo que debería haber sido y lo que es.

Hemos hecho uso indebido de nuestras capacidades a lo largo de generaciones. Después de milenios de evolución hemos llegado a un punto en que las personas emplean la ciencia para apoyar diversas formas de dominio sobre la gente, para desarrollar armamento y medicamentos innecesarios que comercian obteniendo grandes ganancias. En nuestros días, la ciencia está al servicio del hombre en áreas que éste no necesita y los científicos venden sus inventos al mejor postor. El científico honesto ama la ciencia y adquiere conocimientos por amor y no para venderlos.

Sin embargo, ya reconocemos hasta cierto punto, el mal que existe en nuestro desarrollo. Parece que aún es tiempo de desarrollarnos en forma positiva. Causamos algún daño, rectificamos y rápidamente retornamos al buen camino. Después causamos más daño para volver al bien. Lo único que necesitamos es activar nuestro sentido para reconocer el mal, para admitir nuestros errores y corregirlos enseguida, sin sumergirnos en el mal. Sería como un pequeño a quien se le entrega un juguete para que pueda desmantelarlo y luego lo pueda arreglar para usarlo correctamente. Así es como funcionamos.

Todo lo que necesitamos cambiar es nuestro enfoque y entender que nuestras vidas están construidas de tal forma que el mal es obligatorio. En primer lugar debemos reconocer que el ego es malo y elevar nuestra capacidad del nivel animal al nivel humano, facultad por la cual se nos da el nombre de "hablantes", "humanos". Si empleamos estas características correctamente, examinando lo que es correcto e incorrecto, a través de este escrutinio podemos pasar del mal hacia el bien. Comprobaremos que el progreso ocurre por medio de la acción de dos fuerzas antagónicas, como los sistemas en nuestros cuerpos que trabajan mediante contracción y expansión, tal como el sistema respiratorio o cardiovascular.

Es lo mismo que los sistemas de una maquinaria que opera absorbiendo y expulsando, o la rueda de una bicicleta accionada por dos fuerzas opuestas -una que avanza y otra que retrocede- causando que avance hacia adelante.

De hecho, en toda evolución siempre existen dos fuerzas contradictorias que trabajan en armonía y se complementan entre ellas. Por lo tanto, no necesitamos renunciar a nada en nuestro mundo, porque tuvimos que evolucionar así. Lo que nos hace falta es activar nuestro sentido crítico para examinar las situaciones y hacer una crítica constructiva de lo que hemos realizado. De esta forma aprenderemos a avanzar mediante las correcciones necesarias. Cuando actuemos de esta manera, todo el mal se convertirá en un medio para apoyar al bien.

De esta forma, estaremos usando tanto el mal como el bien para avanzar y entonces ya no existirá ni el bien ni el mal, sino dos fuerzas para auxiliarnos. Entenderemos que nuestra naturaleza egoísta es buena, que por medio de ella en realidad habremos desarrollado nuestra habilidad para analizar y corregirnos.

Por consiguiente, es necesario admitir que nuestro desarrollo fue favorable y bueno y que la sabiduría que hemos recibido frente al ego destructor (estas dos fuerzas dentro de nosotros) nos ayudará a avanzar. Si trabajamos de esta forma, podemos entender que nuestro libre albedrío se encuentra justo entre estas dos fuerzas. Por un lado, tenemos la fuerza en apariencia mala, y por el otro, el intelecto, la fuerza buena que nos asiste ya que los humanos valoran y respetan la sabiduría.

En medio de nuestro aspecto malo y el intelecto sabio podemos descubrir el camino correcto y positivo. Es un camino bueno para la Naturaleza, para nosotros y para el inerte, vegetal y animado. Así conseguiremos la armonía con todas las formas de vida y con la Naturaleza en su totalidad.

En última instancia, el sufrimiento por el que atravesamos es en realidad una invitación para activar nuestro libre albedrío y usar correctamente el equilibrio entre las dos fuerzas a nuestra disposición. No cabe duda que todo el mundo necesita entender y usar la gran fuerza del intelecto de esta manera, con el fin de ponerle riendas a nuestro ego -como se mencionó anteriormente- y usarlo correctamente, no destruirlo.

Existen diversas técnicas y creencias que sostienen que el ego es malo y que debe ser neutralizado. Necesitamos comprender que no existe algo que sea "malo" en la Naturaleza. Sólo existe la capacidad para usar la Naturaleza positivamente. Si no hacemos uso de ella en forma positiva, se convierte en negativa. Por consiguiente, lo que necesitamos aprender es cómo usar nuestro intelecto.

Necesitamos desarrollar la técnica y el método, el programa para usar el bien y el mal en forma adecuada, para crear una vida buena con los dos elementos. No actuemos como necios juzgando el proceso durante su desarrollo para quejarnos. Más bien, es preciso examinarlo a la luz de la meta y comprender que cada etapa es justa y que estamos avanzando hacia la meta correcta, que se encuentre a la vuelta de la esquina, que nos aproximamos a ella con cada paso, acercándonos a una vida corregida y a un buen futuro.

No podemos maltratar, exigir, quejarnos, criticar, irrespetar o despreciar a la Naturaleza, a nosotros mismos o a los demás. Es menester comprender que todos estamos atravesando por las mismas etapas, el mismo proceso y debemos ayudarnos mutuamente. Esto es lo que requieren las personas perdidas en el desierto. No llegarán al oasis sin la ayuda de los demás. Esa corrección y ayuda mutua son la clave que nos conducirá hacia la buena meta.

Para establecer la ayuda mutual y a través de ésta alcanzar la meta, en primer lugar es preciso entender cómo estamos hechos y que en cada uno de nosotros existen tres tipos de deseos: el primero se refiere a los deseos físicos, que denominamos "animados" porque también se encuentran en los animales, que siguen estos deseos instintivamente. Son los deseos de conservarnos en el mejor estado posible, limpios, sanos, bien alimentados, descansados y cuidar de que el cuerpo reciba lo necesario.

El segundo tipo de deseos se refiere a los deseos egoístas, a través de los que nos desarrollamos por encima del nivel animado. Los humanos también sienten deseos de dominio, codicia, honores, y con ellos quieren ser superiores a los otros. Estos deseos pertenecen sólo a la especie humana; los animales carecen de ellos. Pueden devorarse entre ellos, pero no es porque quieran dañarse, mandar o gobernar; actúan así únicamente para alimentarse.

El león que caza a una cebra no lo hace con el deliberado propósito de dañarla; sencillamente sigue las instrucciones de la Naturaleza. No existe animosidad entre las especies; así es como trabaja la Naturaleza. Nosotros también tenemos este comportamiento. No odiamos a las vacas, los pollos o el pescado que consumimos. Sencillamente los comemos porque tenemos que hacerlo, e intentamos que el proceso sea lo más humano posible.

Es únicamente hacia los seres humanos que enfocamos nuestro ego. Nos fijamos en el césped del vecino, en su auto, en sus hijos, su sueldo, etc., y medimos nuestro desempeño en la vida comparándonos con él. Existen estadísticas que prueban que un individuo sería más feliz si ganara $50,000 al año por encima del promedio salarial en su comunidad, que $100,000 al año por debajo del promedio de ingresos de sus vecinos.

Nos valoramos en comparación con los demás. Esto es, no apreciamos las cosas en relación a nosotros mismos, sino en relación a los demás. A este tipo de deseos los denominamos "deseos humanos" porque los animales no los tienen. A ellos no les importa lo que los otros animales poseen, sólo necesitan saciarse. Los deseos humanos, sin embargo, son todos malos.

Un tercer tipo de deseos -exclusivamente humanos- se encuentra por encima de los dos anteriores. Se refiere al deseo de conocimiento, de sabiduría. Es el deseo de saber por qué estoy vivo, cómo funciona la Naturaleza, lo que sucede a mi alrededor y la conexión entre los objetos. En otras palabras, es el amor por la sabiduría de la Naturaleza, por el conocimiento y el estudio de ella.

Nos encontramos en una burbuja denominada "Naturaleza" y recibimos todo de ella. Estamos, por así decirlo, dentro de una esfera, removiendo capa tras capa. Al examinar cada una de ellas, descubrimos sus leyes, les damos el nombre de "ciencia". En el futuro revelaremos otras leyes que ya existen hoy en día, pero aún no tenemos la sabiduría para percibirlas. Entre más estudiemos, descubriremos más leyes que existen en la Naturaleza.

Resulta que en todas las personas se combinan estos tres tipos de deseos: el deseo animado, el humano y el deseo de conocimiento. Lo que cambia de un individuo a otro es la mezcla de los mismos. Uno puede tener deseos de conocimiento, otro querrá ser superior a los otros en riqueza y en posición social, y el tercero se conformará con el fútbol y una cerveza en su sillón. Todos están hechos en forma distinta y no hay nada ni bueno ni malo en ello; cada uno tiene sus características. Los tres tipos de deseo existen en todos, pero cada persona se inclina hacia uno de ellos más que hacia los otros. Cada persona encuentra su lugar en el ambiente siguiendo sus deseos y progresa en función de esto.

El deseo preponderante corresponde a las necesidades corporales. La prueba es que son pocos los que quieren alcanzar poder y dominio y situarse en la cima de la sociedad humana. En otras palabras, si estoy inmerso en mis deseos físicos, uso lo que me rodea para satisfacer mis necesidades físicas. Si mis deseos pertenecen al nivel humano entonces quiero ser superior a los demás, dominarlos, ser más fuerte, inteligente y exitoso.

Si me inclino por la ciencia, quiero situarme por encima de los deseos animados, así como por encima de los deseos humanos. Se trata del deseo de comprender, conectarse a la Naturaleza y saber por qué las cosas están construidas de tal forma. Quiero aprender filosofía y ciencia y no me interesa si tengo menos posesiones que los demás. Puedo comer poco y casi si me mantengo en contacto con otras personas, pero es importante conectarme con lo que está más allá, con la causalidad del universo.

La sociedad humana está conformada por toda clase de personas, y cada una encuentra su propio camino, forma una familia, un ambiente, y una sociedad siguiendo sus propios deseos.

Las personas inteligentes, que usan la ciencia apropiadamente conocen la Naturaleza y saben que sigue un proceso y tiene proyecto. Aún no conocemos las reglas del proceso, pero sabemos que existe. Aún no estamos seguros hacia dónde se dirige y sólo podemos adivinar que el proceso nos lleva hacia el equilibro.

El equilibrio en la Naturaleza puede expresarse en la temperatura, el viento, las tormentas y las erupciones volcánicas. Todo sucede con el fin de alcanzar armonía. La Naturaleza actúa para equilibrarse y el hombre -como parte de ella- también debe lograrlo.

Debido a que existen fuerzas malas y buenas dentro de nosotros, para prevenir que causaran caos, nos fue entregada la ciencia. A través del conocimiento que hemos adquirido podemos lograr el equilibrio entre estas fuerzas que tenemos. Podemos usar la fuerza buena y mala del intelecto para equilibrarlos y progresar en armonía.

Debemos equilibrar la fuerza del intelecto con nuestra fuerza mala interna. El ser humano tiene deseos en el nivel inerte, es decir, en los elementos de los que está hecho mi cuerpo. También tengo deseos en el nivel vegetal, las partes de mi organismo que crecen, como el cabello, las uñas y los huesos. También tengo deseos del nivel animal que son el resto de las partes de mi organismo. Tengo el intelecto, que es un deseo por encima del nivel animado y fuerza del mal, que es el ego. Estas partes son las que nos componen.

No hay nada que corregir en los deseos de los niveles inerte, vegetal y animal. El problema se encuentra en las relaciones entre nosotros. Es allí que se corrompe nuestra existencia, ya que tenemos una naturaleza que es mala, el ego, aunque tenemos la tendencia de decirnos a nosotros mismos que no somos malos. Son los otros los malos, la humanidad es mala, o la Naturaleza es mala, pero yo en lo personal, en absoluto.

El individuo no debe ocuparse simplemente en su progreso personal, porque el nivel animal sólo debe alcanzar un consumo equilibrado. Más bien, todas las personas deben aspirar a alcanzar el equilibrio en el nivel humano, es decir que todos sean iguales, como en una familia. Esta es la situación a la que debemos aspirar para la sociedad humana, estar en el nivel humano de conocimiento. De esa forma, llegaremos al estado de perfección, como una manzana madura.

Por lo tanto, tenemos una tarea muy importante que realizar. No existe un reto más grande y digno que el que ahora enfrentamos, pero mpor medio de este conocimiento, podremos realizarlo en beneficio de toda la humanidad.

El hombre tiene un potencial inmenso, pero pudiendo usarlo para mejorar su existencia, no lo está haciendo. Lo frena su naturaleza egoísta porque quiere emplear todo su poder, su destreza y capacidad para ser superior a los demás. En consecuencia, al competir con todos, cada uno intenta subir pasando por encima de los demás. Esta inclinación al mal no nos permite llevar la vida plena a la que tenemos derecho.

Hay otros discernimientos que debemos hacer con respecto a la inclinación al bien y al mal. Por ejemplo, ¿cómo sería nuestra vida dentro de la inclinación al bien? En ese contexto, todos tendríamos que ser iguales. ¿Acaso sería posible ser como todos los demás? ¿Qué podríamos disfrutar? Si todos fuéramos iguales y nadie más o menos que los otros, entonces no tendríamos nada por qué vivir, no nos sentiríamos vivos. Toda nuestra actividad tiene como propósito tener más que los demás. Inconscientemente, nos comparamos todo el tiempo con el prójimo y esta comparación es nuestra razón de vivir; nos empuja a lograr lo que queremos. Lo comprobamos en el deporte y en el trabajo. Tenemos que medirnos en relación con los otros; así es como valoramos nuestras vidas.

Esto nos plantea algunas preguntas capitales: ¿qué podría satisfacernos?, ¿la Naturaleza quiere convertirnos en robots?, ¿qué quiere decir que todos estamos emparentados? Si todos pertenecemos a la misma familia, esto significa que todos somos iguales, todos tenemos la misma cantidad. Pero entonces sentiré que no tengo nada por qué vivir. ¿Existe otra meta que no puedo percibir en mi estado actual?

Una persona siempre quiere materializar su potencial. Para algunos será la ciencia; para otro será escribir, o la fotografía, la educación. Pero en última instancia, la persona quiere sobresalir. Esa necesidad es lo que nos empuja a desarrollarnos. Si todos nos volvemos equilibrados e iguales porque nos damos cuenta que estamos en crisis y es la única forma de resolverla, ¿cómo llenaremos nuestra necesidad de sentirnos superiores?

En el futuro, podremos trabajar durante dos horas al día para aprovisionarnos. Pero si todos trabajamos dos horas al día y no más que los otros, y si todos somos iguales y nos conformamos sólo con lo necesario, ¿cómo podremos satisfacer nuestro deseo de descollar? Por ahora, trabajamos al menos seis horas al día para ganar más que los otros. Si nos liberamos de estas seis horas, podríamos perder la razón con tanta libertad. ¿Acaso la Naturaleza lo planeó así?

Así es como descubrimos el otro lado de la Naturaleza, en el que usamos el ego en forma contraria. Esto es, el ego constantemente crece, pero no para ser superior a los demás. Más bien, es para que cada uno de nosotros pase por encima de su ego para equilibrarse y ser igual a los otros. De esta forma obtenemos satisfacción al estrechar nuestros lazos con las otras personas, porque mientras más crecen nuestros egos, más podremos dar a los demás y llegar a una mayor vinculación y equilibrio. Disfrutaremos de estas fuertes conexiones con ellos.

Entre más nos conectemos a través de nuestros egos corregidos, más disfrutaremos, porque tendremos un nuevo deseo del cual obtener placer: el deseo colectivo, que hemos unido a nosotros al conectarnos. La satisfacción que se derive de ese deseo se llama "amor mutuo". De esta forma, podemos lograr una plenitud superior a la que tenemos hoy en día en que sólo actuamos para sobresalir. Por consiguiente, solo el uso correcto de todos los elementos dentro de nosotros nos permitirán alcanzar la abundancia.

El uso correcto de todos los elementos significa que en nuestro interior, creamos un equilibrio entre el intelecto y la inclinación al mal, el ego. Usando nuestro intelecto y la ciencia, entendemos que no tenemos elección -ya sea que usamos la ciencia y nuestra inclinación al mal para fabricar armamentos o usamos el intelecto por encima de la inclinación al mal y entonces "lo reformamos"- para conectarnos con los otros positivamente. En ese caso, el intelecto gobernará la inclinación al mal. Así es como alcanzamos la abundancia y una vida buena, segura, dentro de la garantía mutua.

El equilibrio no compagina con el mal. Más bien, el equilibrio se alcanza usando el mal para equilibrarlo con la sociedad humana, con la Naturaleza. Cuando uso la inclinación al mal, la convierto en buena, pero de cualquier forma uso el deseo en su totalidad.

Sin embargo, dentro de este mal, quiero lo opuesto: usarlo para mejorar. Observamos que el crecimiento, el desarrollo correcto en todas las formas de la Naturaleza, se lleva a cabo a través del equilibrio entre dos fuerzas: la fuerza buena y la fuerza mala. La combinación de ambas es lo que produce abundancia. ¿Entonces, cómo puedo equilibrar la fuerza mala -mi ego- que está destruyendo mi vida? Necesito algo que sea igual y este es mi intelecto. Por lo tanto, por encima los deseos físicos y humanos, existe una ciencia mediante la cual puedo equilibrar mi lado humano.

Cada persona posee una habilidad intelectual para hacer frente al ego. Mi intelecto debe ser como el conductor del automóvil marca "ego", para que usando mi inteligencia conduzca mi ego en el camino correcto. ¿Cuál sería el camino correcto? Es un estado en donde todos nosotros somos iguales, estamos conectados, somos familia.

El intelecto puede llevarme al estado de "humano", operando con mi intelecto en lugar de a través de la irrupción de mi ego. Cuando el ego estalla y se usa el intelecto se puede llegar a todo tipo de descubrimientos creativos, como la bomba atómica. Como ya lo mencionamos, Aristóteles y Platón determinaron que el conocimiento es sólo para los que quieren controlar sus inclinaciones.

Debido a que no atendimos sus advertencias, la situación actual es desastrosa. Hasta ahora, hemos seguido al ego y lo hemos apoyado con toda nuestra sapiencia. Ahora debemos reflexionar y comenzar a desarrollarnos en sentido contrario, por medio de la razón. Debemos reconocer lo que está mal, como un hombre sabio que contempla el futuro. Veremos a dónde queremos llegar, decidir la naturaleza del buen estado que debemos fijarnos como nuestra meta y luego avanzar hacia ella.

Cuando así sea, descubriremos que la inclinación al mal es "la ayuda en contra de nosotros". Tan sólo aparenta trabajar en contra de la meta, si bien en realidad nos da la energía y el combustible que nos estimula para desarrollarnos en la dirección positiva. Podemos convertir la inclinación al mal en una buena inclinación a través de la ciencia y el conocimiento y por medio de nuestro análisis de lo que es bueno y malo.

Por lo tanto, utilizar el ego apropiada o inapropiadamente es toda la libertad de elección que tenemos. En la Naturaleza no existe una fuerza mala o buena; depende de cómo usemos cada fuerza. Por ejemplo, hace 100,000 años no éramos sino un clan, viviendo en la sabana, compartiéndolo todo en armonía. Nadie se sentía superior o inferior a los otros. Después el ego empezó a desarrollarse y junto con éste, el intelecto se utilizó para servir al ego. Si una persona tenía más éxito que los demás, tomaba más para sí misma que los demás, se apartaba del clan, se construía una buena vivienda y se casaba con muchas mujeres.

En otras palabras, a través de los impulsos egoístas que se despertaban, algunos empezaron a pensar que eran superiores a los otros, y con su intelecto y capacidades, los dominaron hasta el punto que los dejaban sin alimentos. El "superior" los alimentaba y a cambio de la comida, los convertía en esclavos. Los otros se alineaban con el fin de no morir de hambre y pasaban a ser propiedad del amo. Después, el amo constituía un ejército de esclavos, conquistaba los territorios adyacentes y se proclamaba rey.

Incluso hoy, usamos el intelecto personal y el conocimiento para tomar el control de algunas situaciones y manipular a la gente para superarla. Esto es lo que hace todo el mundo, cuando puede. Hasta las personas que fueron víctimas alguna vez del sistema se han convertido en expertos en sus profesiones y han progresado. Todos avanzan y después otros avanzan más que ellos. Así es como la sociedad evoluciona.

En otras palabras, todos usan su intelecto para obtener sus deseos, ya sea para dominar a los otros y superarlos. El intelecto es el sirviente del ego y el ego es el patrón.

Así fue hasta la llegada de Platón y Aristóteles. En esa época, el intelecto y la ciencia empezaron a desarrollarse más intensamente. Fue un período de tiempo muy particular durante el cual las matemáticas y la geometría se desarrollaron.

Entonces se suscitó un problema. Para observar las estrellas, los científicos necesitaban telescopios que eran muy costosos. ¿De dónde podría el científico obtener el dinero? Necesitaban el financiamiento de los hombres acaudalados, pero los científicos no tenían otra cosa más que vender sus conocimientos, así es que lo hicieron, para construir telescopios y otros equipos. Como resultado entró la corrupción en la ciencia.

Si los científicos construían telescopios, los poderosos lo comprobaban para vigilar a sus enemigos cuando se aproximaban. Con esta habilidad de vigilarlos se propició la capacidad de derrotarlos, porque ahora el potentado tenía una ventaja: podía ver al enemigo antes de que el enemigo lo viera a él. Este es tan sólo un ejemplo de cómo la sabiduría científica fue usada para propósitos egoístas.

En otras palabras, la ciencia se puso al servicio de la inclinación al mal del hombre, sirviéndole como fuera necesario. Después, los gobernantes se apoderaron de los científicos, conservándolos bajo su dominio y amenazaron con matarlos si no les entregaban sus conocimientos.

En otras instancias, los científicos instituyeron universidades y enseñaron. Así es como la ciencia empezó a servir al hombre en todos los aspectos posibles. Somos testigos que hasta el día de hoy, en la mayoría de las ciencias, el conocimiento y el dinero se invirtió para desarrollar las armas y la defensa.

Pero con la educación integral debe suceder todo lo contrario: la ciencia debe encausar el mal hacia el bien. A través de nuestro intelecto, hemos llegado hasta un punto en que no necesitamos trabajar tantas horas al día para nuestro sustento. En efecto la crisis misma está causando que esto suceda, haciéndonos el "favor" de crear el desempleo. Ahora necesitamos hacer examen de consciencia y juzgar nuestra naturaleza y nuestro modo de vida. Necesitamos entender cómo usamos nuestro ego negativamente e intentar revertir su uso positivamente.

Existe un dicho que dice: "sabio es quien observa el futuro". Esto es, el sabio ve por anticipado el resultado y, por lo tanto, evita el sufrimiento. Una persona sabia está consciente de los otros y sabe que vale la pena beneficiarlos. Desarrollamos la ciencia para remediar las enfermedades mortales. La pregunta sería: ¿cómo podemos imaginar el proceso de tal forma que nos revele que de continuar por este camino, vamos a nuestra perdición? En efecto, ¿cómo podemos reformarnos?, ¿qué medicina debemos recetarnos para vivir pacíficamente?

Esta misma ciencia, el mismo desarrollo, debería ahora hacernos entender, percibir todo lo que nos sucede y la dirección en la que nos estamos desarrollando. La ciencia lo debería revelar de manera que sea comprensible y se pueda dar a conocer a la opinión pública con tal fuerza que nadie quiera usar la inclinación al mal en contra de los otros. En lugar de eso tendremos claro que favorecer a los demás es beneficiarnos a nosotros mismos.

Cuando sienta que otra persona quiere mi bienestar, veré la forma de comprarlo y discernir qué puedo dar para lograr que la actitud del otro me sea favorable. De este modo logro convertirla en una buena persona que no desea dañarme; evito que nuestras relaciones se deterioren al punto que se instale la indiferencia, el odio y la repulsión entre nosotros.

Antaño vivimos en nuestra casa con los hermanos y hermanas, parientes y abuelos y todo estaba bien. Hoy no queremos a nadie cerca de nosotros. Las personas a duras penas se toleran y hasta se drogan para no sentir todas sus emociones. Nos movemos en una dirección muy clara. Con toda la violencia, las violaciones y la agresión de hoy en día, pronto no será posible salir de la casa y sentirnos seguros.

Los chicos tienen miedo de ir a la escuela por la mañana porque hay agresores escolares y traficantes de drogas, pero no tienen opción, tienen que presentarse allí. Si esto continúa sentirán que están rodeados por un mundo hostil. Este no es el lugar en el que quieren vivir, por lo que necesitamos arreglar el mundo ahora mismo.

Cada uno de nosotros debe determinar cómo usar cada fuerza en la Naturaleza. El deseo de tener más que los otros no es negativo en sí mismo; es negativo sólo si queremos oprimir a los otros.

Existen dos posibles estados: puedo mirar a otra persona y no sentir envidia, sino más bien aprender de sus cualidades; esta es una buena envidia. Pero si miro al otro y pienso, "¿por qué necesito trabajar tan duro para tener lo que él tiene? Sería mejor si él no tuviera nada; destruiré lo que tiene, no tendré nada que envidiar y me sentiré mejor".

Entonces todo el tema consiste en cómo usar cada deseo o inclinación. La inclinación misma no es ni buena ni mala, al igual que la envidia. Existe la buena envidia y existe la mala envidia. La buena envidia me promueve porque quiero crecer. La envidia mala me motiva a destruir al otro. Con la buena envidia desearé que todos sean ricos para que yo tenga algo a que aspirar; con la mala envidia querré que todos sean tan pobres como yo.

La prueba es sencilla: ¿quiero la amistad de los otros o dañarlos? También existe un estado intermedio. Si no estoy a favor del otro o en su contra, sino sólo a favor de mí mismo, no desear mal al otro sería al menos un progreso.

Sin embargo, observar a mi prójimo y querer lo que él tiene no me lleva al equilibrio con la humanidad o la Naturaleza. A la larga, durante el proceso evolutivo, la Naturaleza no nos pide que aprendamos unos de otros y que estemos constantemente inmersos en la competitividad. Más bien, requiere que aspiremos a una vida material equilibrada, decente, y además evolucionemos como humanos con conexiones mutuas. De esta forma, todos encontrarán su satisfacción a través de las conexiones con los otros. Debemos llenarnos con amor, no con juguetes lujosos, costosos, innovadores; estamos en crisis por no cumplir con este requisito.

Últimamente, sentimos que no tenemos hacia dónde evolucionar. Estamos cansados de observar a los otros; ya no nos proporciona placer. La economía y tecnología son incapaces de seguir el paso. La Tierra no tiene los suficientes recursos para sostener esta competencia sin fin. Por lo tanto, deducimos que el plan de la Naturaleza no es desarrollarnos hacia una aparente felicidad. El proceso que estamos viviendo indica que debemos reconocer que no queda otro camino.

Si una persona ve un auto en la acera del vecino, esto no sería ni bueno, ni malo. Sin embargo se podría volver muy malo si se trata de una persona que estaba contenta de conducir una carreta tirada por un caballo, y ahora descubre que su vecino tiene un auto nuevo. El carretero se sentirá miserable y despojado. Sabe que tendrá que trabajar duro para comprar un auto. La situación provoca pensamientos de envidia y venganza. El problema no radica en nuestra autoestima en relación con los otros. Más bien, es la Naturaleza que no nos permite continuar compitiendo.

Estoy completamente a favor de la competencia que nos brinda felicidad, en la que quiero otorgar a la sociedad tanto como tú. Esta es una competencia constructiva, en equilibrio con la Naturaleza, con la misma meta. Cuando veo al otro y aprendo del otro, lo hago a través de la envidia. La otra persona es grande y yo soy pequeño: el otro triunfa y yo no.

¿Qué es lo que me da envidia? Si siento envidia de aquello que propicia el equilibrio, paz para mí y para el mundo, que nos promueve hacia este equilibrio que me convertirá en una manzana madura, es envidia buena y competencia buena. Necesitamos alentarla, recompensarla con premios y presentarla a los medios para inspirar con el buen ejemplo. Pero si con la competitividad no avanzamos positivamente, sino que nos metemos en problemas y dificultades, apartándonos de la meta, se trata de envidia mala y competitividad mala. Todo se mide en relación a la meta final porque no tenemos otra elección más que llegar al mismo modelo equilibrado que vemos en la Naturaleza. Al contemplar el equilibrio y la armonía en la Naturaleza, entendemos cómo debemos ser y las razones de todo lo que nos sucede.

La competitividad está enraizada en nuestro ser. El hombre es un ser social y por lo tanto es competitivo. La competencia no es una inclinación ni buena ni mala; depende de la persona que la usa. Se ha dicho, "la envidia, la codicia y el honor es lo que conducen al mundo". Si quiero avanzar desde mi estado actual y ser útil al ambiente, a mí mismo y al mundo, necesito usar la envidia, la codicia y el honor de tal forma que mi intelecto me diga cómo usarlos correctamente.

Podemos usar nuestras inclinaciones en forma positiva o negativa. Mi intelecto necesita dirigirme hacia un uso positivo. Para eso se nos dio el intelecto. Un ejemplo de buena competencia es cuando dos personas van a un gimnasio juntas. Se alientan una a la otra, porque envidian la apariencia de la otra y se esfuerzan. A esto se le considera una buena envidia. Es posible que a una de ellas le gustara que la otra no estuviera en forma y no tuviera buen cuerpo, pero al fin y al cabo no se puede decir que el proceso sea malo, a pesar de que la competencia está involucrada en ello.

Cuando uno se compara con el otro, esto es competencia. Sin embargo, también existe competencia con miras al desarrollo. A pesar de que está movida por el ego, la envidia, la codicia y el honor nos apremian a mejorar porque aumentan nuestro deseo de ser como el otro. En este caso la competencia está dirigida al desarrollo. Pero puedo estar en una competencia que me hace sentir mal al mirar a la otra persona porque no lograré lo que el otro. No quiero ver este tipo de ejemplo porque no me favorece; va en detrimento mío.

La buena competitividad es la que nos engrandece a ambos, en la que estamos unidos y no podemos salir adelante sin el otro. Digamos que dos personas inician juntas un negocio. Una aporta el dinero y la otra el conocimiento. Sin el inversionista, el que tiene la técnica no podría triunfar, por lo que es bueno que trabajen en colaboración. Sin embargo, la asociación puede ser una fuente de envidia e incluso de odio. En otras palabras, en muchos casos puede existir el pensamiento, "sería increíble si no estuvieras tú", incluso si los asociados dependen uno del otro.

Sólo existe una clase de competencia en la que ambos son dependientes, pero no son opuestos uno al otro, una competencia para volverse uno. Es una competencia en la que medimos qué tanto nos amamos, cuando no existe nada entre nosotros que compramos o fabricamos. Los dos queremos el mismo resultado y, por lo tanto, no estamos divididos. Ninguno aspira a ser superior al otro. Sólo existe uno y eso proviene de fusionarnos , de entrelazar todas las cualidades con las que nos complementamos. Ninguno puede estar solo o adquirir la sensación de complementarse de algún modo excepto a través del amor mutuo, o al menos la garantía mutua como una preparación para el amor mutuo.

Cualquier otra solución que no nos conduzca a integrarnos como uno, como resultado de la garantía mutua, a la larga conducirá a que el ego haga su aparición entre nosotros y nos separe. La competencia que nos convierte en uno solo es la única solución. Según este enfoque, cuando nos comprometemos en vincularnos para revelar el amor, incluso si estamos compitiendo y aún si sentimos envidia, codicia y honor -es decir odio y amor- todo se complementa. El amor es el resultado de la unión misma. Para ello, todos necesitamos corregirnos en relación a la conexión con los otros. Luego de esto, aparecerá el amor en la unión entre nosotros.

Tenemos mucho trabajo que hacer con el intelecto. Estamos equilibrando nuestras vidas corporales en una sola línea, en la que todos reciben lo que el cuerpo necesita para su sustento y más allá de esto, en el nivel humano, estamos arreglando el mal que existe en nuestro interior. Por encima de ese grado -en el nivel superior - desarrollamos toda nuestra ciencia, conocimiento e intelecto con el fin de proveer nuestras necesidades físicas y convertir la inclinación al mal, que constantemente aparece en nosotros, en una inclinación al bien con la ayuda de la ciencia, hasta que alcancemos el amor.

Resumiendo, no hay nada que corregir en los deseos de los niveles inerte, vegetal y animal. El problema se halla en nuestras relaciones con los otros. Es en este contexto en que corrompo mi vida porque tengo una naturaleza mala llamada ego. Todos estamos de acuerdo en esto. Por lo tanto, la corrección de esta inclinación al mal es el destino del ser humano. Tenemos mucho trabajo que hacer para corregir la inclinación al mal, aunque puede parecernos sencillo. Se nos entregó la vida y hemos evolucionado ya que tenemos que proveer nuestras necesidades físicas sólo durante una pequeña parte del día. Debemos dedicar la *porción del león* de nuestro tiempo para corregir la inclinación al mal y llegar a la inclinación al bien. Al hacerlo, descubriremos la perfección de la Naturaleza.

Michael Laitman

Capítulo 11
Del amor por el hombre al amor por la Naturaleza

¿Cómo subir al nivel del ser hablante?

El hombre es la única criatura que se transforma durante su vida y constantemente se desarrolla. Este proceso por el que atraviesan los humanos es imperativo porque el ego continúa creciendo de generación en generación. Lo vemos en nosotros mismos así como en nuestros semejantes. Cada generación es diferente a la anterior. Todo cambia, la cultura, las estructuras políticas, la educación, el carácter, las relaciones humanas en general y las relaciones familiares en particular. A diferencia de los humanos, los animales, mantienen su paso, su estilo y el mismo marco de desarrollo todo el tiempo.

Poco después del nacimiento, el animal está en condiciones de satisfacer sus necesidades de supervivencia. A corto plazo aprende a cuidar de sí mismo. Por el contrario, el proceso de aprendizaje del ser humano le lleva un buen número de años e implica absorber información del entorno. Sólo pasado este período de tiempo el individuo aprende a ser independiente.

Durante nuestra vida, aprendemos, nos desarrollamos, cambiamos y somos afectados por nuestros deseos diversos. Nos vemos atraídos por algún tema y después por otro. En el transcurso de nuestra existencia, cambiamos de profesión, de familia, de lugar de residencia y áreas de interés. Los humanos nos comportamos en forma impredecible porque constantemente surgen nuevos deseos en nuestro interior. No sabemos lo que ocurrirá en el minuto que sigue, mucho menos dentro de algunos años.

En nuestro interior también se encuentra el nivel animal. Con este nivel básico atendemos nuestro cuerpo dándole comida, sexo y una familia; nos relacionamos con él como lo haría un animal, de manera equilibrada y racional. A pesar de esto, las numerosas atenciones que le damos son redundantes: algunas son buenas, pero si exageramos se vuelven perjudiciales. En épocas anteriores, los médicos insistían en que consumir grandes porciones de alimentos suculentos era más perjudicial que consumir pequeñas cantidades de comestibles dañinos.

Por lo tanto, en el nivel físico, para sostener a la familia y a la sociedad, necesitamos equilibrar nuestro consumo. Conforme lo dicho anteriormente, un nivel razonable de consumo no significa que debemos limitarnos al punto de llegar a sufrir y quejarnos por ello. Más bien se trata de encontrar los límites saludables y correctos.

Pero, a diferencia de los animales, también tenemos el grado de hablantes que es superior al de éstos. Debemos liberar el tiempo que nos queda luego de haber cubierto nuestras necesidades básicas para dedicarnos a construirnos como humanos. Necesitamos desarrollar esta parte de nosotros que está por encima del nivel animal.

En cierto sentido, pertenecemos a ambos mundos, el reino animal, y el reino humano que denominamos el grado del *hablante*. Este último crece dentro de nosotros conectándonos con los demás. Tenemos mucho trabajo delante de nosotros en lo que se refiere a nuestras conexiones con los otros. De hecho, necesitamos crear de esta persona que somos ahora un ser humano que aún no ha nacido. Y sin embargo, sólo tenemos una cosa que hacer para lograr este cometido: corregirnos.

Nacemos en el nivel animal como un organismo vivo que sale de su madre, pesando alrededor de tres kilos. Cuando nos ocupamos de un bebé, lo primero que hacemos es atender sus necesidades físicas, dándole de comer y beber lo suficiente para que esté sano. Tratamos al bebé como un organismo vivo. Después, a medida que crece observamos sus reacciones a los ruidos y sonidos, a la luz y a la oscuridad. Empieza moviendo su cuerpo involuntariamente, pero después lo hace en forma voluntaria. Les compramos juguetes que los ayudan a desarrollarse. Si no interviniéramos en este proceso como seres humanos, ofreciéndoles todos estos elementos, no crecerían como humanos, sino como animales. El ser humano que llevamos dentro se desarrolla sólo a través de la educación que recibe.

El problema radica en que nuestra educación es completamente egoísta, incitándonos a explotar al mundo. Entendemos que para estar a salvo, es mejor no lastimar a los demás, no tomar lo que es suyo y ser indulgentes. De esta forma seremos bien tratados. Enseñamos a nuestros hijos que si son amables, los demás actuarán de igual forma. Es por esta razón que, como parte de la educación, enseñamos a nuestros hijos a estar en buenos términos con todos para no despertar hostilidades. Cuando lo entendemos, los educamos en consecuencia.

Sin embargo, nuestros egos reciben la influencia de los medios, la Internet, la televisión y el medio ambiente en general, que nos bombardean con malos ejemplos. A pesar de no quererlo, nos afectan en contra de nuestra voluntad y les enseñan a nuestros hijos a aprovecharse de los demás para sobrevivir en el mundo. Los enviamos a tomar clases de artes marciales o leyes para que sepan cómo protegerse. No obstante, vemos que a pesar de nuestra evolución de generación en generación y en nuestras vidas, seguimos llevándonos mal entre nosotros. Cada uno construye su propia felicidad, riqueza, alegría y éxito en la vida, aún en mínimo grado, dañando a los demás.

Por consiguiente, debido a nuestro desarrollo a través de las generaciones hemos llegado a un estado de crisis. Poseemos armas de destrucción masiva, hemos agotado los recursos del planeta, afectamos a la Naturaleza, a la ecología y al clima; estamos destruyendo a la sociedad humana y a nosotros mismos. Incluso el espacio exterior cercano a la Tierra está lleno de basura espacial y satélites obsoletos. Pero por encima de todo, no estamos satisfechos con nuestra vida. Un sentimiento de desesperación recorre el mundo; existe una crisis aguda en la educación y en los sistemas de aprendizaje que se agrega a los otros importantes problemas que ya hemos mencionado.

En suma, nos enfrentamos al hecho de que no tenemos otra opción más que cambiar. Dicho de otra forma, todo nuestro trabajo -individual, colectivo, social y global- debería enfocarse en reeducarnos. Transformar nuestras relaciones actuales basadas en el odio, la repulsión, el orgullo, la envidia, el honor y el dominio, por relaciones basadas en la consideración, la garantía mutua y el amor. No son sólo bonitas palabras, no tenemos otra opción, a eso nos empuja la Naturaleza y nuestro desarrollo: a establecer buenas relaciones.

Nuestros padres nos enseñaron a ser amables, respetuosos y considerados para tener muchos amigos. Nos explicaron que había que buscar a algunas personas y huir de otras para que pudiéramos elegir un buen ambiente. De la misma forma debemos reeducarnos, porque la situación actual amenaza nuestras vidas. Por consiguiente la única corrección que debemos hacer es reconstruirnos como seres humanos. Necesitamos dar a nuestros cuerpos lo necesariamente racional y equilibrado para dedicarnos a desarrollar -por encima de la existencia física, por encima de nuestro nivel animal- al ser humano, al nivel *hablante* que llevamos dentro.

En el siglo pasado, nos ocupamos del desarrollo de las relaciones internacionales, el comercio, la cultura y el turismo. La gente viaja de un país a otro por placer, sin embargo se encuentra con situaciones desagradables; si queremos continuar nuestro desarrollo, debemos unirnos.

Por ejemplo, ¿por qué no crear un mercado común, no sólo en Europa, sino mundial? Si bien nuestros egos nos están llevando a esto, sin embargo, también nos impiden establecer las conexiones apropiadas entre nosotros, de consideración y entendimiento mutuo.

En Europa, también, a pesar de la cercanía y la interdependencia que se creó con el Mercado Común, las personas y los países tienen conflictos. A pesar de que se disolvieron las fronteras, se unificó la moneda, pero algo les impide seguir avanzando. Europa podría haberse erigido como una súper potencia, igual a Estados Unidos, Rusia o China, pero en lugar de esto, envejece y se debilita porque los Estados de la Unión Europea no se pueden unir en una única fuerza. No pueden pasar por encima de sus debilidades, ni siquiera en beneficio propio, en virtud de sus diferencias culturales, educativas, históricas, que los frena a trascender las hostilidades del pasado.

¿Acaso es posible soslayar estas brechas? Será posible cuando sobre nuestras cabezas se extienda una cubierta de amor. De no ser así, todo permanecerá como hasta ahora. El método mediante el cual subimos por encima de nuestro ego, deja intactas nuestras diferencias culturales, educativas y hasta políticas.

Cada persona puede vivir dentro del marco de su cultura, educación y religión, y tratar a los demás amistosamente. Por ejemplo, en una familia cuyos integrantes ejercen diversas profesiones, doctor, ingeniero, filósofo, todos saben que pertenecen a la misma familia y se compaginan entre ellos. En otras palabras, como tienen diferentes opiniones, comportamientos y modo de vida, si no existiera la fuerza unificadora de la familia para conectarlos más allá de sus diferencias, nunca lograrían permanecer juntos.

¿Podríamos recrear este mismo contexto para lograr una vida buena, sin guerras y destrucción, para detener tsunamis, huracanes, erupciones volcánicas y el colapso del sistema económico? Dicen que una persona está dispuesta a darlo todo a cambio de su vida. Ya nos encontramos en una situación que amenaza nuestras vidas y necesitamos entender que tenemos un método más afín a nosotros que cualquier otra ciencia. Cualquier método científico y nuestros intereses en la vida son evaluados conforme a la forma en que mejoran nuestra existencia. Si tenemos un método para vincularnos y salvarnos de la auto-destrucción, ciertamente éste sería superior a cualquier ciencia y deberíamos examinarlo con toda seriedad.

El método de la Educación Integral nos salvará de todas las calamidades que padecemos. No solamente neutralizará los peligros que acechan el camino de la humanidad, como las guerras, el colapso económico y el hambre, sino que nos salvará del daño ayudándonos a establecer una buena vida y haciéndonos sentir que vivimos en otro nivel. A través de nuestras relaciones corregidas, descubriremos lo que significa pertenecer al nivel "humano" o "hablante"; estaremos en contacto con el reino más profundo de la Naturaleza, con la fuente que opera el proceso entero de nuestra evolución, el pensamiento, la fuerza más poderosa en la Naturaleza.

De esta forma desarrollamos una habilidad para percibir la

Naturaleza, su eternidad y su perfección. Cuando lo descubrimos nos mezclamos, nos llenamos con el método que nos sostiene. Esto es lo que la corrección integral nos aporta, el método de Educación Integral. Es debido a esto que dicha sabiduría es superior a otras, va más allá de las ciencias que la humanidad ha creado. Los resultados que produce muestran que nada se le compara. Cuando entendemos la importancia de la Educación Integral, naturalmente nos parecerá importantísimo que forme parte de nosotros. Sin embargo, es vital transmitirla a todos, porque en la medida en que ejercemos una influencia en los demás y ellos en nosotros, intercambiamos ejemplos de otorgamiento mutuo a través de una estimulación y presión positivas, y así avanzamos.

Por estos motivos es importante -no tan sólo aprender a tratarnos amablemente- circular esta actitud positiva y dar buenos ejemplos. Al igual que nuestros padres sirvieron de ejemplo sobre cómo relacionarnos en la vida, así nosotros debemos ser un canal de educación para los demás.

Nadie es superior o inferior en este sistema educativo. Más bien, cada persona sencillamente aprende de la otra. Es por esto que constantemente necesitamos ejercer nuestra responsabilidad dando ejemplos no sólo a los niños sino a nuestros amigos e incluso a personas mayores, o de un nivel social superior. Cada uno debe sentir que es un guía para los otros y ese sentimiento nos debe dar una sensación de responsabilidad al grado que nos apegaremos a nuestro comportamiento, porque el destino de la humanidad depende de nuestras acciones con los otros.

No se trata de palabras bonitas; así es como funciona nuestra naturaleza. Recibimos la influencia de los demás, nos guste o no, incluso inconscientemente. Hasta si siento muy poco respeto por una persona, de cualquier forma recibo su influencia.

Considerando que la Naturaleza exige que nos comportemos de esta forma hacia nuestros semejantes, es menester tomar la Educación Integral muy en serio y entender que la humanidad está esperando esta educación. La gente requiere este tipo de educación y la recibirá gustosa si la impartimos en forma discreta y cuidadosa, igual como recibimos la educación de nuestros padres cuando fuimos niños. Estos recuerdos perduran en todos; todos quieren ser tratados con amabilidad; todos lo desean.

Necesitamos crecer de esta manera, al igual que necesitamos de nuestros padres que nos trataron amorosamente cuando fuimos bebés, porque incluso ahora no entendemos el mundo que nos rodea. Pero como necesitamos construir un mundo grande y maravilloso, una vez que hemos sentido el amor de nuestros padres, sentiremos el amor de nuestros amigos, que también recibieron una crianza correcta; luego sentiremos el amor en la escuela y de los compañeros en la universidad, en el trabajo y en la sociedad en general.

En otras palabras, gradualmente pasamos a unas "manos" más grandes: las de toda la humanidad. Constantemente experimentamos consideración y amor, como cuando éramos niños. Continuamos sintiéndolo a lo largo de nuestras vidas hasta comprender que la Ley General del Amor es la ley superior de la Naturaleza. De esta forma, percibimos la armonía que existe en el sistema entero.

Crear sistemas similares entre nosotros significa construir la envoltura o ambiente correcto para educar a la gente. Cuando formamos personas así, estamos construyendo sólo el nivel humano, el *hablante*, por encima del nivel animal que prevalece ahora entre nosotros.

Por consiguiente, con una buena actitud, consideración, reciprocidad y deseo de dar, mantenemos dos modelos de comportamiento: el correcto hacia las personas en el nivel humano y un buen comportamiento en el nivel de toda la Naturaleza, en relación a la ley general de la Naturaleza, que opera bajo la premisa de dar recíprocamente y con amor. Fuera de esta fuerza general, la Naturaleza construye el resto del proceso en el que nos encontramos.

De esta forma, se nos alienta, se nos fortalece, y ganamos por partida doble: viviendo en una buena sociedad humana, y actuando en equilibrio con la Naturaleza. De vez en cuando podríamos equivocarnos con una actitud fuera de contexto. Por ejemplo, si nos relacionamos adecuadamente con la Naturaleza, como lo hace *Greenpeace*, que se ocupa sólo de la Naturaleza y los animales, en realidad no ayudamos a su preservación. Si no tenemos las relaciones humanas apropiadas, no podemos preservar la Naturaleza. Las dos áreas son interdependientes. Después de todo, cuando una persona se vuelve buena lo es en todos los sentidos. Esta persona protegerá los niveles inerte, vegetal y animal, usándolos sólo por necesidad y entonces la Naturaleza volverá al equilibrio. Cada área que hemos afectado cobrará nueva vida y reaparecerá, todo el mundo regresará a su equilibrio.

Necesitamos tomar en cuenta tanto a la Naturaleza como a las relaciones humanas, pero es preciso educar primero a los humanos. Desde el amor por el hombre, llegaremos al amor por toda la Naturaleza. Esa es la dirección a seguir. Incluso al relacionarnos con los humanos debemos entender que a la larga tenemos que lograr el equilibrio con la ley general de la Naturaleza, con el proceso general y con nuestra evolución en su totalidad. Es un proceso y necesitamos amar a las personas y después llegar al amor general que existe en la Naturaleza.

La corrección que requerimos por encima del nivel animal, en el nivel del *hablante*, se realiza como un proceso en la parte humana del individuo. No es la parte animal de mi cuerpo a pesar de que se ejecuta a través de éste, porque es la herramienta que usamos para ese efecto. La actitud, la conexión y las acciones hacia los otros -favorable o desfavorablemente como antes- se suscitan por la reflexión, la palabra y la acción.

Primero viene el "pensamiento", que precede al "habla" y a la acción. Esto es lo primero que debo esclarecer. Surge de un cálculo interior, desde el yo y la influencia del ambiente, la sociedad y mis educadores. Inicialmente debemos plantearnos el pensamiento y después materializarlo al hablar. Hablar es "sólo plática" a menos que se exprese como acción, y entonces es válido.

"Hablar" significa que necesitamos convencernos a nosotros mismos -a través de una plática interior, y a los demás- cómo debemos cambiar y en qué dirección. Necesitamos decidir cuánto queremos cambiar y hasta qué punto llegaremos con este proceso de integrar en nosotros la benevolencia y el amor que todo lo envuelve.

"Acción" significa que durante las horas que tengo libres para atender mis necesidades corporales, estaré estudiando Educación Integral y estaré promoviendo y activando mi actitud integral hacia los otros. Lo anterior contribuirá a que todas las personas tengan un modo de vida decente, estándar, por encima de la línea de pobreza. También ayudará a una división justa, para que nadie esté desprovisto en relación con los demás.

En otras palabras, primero viene el pensamiento, luego el habla y finalmente la acción, enfocado hacia la creación de una sociedad nueva y equilibrada en donde todos se encuentren en un nivel integral en un sistema análogo y uniforme.

Con el pensamiento, avanzo por medio de la influencia del ambiente fuerte y unido, pues con insistencia quiero que me influya. Después, organizo este pensamiento en mi interior y lo llevo a cabo hablando y convenciendo a los otros, dándoles información. Finalmente, llega la acción cuando activamente doy a los otros a través de la educación, la enseñanza, y elevando las normas de vida de todo el mundo al punto que nadie tiene hambre o carece de lo básico para existir. En esto consiste básicamente nuestro trabajo.

De esta forma, alcanzaremos el equilibrio con la Naturaleza. Todo el tiempo necesitamos resaltar que nuestra meta es lograr el equilibrio entre nosotros y a través de este equilibrar a toda la Naturaleza. En el proceso, construiremos un sistema circular y completo.

Si lo hacemos habremos completado nuestro proceso evolutivo, cuando toda la evolución desde el principio de la vida en este planeta al fin alcance el equilibrio completo. Los científicos dicen que el mundo como lo conocemos pronto llegará a su fin. Pero cuando decimos que se va a terminar, no nos referimos a un final físico, sino al final de nuestra evolución impulsada por el ego. Si conseguimos un equilibrio completo en armonía con la Naturaleza, no tendremos mayor presión de ella y viviremos en la perfección.

Es de esperar que al menos empecemos a sentir ese estado en nosotros para así transmitirlo a nuestros hijos y nietos.

Necesitamos comprender que este desarrollo, que incluye persuasión, escrutinio y la corrección de nuestro egoísmo para volvernos altruistas considerados y llenos de amor por el prójimo, se puede lograr en una sola generación. Todo depende de nuestra disposición para cambiar.

Como nuestro deseo depende enteramente del ambiente, debemos trabajar juntos, en lugar de intentar persuadirnos por nuestra cuenta, lo cual no puede funcionar. Debido a esto, debemos construir juntos un ambiente que nos influya y acelere nuestro deseo de transformación y conexión con garantía mutua. Mediante este cambio incrementaremos la intensidad del impacto del ambiente para que el efecto sea rápido y duradero.

La evolución de los grados inerte, vegetal y animal del hombre se llevaron a cabo a lo largo de millones de años, porque se hizo a través del ego que necesitaba crecer en el hombre. No somos responsables de ello. Más bien, evolucionamos de esta forma porque el ego fue creciendo naturalmente y en consecuencia reaccionábamos a éste en mayor o menor medida.

Pero ahora el ritmo y el paso de la evolución se encuentran en nuestras manos y todo depende del ambiente. Nosotros estamos construyendo un ambiente y entre más avanzado sea, más nos afectará y cobrará importancia ante nuestros ojos, en expansión e impacto. Por lo tanto, necesitamos echar mano de todos los medios a nuestra disposición, incluyendo a los profesionales, como sociólogos, psicólogos y artistas. Esta coalición nos ayudará a ejercer una influencia intensa y efectiva, dando como resultado una vida feliz durante nuestra generación. Conoceremos el fin y nos sentiremos satisfechos de lo que estamos legando a la posteridad.

Podemos dividir nuestros deseos en dos tipos: los personales que pertenecen al individuo y los humanos, o los sociales. En lo personal necesitamos limitar nuestros deseos a lo que requerimos para existir, lo que se logra con nuestra corrección. Necesitamos asimismo desarrollar nuestros deseos sociales con los que nos relacionamos a los demás. Esto se realiza tomando en cuenta los círculos que nos rodean, comenzando por los amigos cercanos -un grupo- ampliando el círculo. A la larga, nos desarrollaremos a través de la influencia del ambiente ofreciendo una actitud buena, considerada, responsable a todos, que incluya un sentido de garantía mutua y amor por el mundo entero.

Necesitamos entender que en el proceso gradual, renunciamos como individuos y nos percibimos más y más relacionados con los círculos más amplios de la humanidad. Esta acción nos da mayor sabiduría, sensibilidad e integración con los otros. De esta integración percibimos toda la realidad hasta que nos volvemos sensibles a toda la Naturaleza. Al salir de nosotros mismos y sentir a los demás, aprehendemos la nueva realidad en la que vivimos.

Así será la existencia en el nivel humano, *hablante*, que la Naturaleza ha preparado para nosotros. Así es como podemos conducir correctamente nuestra existencia en este mundo.

Debemos preservar los niveles inerte, vegetal y animal y amar a la Naturaleza. Necesitamos relacionarnos con todos los objetos naturales con equilibrio. Amar a la Naturaleza significa que vivimos dentro de ella y que no tomamos de ella todo cuanto podemos.

Es necesario entender lo que significa vivir en equilibrio, sentirlo dentro de nosotros, sentirnos equilibrados. Estar en armonía significa preservar todo y tomar de la Naturaleza sólo lo que es necesario para la existencia, como lo hacen los animales. La Educación Integral es la que nos enseña a tratar bien a toda la Naturaleza que nos rodea. Por medio de nuestra conexión con ella, aprenderemos a relacionarnos entre nosotros positivamente. Es por este motivo que no necesitamos aprender sólo sobre buenas relaciones, salvo como parte de una educación que se relaciona con toda la Naturaleza.

El término "Naturaleza" significa que estamos evolucionando. Algo se mueve en nuestro interior que nos desarrolla. ¿De dónde provienen las fuerzas que nos desarrollan? Observamos que existe un proceso gradual: la Naturaleza nos acrecienta por medio de un proceso de causa y efecto en donde todo es interdependiente. Esta es la fórmula incluyente de la Naturaleza.

Estos conceptos son conocidos para la ciencia, así como el impacto mutuo entre todas las partes de la Naturaleza. No estamos descubriendo nada nuevo; tan sólo aprendemos cómo unirnos para volvernos uno con toda la Naturaleza y con su ley general que nos desarrolla a todos.

La ley de la Naturaleza no me desarrolla únicamente a mí o a la sociedad humana, sino a todo el universo. No sabemos con qué fin, pero el hecho es que el universo nos desarrolla y nos expande y existen procesos que aún nos quedan por entender.

Entre más avanzamos comprobamos que existe un vasto sistema de leyes en juego. Al final sabemos que todas las leyes que descubrimos están entrelazadas, sólo que no vemos las conexiones entre las leyes de biología, zoología, botánica, astronomía o psicología. A pesar de esto, la Naturaleza es una y es uniforme. No tiene divisiones; este es un hecho que aprendemos al estudiarla.

La vida también necesita que nos relacionemos en forma holística. La palabra "conjunto" proviene de la palabra griega "holismo" y nosotros somos parte de ese conjunto único.

Debido a que nuestra evolución debe pasar del amor al hombre al amor a la Naturaleza, puedo desarrollar una buena actitud hacia la sociedad humana, opuesta a una actitud que pueda destruir la Tierra. Contrariamente, se podría preservar a la Naturaleza y no a las personas, como quieren los ambientalistas que sólo se preocupan por la ecología.

Nuestra actitud debe ser circular y uniforme. Debemos tener una sola visión de todo. En vista de que el Hombre es una parte de la Naturaleza, debemos tener la misma actitud hacia la sociedad humana, hacia la persona, la familia y hacia la Naturaleza como un todo. Debemos equilibrar todas las partes de la Naturaleza porque esto es lo que existe en ella. Así es como logramos cumplir con esta ley general.

Así como todas las estrellas y los planetas están en equilibrio siguiendo sus órbitas y ejerciendo su influencia recíprocamente; así como las acciones en un lado del planeta afectan al otro, así es como debemos relacionarnos con los otros. Educar a todos para que las relaciones humanas sean positivas, y se extiendan al inerte, vegetal y animal, porque nos alimentamos de ellos. Esta misma actitud de equilibrio se debería aplicar a la ley general de la Naturaleza que sostiene y desarrolla toda la realidad. Es la maquinaria en la que reposa todo lo que existe.

Cuando estudiamos la Naturaleza, examinamos en particular las leyes de esa ley incluyente que los científicos se esfuerzan en descubrir. Los científicos tratan de encontrar la fórmula que exprese la totalidad de la ley de la Naturaleza. Esta es la noción que Einstein y otros han querido ardientemente percibir, entender, examinar, palpar. Los científicos presienten que existe algo sin lo cual la existencia no sería posible.

Hacia allá es atraída la humanidad. Al Hombre se le llama a ocupar su lugar y luego entender dónde se encuentra. Sentimos una atracción por saber en dónde estamos, lo que en verdad somos, lo que nos impulsa, porque nuestro futuro depende de ello; determina nuestro pasado y nuestro destino. Si mis acciones corresponden a mi desarrollo, lo lograré, tendré la capacidad de promoverme y tal vez acelerarlo. Sin embargo, si tomo la dirección opuesta, o tomo otra dirección que no es la del desarrollo, habré perdido.

Con frecuencia podemos predecir en qué áreas el niño alcanzará el éxito y en cuáles no. En la medida que entendemos las leyes, podemos explicar al niño, según sea su naturaleza, las condiciones bajo las cuales existe y las posibilidades que tiene. También podemos explicar con qué opciones podría salir adelante y con cuáles no. De esta forma, impedimos que los niños cometan errores graves. Lo mismo se aplica a nosotros. Queremos seguir la dirección correcta y evitar los errores. Esta es la esencia del desarrollo científico.

Ciertamente, el desarrollo científico no consiste simplemente en construir innovadores teléfonos celulares. Más bien su meta verdadera es comprender la esencia de nuestra existencia: por qué vivimos y cómo mejorar nuestra vida. Vemos que con todo, y nuestra gran capacidad, hemos llegado a un estado de desesperación que nunca debería haber sucedido. Por lo tanto, si conocemos la Ley General, y hacia ella nos dirigimos, comprenderemos hacia dónde debemos caminar desde ahora y cómo construirnos en forma positiva y práctica para mejorar nuestra vida y la de nuestros hijos.

Los científicos y muchos otros hablan de este equilibrio. No se trata de mi opinión personal, estoy hablando sobre la Naturaleza general, global, en la que existen leyes científicas. Las ciencias muestran que al final vemos que todo está conectado y que es "circular".

Es un hecho que nos encontramos en medio de una crisis global que nunca pensamos que ocurriría. Pensamos que podíamos hacer lo que queríamos, y de pronto nos damos cuenta que no es así. No podemos hacer lo que queremos porque todos estamos conectados. Hoy, vivimos y percibimos el mundo como global; sentimos la esencia global de la Naturaleza en todo lugar, en la cuenta bancaria, en nuestra salud, y en la situación mundial.

Hoy, todos los científicos consideran que la física y la química están conectadas. La Naturaleza siempre ha sido así, pero sólo pudimos entenderlo en las últimas décadas. Esta es la influencia del ambiente en el ser humano y la suya en el ambiente. Hoy vemos que todo es uno. Vemos la influencia del hombre en el clima, en los océanos, y en toda la Naturaleza en conjunto y entendemos que debe alcanzar un equilibrio con ella.

También debemos equilibrar nuestros cuerpos, nuestra salud. Consumimos muchos productos que destruyen nuestro organismo y algunos alimentos se producen tan sólo para enriquecer a unos pocos. El resultado es que los hospitales están llenos de pacientes. La diabetes, por ejemplo, es provocada por el consumo excesivo de azúcar. En la Naturaleza casi no encontramos azúcar. Más bien existe la fruta y la miel, pero no azúcar en crudo.

La humanidad necesita examinar todo lo que está haciendo y gradualmente deshacerse de todos los productos tóxicos. Primero necesitamos ofrecer sustitutos, pero a la larga deberemos eliminarlos completamente. Así como combatimos el tabaco, combatiremos todo aquello que sea nocivo para nuestro organismo y nuestra salud. En la Naturaleza, existen las frutas y los vegetales, carne, pescado y agua. Todo lo que no sale directamente de la Naturaleza es malo y perjudicial para el cuerpo, aunque no haya sido probado y comprobado. La cuestión es que necesitamos entender que si algo existe en la Naturaleza podemos descubrir un buen uso para ello. Si no existe, su uso ciertamente nos perjudicará.

Esto no significa que necesitamos convertirnos en vegetarianos o comer sólo alimentos orgánicos sin pesticidas, hormonas o esteroides. No tenemos otra opción más que comercializarlos, de otra forma no podríamos alimentar a la humanidad y las personas morirían de hambre. Necesitamos usar estos estimulantes pero también debemos empezar a estudiar y gradualmente reemplazar lo que estamos creando a través de la genética y la química con otros productos.

Podemos encontrar un ejemplo en lugares en donde no se emplean los químicos como pesticidas. En lugar de ello se integran los enemigos naturales de las plagas que las destruyen. Hay mucho por hacer, pero primero debemos asegurar el abastecimiento de alimentos, para luego, en forma gradual, ir progresando en evitar dañar la ecología. Es por esto que el cambio debe llegar con la Educación Integral que nos llevará al equilibrio y la corrección en todas las áreas de nuestra vida. De esta forma desarrollaremos una actitud positiva y equilibrada hacia todo lo que emprendemos y revolucionará nuestras actitudes en todas las esferas de nuestra existencia, incluyendo la agricultura y la economía.

Necesitamos educarnos a través de un buen ambiente y crearlo para nosotros de manera que nos enseñe en forma progresiva lo que le conviene. La gente estará bajo la influencia de este y cambiará, dado que nuestros deseos provienen de él.

Tomemos como ejemplo la arquitectura. Supongamos que esta profesión no me interesa en lo absoluto. Sin embargo, todos insisten en que esta profesión me va a rendir muchos beneficios, por lo que estudio arquitectura, asisto a eventos sobre arquitectura, conferencias y convenciones. Allí todos hablan de la importancia de la profesión, cómo se diseña un espacio o residencia y todos comparten sus ideas. Escucho todo esto y me integro a este ambiente.

De pronto he dejado de sentir indiferencia. La inclusión me afecta y comienzo a absorber sus deseos y he cambiado. Anteriormente no tenía interés, pero de pronto me importa, tengo mis opiniones y continúo con mis estudios de arquitectura.

Así es como recibimos nuestros deseos. ¿De dónde adquiero mis deseos por la ciencia, el conocimiento o cierta profesión? Los adquirimos al ver a los otros en el mundo que nos rodea. Un campesino que vive en un poblado remoto sin Internet o televisión sabrá que se tiene que ocupar en algo que tenga que ver con la agricultura. Este es el oficio que conoce. De las opciones que tiene elegirá lo que le conviene. Es así que todos aprenden del ambiente.

Asimismo, el ambiente impresiona y afecta a cada persona de conformidad a su propia naturaleza. Recuerdo que mi padre quería que yo fuera músico. No me permitía ver películas para niños y en lugar de esto me llevaba a ver películas de grandes compositores como Mozart o Beethoven.

Seré honesto al decir que no veía nada grato en sus vidas: Mozart

201

enfermó y murió cuando apenas tenía 35 años; Beethoven se quedó sordo. Lo que si adquirí, sin embargo, fue un inmenso reconocimiento por estas personas. Aprecio su obra y los sacrificios que hicieron para componer música. Esta impresión perduró en mí a pesar de que nunca quise seguir sus pasos, ya que tenía mis propias impresiones. Otra persona se hubiera impresionado y deseado convertirse en compositor. Cada persona recibe las impresiones de su ambiente de acuerdo a su propia naturaleza.

En resumen, sólo existe una cosa que necesitamos entender: "el amor cubre todos los crímenes". Esto significa que todos somos criminales y sobre nuestros crímenes debemos extender una cubierta de amor. Así es como nos equilibraremos con la Naturaleza y entonces no tendremos problemas ni sentimientos malos. Nos sentiremos por encima de los niveles inerte, vegetal y animal, por encima de nuestras vidas en un nivel de amor y perfección y ese será un legado para nuestros hijos.

Capítulo 12

El uso excesivo de la fuerza de recepción provoca la crisis

Cómo adquirir la fuerza de otorgamiento del medio ambiente

Hasta ahora, hemos evolucionado a través de nuestra fuerza de recepción. Esa fuerza nos ha estado impulsando hacia adelante, ha desarrollado en nosotros el deseo de recibir todo para nosotros mismos: adquirir, entender, saber, dominar y también envidiar a los demás, es decir, querer para nosotros lo que otros poseen.

Hemos conseguido conocimientos acerca del mundo, hemos aprendido a integrarnos, y ahora -que nos hemos convertido en expertos- lo dominamos. Sin embargo, es menester equilibrar nuestra fuerza de recepción con otra fuerza que existe en la Naturaleza: la fuerza de otorgamiento. Vivir constantemente bajo el dominio de esta fuerza de recepción -una fuerza perjudicial y nociva- crea un desequilibrio en la Naturaleza, en el ambiente, en el hombre y la sociedad humana.

Por esta razón, debemos adquirir la fuerza de otorgamiento, el poder de dar y participar. La fuerza de otorgamiento puede acrecentarse y convertirse en la fuerza poderosa del amor. El Hombre puede desarrollar esta fuerza únicamente si lo desea, a través de su libre albedrío, creando un ambiente del que constantemente obtenga el ejemplo que lo haga cambiar. Conocer la fuerza de otorgamiento y sus beneficios nos ayudará a entender nuestras vidas y la realidad en general, más allá de nuestro conocimiento actual.

Si analizamos nuestro propio desarrollo desde el nacimiento, veremos que en un principio crecimos recibiendo el conocimiento acerca del mundo de nuestros padres o de las personas cercanas a la cuna. Al crecer aprendimos mediante los ejemplos que nos dieron los educadores sobre cómo organizar nuestra existencia. Siendo adultos preparados para la vida, continuamos adquiriendo conocimiento y experiencia para desenvolvernos en el mundo a través de los ambientes, los eventos y las situaciones que experimentamos. Esto es, actuamos con el poder, el conocimiento y la preparación recibidos durante nuestra infancia y al llegar a la edad adulta, tenemos a nuestros hijos educados y los preparamos para la vida.

Así es como nos desarrollamos. Queda claro que si no conocemos el mundo no podemos sobrevivir en él. Entre más sabemos y podemos aplicar el conocimiento en nuestra vida, mayor será nuestro crecimiento y aprovechamiento. Nuestro éxito depende del conocimiento que adquirimos acerca del mundo. Es por eso que intentamos transmitir a nuestros hijos la información valiosa que hemos adquirido para poner en sus manos las herramientas necesarias para perseverar.

Luego de desarrollarnos durante miles de años, y particularmente durante los últimos cincuenta o sesenta años, empezamos a vislumbrar el final de nuestro desarrollo egoísta. Vemos que es imposible avanzar con este único deseo de recibir, adquirir, acaparar la abundancia sólo para nosotros mismos, sin consideración por nuestros semejantes y la Naturaleza. Nuevos deseos surgen en la mente: queremos entender más, sentir más, penetrar nuestro mundo. Nuestra fuerza no es suficiente, porque nos está destruyendo al igual que a nuestra sociedad y a la Naturaleza que nos rodea.

Es por esto que ahora se despierta en nosotros la consciencia de la otra fuerza que nos hace falta: el poder de dar. En verdad, esta fuerza es la que de hecho administra al mundo. Es la gran fuerza de la "Madre Naturaleza", que está en el origen de toda evolución, porque todo sucede a través de la fuerza de dar, la fuerza de otorgamiento. Como los padres actúan con sus hijos, la Naturaleza nos cuida. Sin embargo, lo disfrutamos porque lo recibimos todo de ella, pero no somos similares a ella.

Si consideramos la esencia de nuestras vidas, el proceso por el que pasamos durante nuestra evolución y el propósito que debemos alcanzar, veremos que cada desarrollo en la Naturaleza tiene un objetivo. Si queremos conocerlo, precisamos averiguar más sobre la Naturaleza, para examinar y entender las fuerzas que actúan en ella y entonces entenderemos lo que nos ocurre y consideraremos evolucionar hacia una vida buena y en paz.

Si empezamos a pensar de esta forma, veremos que toda la Naturaleza funciona con dos fuerzas: una fuerza que da y una que recibe. La fuerza que da es la de otorgamiento, consideración, unión y en general el poder del amor.

El poder del amor incluye dentro de sí a todas las fuerzas en todos los grados de la Naturaleza: inerte, vegetal, animal y hablante. Estas son las potencias que dan la vida, las influencias buenas que nos atraen para unirnos y sostenernos. Evolucionamos específicamente a través de estos dos i.

Si examinamos nuestros cuerpos, o cualquier otro objeto en el universo, veremos que está gobernado por fuerzas. A través de la conexión de estas dos fuerzas, desde los inicios del universo, empezaron a crear una nueva forma. Así es cómo se formó la materia. Las fuerzas de otorgamiento y de recepción empezaron a evolucionar juntas, creando partículas negativas y positivas, electrones y protones, que a pesar de ser opuestos crearon unidos el átomo. Los átomos se conectaron en bloques más grandes, formando cristales, que son formas de la materia en el nivel inerte o mineral.

Más tarde, la Naturaleza inerte recibió potencias conflictivas -positivas y negativas, dando y recibiendo- de tal forma que empezaron a mezclarse cada vez más entre ellas con el fin de vincularse. Las fuerzas negativas se conectaron con las positivas y de esta forma, a través de una complementación recíproca, se formó la célula viva. La célula se convirtió en una fuerza de recepción en sí misma, recibiendo o absorbiendo sustancias y energía de su medio ambiente.

En otras palabras, vemos de nuevo que las dos fuerzas constantemente actúan en reciprocidad. Así es como evolucionó la vida, mediante la combinación de esas energías que se encuentran en una constante dinámica entre ellas. Cuando esa dinámica se volvió más compleja, estas crearon la materia viva. En la materia viva y animada, existen datos muy precisos que se transmiten como herencia de generación en generación.

Esa combinación de fuerzas también sucede en el nivel vegetal y en el inerte, aunque para nosotros es más difícil notarlo. En los animales, vemos cómo un organismo vivo se forma con la energía que existe en la célula embrionaria. La célula absorbe sustancias del exterior y al absorberlas, emitiendo y combinando estas substancias -conforme a trozos informativos internos que son datos conflictivos entre las dos fuerzas- se crea el cuerpo vivo.

En la Naturaleza inerte, vegetal y animal, todo se desarrolla a través de la combinación de las dos fuerzas. Lo vemos en el desarrollo de la naturaleza gradual e instintiva, siguiendo un rol predeterminado integrado en todo ser vivo. Evolucionan según las leyes que los rigen y conforme al ambiente. Si cambia el ambiente, la evolución cambia. Al final, principalmente en el nivel humano, observamos que la fuerza de la Naturaleza, la que da, la proveedora del sustento, está más oculta, es más profunda; mientras que la fuerza de recepción es la fuerza de la Naturaleza que desarrolla y es más conspicua y evidente.

A mayor recepción, mayor crecimiento. En el inerte, vegetal y animal la recepción sigue un programa interior y es similar en el humano. El hombre que ha estado evolucionando durante cientos de miles de años, atraviesa por la misma evolución que los animales. Sin embargo, si examinamos el estado en que nos encontramos hoy, parecería que nuestra evolución animal ha llegado a su término y nos estamos mudando a un modo diferente de existencia.

Hemos agotado toda la fuerza de recepción en nosotros; hemos llegado a un nivel en que no podemos desarrollarnos más a través de ella y hoy realmente necesitamos la fuerza dadivosa de la Naturaleza, que aparece ahora en la parte del otorgamiento.

Como resultado de nuestro estudio de la Naturaleza, descubrimos que ella es circular, global, integral como si existiéramos en una esfera.

La Naturaleza se nos presenta cada vez más como incluyente y dadora. En consecuencia, sentimos que somos opuestos a ella, que debemos usar todos los tesoros que se nos han entregado de manera de alcanzar un equilibrio con la Naturaleza. Y sin embargo, no podemos porque la fuerza de otorgamiento está ausente en nuestro comportamiento, en nuestro desarrollo y en nuestro conocimiento.

¿Cómo sería posible adquirir esta fuerza? Es posible de la misma forma que recibimos información de nuestros padres, educadores y el ambiente sobre el uso apropiado de la fuerza de recepción, es decir cómo podemos recibir más de la vida y salir adelante. Así es como debemos aprender a recibir del ambiente la información sobre la otra fuerza, la fuerza original de la Naturaleza y su fuente, la fuerza dadora, la fuerza de la unión, el gobierno del amor.

Durante nuestro desarrollo, siempre usamos el poder de la separación. Nos hemos comparado a los demás, deseando ser superiores y más exitosos. Así como trabajamos con gran eficiencia usando la fuerza de recepción, ahora debemos superarnos y adquirir la otra fuerza, la del otorgamiento, para aprender a trabajar con ella y cómo combinarla con la fuerza de recepción.

Nos encontramos en una situación particular que nos capacita para recibir información acerca de la otra fuerza y aprender lo que podemos lograr a través de ella. Podemos encontrar ejemplos incluso dentro de nuestro mundo egoísta, que está construido alrededor de la fuerza receptora.

La fuerza de recepción en el inerte, vegetal y animal es una fuerza instintiva mediante la cual uno se come al otro. En el Hombre esa fuerza es excesiva, de manera que él quiere recibir y usar al mundo entero para su propio deleite, sin tomar en cuenta a nadie más. Aun así dentro de nuestro ambiente, dentro de nuestra sociedad, existen ejemplos de las dos fuerzas opuestas: existo "yo" y existe "el otro"; "yo" y el "ambiente"; "yo" y "la humanidad".

A través de las relaciones entre los otros y yo, a través del impacto de los otros en mí, seré capaz de establecer un ambiente, estudiar la fuerza de otorgamiento, el poder de la unión y el poder de dar, frente al poder de recibir. Por consiguiente, si instituimos apropiadamente la psicología como una ciencia que investiga las relaciones del hombre con el ambiente humano, podremos recibir información y datos precisos sobre el poder del otorgamiento y estudiarlo en contraste con la fuerza de recepción que hemos desarrollado hasta ahora. Descubriremos que nos oponemos al ambiente.

Si me encuentro en un buen ambiente que favorece el progreso, me mostrará lo que es la fuerza de otorgamiento. Y a pesar de mi resistencia, recibiré su influencia a través de los valores que juzgaré indispensables de adoptar, porque de otra forma yo mismo me sentiré decepcionado y degradado. Seré expulsado de ese entorno, algo que nadie quiere que suceda.

Mediante las mismas cualidades de envidia, codicia y honor, el ambiente comienza a influirme y empiezo a sentir que no tengo otra opción sino adaptarme a ello. De esta forma me gano su respeto y aprecio, en lugar de la desgracia y la expulsión. Esto le deja a la persona egoísta una sola elección, comportarse de manera correcta en relación al medio con el fin de sentirse importante y respetado.

Ciertamente podemos organizar nuestros estudios y la conexión de tal forma que si el ambiente es administrado por los educadores idóneos, puede enseñarnos a cada uno de manera que verdaderamente experimentemos la fuerza de otorgamiento y comprobemos lo especial que es. De esta forma, consideraremos nuestro hábitat como etapas de nuestra educación. El ambiente será para mí como unos padres con un bebé. Recibiré su influencia amorosa y cuidadosa, además de entender mis carencias y debilidades.

Así, gradualmente, a través de pequeñas influencias provenientes de un ambiente compasivo y considerado, creceré para convertirme en un joven, a pesar de que ya soy un adulto. Esto se debe a que una persona atraviesa por estas etapas de desarrollo como un bebé, luego como un niño y luego como un joven.

Según la etapa, el ambiente nos influye y nos cuida. También requiere que demos más de nosotros mismos, que trabajemos unidos en él en una combinación de estados que nos llevan -mediante las relaciones mutuas- a un otorgamiento recíproco.

Después, cuando haya crecido lo suficiente, entenderé que las fuerzas de otorgamiento pueden trabajar a mi favor, que a través de ellas yo puedo dar. Entonces, también yo me convertiré en un elemento de ese ambiente, como cualquiera de los otros que se encuentran allí. Así es como llegaré a ser un miembro igual a los demás y nos trataremos en forma equilibrada para que la fuerza de recepción y la de otorgamiento encuentren el equilibrio entre nosotros. Así el ambiente nos desarrolla paso a paso, tanto así, que la fuerza de otorgamiento se convierte en la fuerza dominante entre nosotros y la que determina todas nuestras acciones, todas nuestras relaciones, todos nuestros pensamientos y nuestras intenciones hacia los demás.

De esta forma construimos una sociedad estable y sana, sin desperdicios; y formamos un tipo de familia en la que cada uno de sus miembros se preocupa de los otros. En esa situación, la vida parecerá distinta en comparación de las familias disfuncionales que vemos hoy en día.

Además, adquiriremos el poder del otorgamiento, en la medida que lo integremos, relacionándonos con la Naturaleza como con una madre. Creceremos mediante el poder del otorgamiento que habremos ido adquiriendo, un tipo de bebé otorgante, niño otorgante, joven otorgante y adulto que otorga al ambiente. Seremos similares a la Naturaleza, experimentando las fuerzas internas que existen en ella, las que están detrás de la materia. Si descomponemos la materia hasta sus más básicos elementos, encontramos los átomos. Si los dividimos descubrimos las partículas; si dividimos las partículas, hallamos una fuerza. Al final, esto es lo que existe: una fuerza, que los físicos están descubriendo en sus aceleradores de partículas.

También así es como adquirimos estas fuerzas fundamentales: la del otorgamiento y la de recepción, que existen en la base misma de toda materia. Nos infiltramos en la materia, en la creación, y percibimos y entendemos cómo está construida, cómo está unida y cómo todo está conectado con una sabiduría asombrosa, tan sólo combinando estas dos fuerzas. Entonces entendemos profundamente lo que se esconde detrás de esas fuerzas, cómo operan y el programa que las opera.

Al estudiar estas fuerzas con nuestro intelecto, alcanzamos la sabiduría interior de las que operan toda la Naturaleza. Nos conectamos, entendemos y en verdad experimentamos el poder, el programa interno, el mecanismo que está detrás de la materia, detrás de las partículas y detrás de todo lo que sucede.

En otras palabras, al adquirir esas dos fuerzas de otorgamiento y recepción para equilibrarlas dentro de mí, llego a conocer a la Naturaleza, a la Madre, la fuerza operativa que crea la existencia, la fuerza que conduce a la vida a la consecución de su propósito. Es entonces que también descubro el propósito y entiendo mejor mi vida, mi situación. Todo se vuelve transparente; penetro todo lo que sucede a mí alrededor y dentro de mí y veo todo como una combinación de fuerzas.

Este es el conocimiento que adquiero. No lo obtengo superficialmente, como anteriormente cuando sólo usaba la fuerza de recepción. Más bien, la combinación de las dos fuerzas y las cualidades que obtengo me entregan las herramientas internas. No se parecen a los instrumentos de investigación que los físicos, los químicos y otros científicos usan. Más bien, experimento a toda la Naturaleza en mi interior, en mí ser, como parte integral de ella.

De esta forma veo, vivo y me integro a todo este proceso, empiezo a vivir en él. No me siento en el nivel sólido animal del cuerpo, o en los niveles vegetal o inerte. Más bien, siento las fuerzas que operan en mi organismo y como éstas se asimilan a la Naturaleza que nos rodea y se unen y se conectan a la naturaleza general y global.

A esto me refiero con "naturaleza integral", cuando una persona está realmente conectada y encuentra el sistema interno de sus fuerzas interiores, las del ambiente y de toda la Naturaleza. En ese estado uno se contempla como una parte integral de este sistema y conoce las leyes de la Naturaleza, incluyendo la eternidad y la perfección que existen en ella.

Así es como lentamente nos desprendemos de la sensación de nosotros mismos. Nos desapegamos de la impresión que antes teníamos en el cuerpo sólido, egocéntrico, cuando estábamos en conflicto con el ambiente y las condiciones externas. Al saber y alcanzar -con esta nueva consciencia- transitamos al reino de la Naturaleza inclusiva eterna y perfecta y nos elevamos al grado del "humano" que es similar a este vasto sistema.

Este es verdaderamente el propósito de nuestra evolución en la nueva era a la que hemos arribado. La diferencia entre ésta y la antigua reside en nuestra nueva percepción de la vida. En épocas anteriores progresábamos instintivamente porque nos operaba una fuerza única -la de recepción- y trabajábamos para recibir todo lo que podíamos. Ahora debemos operar con la fuerza de otorgamiento y desarrollar una actitud considerada de unidad creciente, para complementar e integrarnos con los otros y con el ambiente.

Estas dos fuerzas en mí se complementan entre sí en el nivel humano. La fuerza que desarrollo es la de otorgamiento, de unidad, consideración y amor. La otra fuerza es la de recepción dentro de mí, que crece y evoluciona junto con este proceso, aunque no en la manera en que ha progresado hasta ahora. En lugar de eso, continúa desarrollándose frente a la fuerza de otorgamiento.

También obtengo una mayor comprensión de la creatividad en el proceso, porque ahora no me desarrollo ciegamente como antes, cuando sencillamente corría hacia donde el ego me ordenaba. Ahora me desarrollo a través de la comprensión, la sensibilidad, la aprehensión, el escrutinio, la crítica y las correcciones que realizo. Alcanzo el equilibro al combinar, complementar y conectar estas dos fuerzas, lo mismo que el equilibrio que existe en los átomos, en las moléculas, y en cualquier organismo vivo. Después, por arriba de este equilibrio descubro otra carencia, una necesidad de alcanzar un equilibrio todavía mayor. De esta forma continuamente nos desarrollamos de una completitud a otra todavía mayor.

El propósito de este proceso es desarrollar una consciencia de lo que somos, un conocimiento del sistema en el que existimos. Cuando nos filtramos en la Naturaleza equilibrando nuestras fuerzas interiores, sentimos las etapas que están ocultas, las fuerzas y los espacios que por ahora no podemos alcanzar. Nos movemos a un sistema de fuerzas que se encuentra por encima del tiempo, del espacio y del movimiento, y llegamos a tal aprehensión y a tal plenitud interior en nuestras mentes y corazones que no tienen conexión alguna con la existencia de nuestros cuerpos. Todo ocurre dentro de la aprehensión y la consciencia que adquirimos. Nuestros cuerpos son sólo una manifestación de nuestras fuerzas animales iniciales, que nos permiten alcanzar el grado humano.

Es por esto que necesitamos reconocer la importancia de nuestra época y el nivel en que nos encontramos. Hemos llegado a un estado de "entregarnos" como humanos que son similares a la Naturaleza. Por lo tanto, ante nosotros tenemos un maravilloso y magnífico desarrollo que trata de un entendimiento y alcance, que nos conducirán a una vida buena sin limitaciones.

Necesitamos estar conscientes de que no somos animales viviendo dentro de un cuerpo que sólo queremos satisfacer. No somos seres egoístas que necesitan llenar su ego, que nos manipula con falsas expectativas que sólo nos causan sufrimiento. Una máxima de sabiduría dice: "el hombre muere con menos de la mitad de su anhelo en una sola mano". Quiere decir que nadie está satisfecho en su vida. Cuando morimos no nos llevamos nada. Además hoy en día la mayoría no tiene realmente nada, incluso durante su existencia.

Sin embargo, en potencia, somos seres sublimes, la cima de la Naturaleza, que ella creó y formó a través del asombroso proceso del universo, la Tierra, la evolución y los seres humanos.

La evolución llegará a su fin cuando todas las personas alcancen toda la Naturaleza, convirtiéndose en similar a ella, estando en equilibrio, en completitud y unidad, usando todas sus capacidades para dar. Esto es, a la larga usaremos la fuerza de dar al igual que la Naturaleza. Se puede llegar a esta situación de dos maneras: la sencilla y la difícil. Cuando lleguemos a este estado veremos que toda nuestra evolución no ha sido sino la preparación para llegar a esto. Incluso antes de la creación de la Tierra, todas las formas de desarrollo del ego en el mundo de recepción -desde el inerte, a través del vegetal y animal, al nacimiento de la humanidad en nuestros días- han sido el preámbulo para la evolución de la especie humana, ahora en el umbral de un nuevo mundo de otorgamiento.

Vemos el equilibrio entre las dos fuerzas en nuestros cuerpos y en todos los sistemas que estudiamos en la Naturaleza. Es el equilibrio sobre el que reposa la armonía del clima y de los diversos sistemas sociales como la economía y la salud. Equilibrio significa salud. Sin embargo, existen diferentes niveles de equilibrio. En el nivel inerte, el equilibrio inicia con la tranquilidad. En el nivel vegetal, el equilibrio trae consigo la salud, al igual que el nivel animal.

Sin embargo, el equilibrio es siempre dinámico, pasando de un equilibrio menor a uno mayor. Debemos observar las etapas; por ejemplo, si consideramos una manzana que crece en un árbol, crece desde un equilibrio menor a uno mayor hasta que madura. Pero, incluso durante las etapas anteriores a la maduración, el equilibrio es relativo en cada etapa, hasta que aparece el desequilibrio en relación al siguiente nivel de maduración: así es como se desarrolla y crece.

¿Qué necesitamos hacer ahora que la humanidad es como una manzana podrida? ¿Qué podemos hacer para equilibrarnos? ¿Cuál es la fuerza necesaria para lograrlo? Necesitamos la fuerza de otorgamiento, que debemos agregar a la fuerza de recepción, la fuerza del ego. Si equilibramos estas dos fuerzas, viviremos en paz y con buena salud dentro de nuestras familias, países y el mundo entero. Esto es todo lo que requerimos.

La única forma de obtener la fuerza de otorgamiento es a través del ambiente correcto. Podemos educar a cualquier persona para obtener esta fuerza que le ayude en su vida personal y social, y después a toda la civilización.

Durante miles de generaciones, hemos vivido en el mundo a través de la fuerza de recepción. Ahora nuestro siguiente paso en el desarrollo humano es pasar a un mundo de otorgamiento, en donde la fuerza de dar domine y promueva nuestro desarrollo.

La fuerza de dar existe también en el mundo de recepción, pero la hemos usado para recibir porque sólo puede existir una fuerza dominante y la pregunta es, ¿qué fuerza será esa? Si la fuerza de recepción domina, la fuerza de otorgamiento la sirve, a través de nuestra disposición de dar muy poco para recibir mucho.

Todo se desarrolla sólo a efectos de acumular para sí mismos. En el nivel inerte, vegetal y animal en nuestro mundo, así como el Hombre, que constituye parte del reino animal, la evolución se ha desplegado mediante el dominio de la fuerza de recepción por sobre la de otorgamiento.

Esto es particularmente notable en el Hombre porque es un egoísta que usa la fuerza de recepción para perjudicar a los demás. En él es evidente que la fuerza de recepción domina a la de otorgamiento. También existe en grados inferiores, en el inerte, vegetal y animal, pero es más claro en el ser humano porque es más evidente que hacemos todo estimulados por la satisfacción personal, para ganar.

Por naturaleza, no hago nada sin la perspectiva de ganar algo a cambio, que me permita sentir placer, satisfacción o agregue a mi inversión. Mi inversión es lo que doy, y lo que recibo debe ser superior a lo que doy. Este es el significado de "la fuerza de recepción domina a la fuerza de otorgamiento".

Es por esto que hemos hecho uso excesivo de la fuerza de recepción, que domina a la fuerza de otorgamiento, y con la cual queremos aprovecharnos de los demás sin reservas. Esto es, estoy dispuesto a vender a quien sea, destruir todo por un gramo de satisfacción, un gramo de placer, sin consideración por nadie de ninguna forma, manera o modo. No es que sea bueno o malo, pero el resultado del proceso es la recepción sin medida en la cima de nuestro desarrollo egoísta y esto es cierto en cada persona.

Una vez que hemos llegado hasta el punto en que la diferencia entre la fuerza de recepción y otorgamiento se ha vuelto tan importante, nos separamos de los demás. Es debido a esto que percibimos la crisis y no podemos continuar existiendo. Ahora la fuerza de otorgamiento está muy alejada de la de recepción y no nos puede ayudar a desarrollarnos. El ego ha crecido al punto que queremos todo para nosotros mismos; no nos permite ninguna acción de dar, ni siquiera para ganancia personal. El ego no tolera a nadie junto a mí, por lo que evito formar una familia y educar niños porque tengo que pagar, hacer concesiones, tener consideración, pensar en la garantía mutua y no estoy dispuesto a ello.

Vemos que la fuerza de recepción ha superado a la de otorgamiento en cada esfera de la vida. En cada momento mi pensamiento es sólo para acrecentar mis beneficios. Así es como distorsionamos las reglas y creamos toda clase de normas que nos permiten robar legalmente.

Las relaciones que hemos construido entre nosotros son tales que no tenemos consideración por nadie, ni por nuestras familias, nuestros hijos, la sociedad, el país o la humanidad. Es por este motivo que la humanidad está en crisis, así como la cultura y la Naturaleza. ¿Cómo se manifiesta la crisis en la Naturaleza? Arrojamos basura en los océanos o en tiraderos y esperamos que los demás vengan a hacer la limpieza.

Nuestros egos no nos dejan pensar en el futuro, porque sólo les interesa lo que obtenemos aquí y ahora. Si no conseguimos una ganancia inmediata, no nos interesa lo que pueda suceder. Por lo tanto, a diferencia de antes, cuando los economistas planeaban con cinco, diez e incluso veinte años de anticipación, hoy ni siquiera podemos predecir lo que ocurrirá mañana. Nuestra indiferencia nos ha desorientado. El ego ha destrozado nuestros sistemas e incluso la conexión que teníamos entre la fuerza de otorgamiento y la fuerza de recepción no existe más. Debido a lo anterior no podremos sobrevivir.

Pero cuando observamos el proceso de evolución, podemos anticipar su fin porque, como dice el dicho: "en la cabeza del sabio se encuentran sus ojos". No necesitamos llegar hasta el punto en que nos destruiremos entre nosotros para darnos cuenta que no es bueno continuar por ese camino. Es igual a un niño inteligente que aprende mediante las advertencias a comportarse bien, en lugar de sufrir los castigos. Como dijimos, ¿quién es sabio? El que prevé el futuro.

La solución es crear dentro de nuestro sistema social una estructura que nos ayude, nos empuje y nos eduque para incrementar nuestra fuerza de otorgamiento, sin la cual la vida no sería posible. La fuerza de otorgamiento es el poder de unidad y conexión. Hoy no existe la conexión en nuestras familias ni en la sociedad humana. En última instancia, estamos dando muerte a la sociedad y a nosotros mismos, porque no usamos esta fuerza.

Hoy en día, adquirir esa potencia es obligatorio, una cuestión de vida o muerte. Es por esta razón que se presenta la crisis, para dejarnos ver nuestra situación. Nos revela que somos nosotros que hemos construido ese estado y ahora necesitamos escudriñarlo, verificarlo y comprobar que necesitamos la fuerza de otorgamiento.

Adquirimos esta fuerza a través de la construcción de un buen ambiente, que nos dé el ejemplo, nos presione y nos aliente a ser más altruistas. Esa sociedad se relaciona con cada uno, señalándonos con el dedo y diciendo: "si no quieres otorgar, nada recibirás; y no solamente no recibirás nada sino que perderás la sensación que ahora tienes".

La sociedad debe expresar su descontento a cualquiera que no dé, y debe influir a la persona a través de quienes que son importantes en su vida. Necesita actuar con todos a través de la sensación de respeto, de autoestima y los sentimientos. La sociedad deberá ser irrespetuosa si alguno no está dando, e incluso deberá expulsarla si persiste.

Es de esta forma que se forzará a la gente a adquirir la fuerza de otorgamiento. Cuando entendamos lo que es la fuerza de otorgamiento, cuando queramos adquirirla, la sociedad nos dará su reconocimiento y aprecio. No tenemos elección, necesitamos aprender lo que significa otorgar.

Cuando vengo a estudiar quiero que la sociedad me afecte en dos niveles: por una parte, con un garrote en contra de mi ego, expresando desprecio por la cualidad de recepción, y por otra parte, con un premio, alentándome a adquirir la fuerza de otorgamiento. Así empiezo a apreciar, en mi ego, la fuerza del otorgamiento que es contraria a éste, dado que si la integro, recibiré la satisfacción del reconocimiento del ambiente.

En otras palabras, manipulamos al ego, que crece y es excesivo en cada uno de nosotros. Podemos implementar esta educación sólo a través del ambiente. Se la denomina "Educación Integral". Cuando educamos a las personas para ser integrales, conectados y ligados a todos, empiezan a apreciar la fuerza del otorgamiento. Entonces a través de esta fuerza se integran a un ambiente que los respeta.

Cuando una persona es apreciada y respetada, los demás la envidian al ver cómo ha crecido a los ojos de la sociedad, y la valoran. Así sucede, el individuo aprecia la fuerza de otorgamiento porque si demuestra que la posee, recibe respeto y un estatus social elevado.

Lo que sucede es que a través del ambiente correcto, el egoísta valora la fuerza de otorgamiento. En esa medida el que la adquiere empieza a hacer alarde de ella en el ambiente. Esta es otra demostración del poder del entorno.

El ambiente es como un educador, como el comportamiento del adulto hacia un infante, como los padres hacia un bebé, como un maestro hacia su estudiante o como la sociedad humana hacia todos nosotros. La sociedad se relaciona a la persona conforme al progreso que haga. Al emplear las fuerzas de recepción y otorgamiento hacia el ambiente, la persona adquiere un medio para impregnarse a sí mismo, a la sociedad y a la Naturaleza. A través de lo anterior, entiende lo que sucede en el nivel de las fuerzas. Esta es nuestra psicología interior, la del ambiente y la Naturaleza.

Al explorarnos, sentimos cómo estas dos fuerzas operan en toda la realidad, cómo afectan el nivel inerte, vegetal y animal en nuestro interior, en el ambiente, dentro de la familia, en todo. Empezamos a trabajar con las dos fuerzas como si fueran nuestras y por medio de ellas estudiamos y examinamos todo. Ingresamos en la red que conecta toda la realidad, porque esa red es un tejido de estas dos potencias.

Así es como la persona entiende el propósito de toda la creación, el proceso por el que pasó y hacia dónde lo conduce. Comprobamos que todo está pasando por un proceso, aunque por ahora no lo podamos discernir porque sólo tenemos una sola fuerza, la de recepción. Cuando usamos las dos, adquirimos una herramienta para examinar, como los científicos, todo lo que sucede en la Naturaleza. Nos convertimos en amos de nuestro destino y de todo lo que sucede. Y todo lo conseguimos sencillamente al elevar nuestro nivel de consciencia.

Nuestra incapacidad para usar el equilibrio entre estas dos fuerzas - nos conduce a la desorientación. Es el resultado directo de nuestra desconsideración hacia los otros. "Desconsideración" se refiere a que no estoy equilibrado entre la fuerza de otorgamiento y la de recepción en mi interior y, por lo tanto, no puedo ser considerado con los otros.

Por lo tanto debido a mí desequilibro entre ellas, no percibo en dónde me encuentro porque observo a través de mi propio instrumento. Si este está desajustado y no está calibrado, veo al mundo con ojos sesgados y no comprendo lo que sucede.

Lo podemos ver entre los gobernantes, los economistas y financieros que parecen no poder encontrar su camino en este mundo. Hacen lo que pueden para posponer el inevitable y desastroso final, pero sólo terminan en situaciones peores. Millones de personas deberán salir a las calles a protestar, lo que podría derivar en guerras –tal vez mundiales- pandemias y desastres naturales.

Si hablamos de un mundo de fuerzas, entonces somos los que tenemos el poder más grande. Cuando adquirimos el poderío superior del equilibrio en el nivel humano, entendemos que estamos en el nivel más alto del sistema.

Cuando estamos equilibrados interiormente, armonizamos a todos los niveles: inerte, vegetal y animal de toda la realidad, porque el Hombre es la fuerza más elevada de consciencia y el poder del equilibrio es la fuerza sutil de la Naturaleza, el poder del pensamiento. Todas las otras fuerzas se encuentran en un nivel más bajo que el poder del pensamiento. Son fuerzas materiales que se activan únicamente por éste , que no tiene relación con el poder de nuestro raciocinio, sino con un poder de pensamiento que está presente en la Naturaleza; se relaciona con el plan universal, la maquinaria que trabaja y convierte todo en uno.

Nos encontramos en un punto particular de nuestro desarrollo. Hasta ahora, la Naturaleza nos ha venido controlando y nos ha traído al punto más bajo de nuestro desarrollo. A partir de ahora debemos subir y adquirir la fuerza que existe en la Naturaleza: el poder de equilibrar el bien y el mal.

Desde el ego, desde el deseo de recibir, debemos adquirir el deseo de otorgar para tener entre nuestras manos las dos fuerzas, la de recepción y la de otorgamiento. Si recibimos este instrumento -la capacidad de combinar las dos fuerzas- empezaremos a dominar a toda la Naturaleza, ya que estamos en el mismo sistema. En consecuencia nos convertimos en una parte activa, viva, desplazándonos, evolucionando, dando vida a todo el sistema.

Conforme se desarrolla la fuerza de otorgamiento de una persona, la fuerza de recepción crece de nuevo. No es ya esa minúscula potencia egoísta del nivel animal, que el individuo usaba en el mundo antiguo. Ahora las dos fuerzas se despliegan dentro de él, juntas en el nuevo mundo. Hasta ahora, el Hombre se había desarrollado por instinto, como un animal, situándose en un nivel intolerable. Ahora está por expandir la fuerza de otorgamiento hacia el ambiente.

Dar y otorgar es lo mismo. Otorgar incluye dar consideración, cercanía, apoyo, amabilidad y finalmente amor. El amor incluye todas las expresiones de conexión. A simpatizar con el deseo del otro lo denominamos "la fuerza del otorgamiento". Tan pronto desarrollo esta fuerza en mi interior, al lado surge la otra fuerza, la de recepción que -de hecho- me ayuda a otorgar, porque dentro de mí no tengo nada que dar a los otros. No tengo nada para conectarme, más bien, es justamente cuando uso toda mi fuerza de recepción que puedo dar a los otros. Fui creado por la Naturaleza como una fuerza de recepción que ha venido evolucionando desde el principio del universo hasta este día.

En resumen, al adquirir la fuerza de otorgamiento adquiero la habilidad de percibir a todo el mundo con transparencia. Tomo consciencia de lo que sucede a mi alrededor, atiendo a mi familia, a mí mismo y a la sociedad en general, cercana o lejana, organizo mi vida en forma idónea.

En consecuencia, llego a un estado de felicidad y a una sensación de realidad eterna. Estoy incluido en ella y alcanzo el grado de ser humano. Siento que la vida tiene sentido, que quiero una familia y experimento satisfacción y plenitud. Todo sucede al adquirir la fuerza de otorgamiento que se construyó en mí estando en el ambiente correcto.

Michael Laitman

Capítulo 13
Del odio al amor

Cómo volvernos humanos

La Naturaleza nos ha impuesto una condición para nuestra existencia: debemos llegar a un estado de amor perfecto. ¿Pero podemos cumplir con esta condición y alcanzar el amor que todo lo envuelve por los siete mil millones de seres que habitan el planeta el día de hoy? Si tan sólo cumplimos con una parte y avanzamos para lograr esa meta, ¿veremos que la condición actúa a nuestro favor cambiando nuestra vida y el ambiente entero?

En estos momentos nuestra naturaleza es, como ya ha sido expuesto, cuidar de uno mismo. No podemos pensar en nada o nadie más que en esto. Si examinamos a la Naturaleza descubriremos que hasta el más leve movimiento, como desplazar mi mano de un lugar hacia otro requiere de energía. Esa energía está a mi disposición, a condición que reciba algún beneficio derivado de la acción.

En otras palabras, la condición del movimiento, desde los niveles atómico y molecular hasta los movimientos del cuerpo, incluyendo los de la mente y el corazón se realizan a condición que el resultado será mejor que el estado anterior. Así es como me relaciono con cualquier acción en mi vida.

Hay cosas que hago por instinto. Por ejemplo, no pienso en cómo me siento o hablo, es más bien un cálculo interno. Pero la mayoría de mis acciones están condicionadas por la presencia del deseo egoísta de que al final de cada acto, experimentaré una sensación agradable.

El deseo de sentirme bien crea y define cada uno de mis movimientos, determina mi conducta, a dónde voy, lo que hago, cómo hablo y cómo me comporto. Cada acción se sucede sólo para mejorar mi situación. Cuando quiero dormir, comer, caminar, hablar, trabajar es sólo para obtener una satisfacción. En otras palabras, no puedo pensar en nada que no sea para beneficio propio.

De hecho, toda mi vida es un intento por alcanzar el provecho máximo, sufrir lo menos posible y disfrutar mucho. Quiero recibir, para llenarme con todo lo que pueda.

Este estado es el resultado de la educación, de la influencia del ambiente, de los valores, buenos o malos que recibí naturalmente, o los hábitos que se volvieron una segunda naturaleza. Me acostumbraron a cumplir con ciertas pautas, a pesar de que no sean naturales, y yo existo en virtud de ellas. Muchas de las acciones en mi vida se originan en un hábito al que me acostumbró la sociedad, mis padres y los educadores. Esto es, llevo a cabo estos actos, no porque en principio yo quiera hacerlos, sino que los hago automáticamente.

Gran parte de mi comportamiento no requiere que le dedique una reflexión. El cuerpo, como sistema autónomo, es el que ejecuta casi todas las operaciones.

Existen acciones que realizo mediante un gran esfuerzo interior, porque estoy convencido que vale la pena. Por ejemplo, cuando la alarma deja de sonar quiero seguir durmiendo, pero me levanto de todos modos y voy a mi trabajo. El trabajo puede ser pesado y tedioso, pero sé que después de cumplir con el horario, regresaré a una casa cómoda, donde se encuentra mi familia y podré descansar y sentirme bien. Por lo que a fin de cuentas el trabajo tiene sus ventajas.

Todas mis conexiones con ciertas personas, o desconexiones de otras, se producen con el fin de sentirme mejor: en todo momento me ocupo de sentirme mejor. Así es mi naturaleza, es la naturaleza de todos y cada uno de nosotros. Y esa naturaleza es básica en el nivel animal. Incesantemente, los niveles inerte, vegetal y animal se sienten atraídos por sentirse bien, en un estado superior que les parecerá equilibrado, en el que no sentirán presión o tirones de ambos lados, sino más bien armonía con lo que parece ser una vida mejor.

Se deduce que a través de mi vida, perpetuamente cumplo con esta ley: "cómo sentirme mejor". Existimos bajo esta condición y mi naturaleza egoísta me conduce a ese estado a cada instante. Lo anterior nos lleva a preguntarnos, si estoy tan comprometido conmigo mismo a lo largo de mi vida, interna, instintiva y conscientemente, ¿cómo puedo dar un giro completo a mi naturaleza y amar a los demás? El amor verdadero por el otro es cuando con todo mi ser me entrego a éste. Me pongo al servicio de los demás con toda mi capacidad física, mi experiencia y todos los medios a mi alcance. Pienso en el otro y me ocupo de él, aunque no quede nada para mí. Sin embargo, sigo al deseo de otorgar, de dar a los demás, asegurándome en todo momento que están bien.

Podemos compararlo con una madre que se ocupa de su bebé. La Naturaleza la impulsa a cuidar constantemente a que su hijo se sienta bien y esté seguro. No le preocupa otra cosa en la vida más que su hijo. Lo contempla maravillada y se pregunta cómo alimentarlo, asearlo, ponerlo en su cuna y todo lo que sea para que tenga lo mejor. No le preocupa nada más. ¿Pero acaso sería realista pensar que me tengo que relacionar con la humanidad con tanta devoción?

Además, si la Naturaleza nos ha dado esta condición, ¿por qué habremos llegado al estado totalmente opuesto en que sólo nos ocupamos de nosotros mismos? Es más, incluso los animales sólo se preocupan de sí mismos, y el Hombre, más que los animales, sólo quiere obtener ganancias a expensas de los otros, explotarlos e imponer sus condiciones y opiniones. El ser humano goza siendo superior a los otros, quiere subyugarlos y mantenerlos bajo su puño. Disfruta que los otros sufran más que él y le satisface sentirse en una situación privilegiada.

Constantemente nos probamos en relación a los demás. Con este examen del ambiente, conocemos cuál es nuestra situación comparada con los otros. Sin embargo esto plantea la pregunta: ¿si mi ego me ha traído a una situación en que necesito de los demás sólo para sentirme superior a ellos, cómo podría convertir mi naturaleza en lo opuesto?".

Si me imagino dentro de una situación utópica, en la que verdaderamente me preocupo sólo por el bienestar de los otros, como una madre hacia su hijo, si siento este amor y cuidado por ellos, puedo ciertamente experimentar una gran satisfacción personal. Sin embargo, ahora mismo no puedo comprender cómo podría llegar a un estado parecido, entonces ¿por qué comprometerme a ello?

A través de la historia, el amor por el prójimo ha estado en la base de la ética, las religiones y distintas doctrinas sociales. Se han escrito un sinnúmero de libros acerca de ello. Desde hace siglos la gente está intentando constituir círculos sociales en este sentido. Se han hecho proyectos utópicos para construir aldeas, ciudades y hasta países basándose en las buenas relaciones entre las personas. Pero todo ha sido en vano.

Durante nuestra evolución nos volvimos inteligentes, estudiamos la naturaleza humana y nos dimos cuenta que no podemos salir y crecer por encima de ella. Incluso si se consiguen resultados favorables en una sociedad idealista que establece como fundamento el amor hacia el prójimo, ha resultado imposible crear una sociedad que realmente implemente el principio. De hecho, nos hemos fijado limitantes por medio de reglas de conducta para no perjudicarnos. Tenemos abogados, sociólogos, psicólogos y políticos que nos ayudan a crear las leyes para el ambiente social.

Nos conectamos para mejorar nuestros servicios públicos: la disposición de la basura, la construcción de jardines de niños, o institutos educativos y culturales para cubrir esas necesidades. En este sentido, estamos dispuestos a tomar en cuenta las necesidades de todos, cuando realmente obtenemos un beneficio a través de la unión, pagando poco y recibiendo un servicio cuyo costo es menor cuando todos comparten los gastos. Nos queda claro que las organizaciones colectivas rinden beneficios. Sin embargo, sentimos que es muy difícil cambiar nuestra actitud emocional y ser más considerados con los demás.

Hoy apenas empezamos a entender la crisis en la que nos encontramos. Y su particularidad reside es que se trata en realidad de una crisis en nuestras relaciones. Todos los sistemas egoístas en los que nos movemos han conseguido crear una sociedad conveniente para todos, pero que no considera a nadie. Y sin embargo hemos estado conscientes que si el número de habitantes descontentos es mayor que los satisfechos eso desembocaría en un choque y una guerra civil. Hemos comprendido que necesitamos restringir el ego, para no devorarnos unos a otros.

Las relaciones entre nosotros se han desarrollado bajo la protección del egoísmo. Hemos entendido que así es nuestra naturaleza y que de alguna forma debemos restringirnos. Aunque existen muchísimas tonalidades de egoísmo, para evitar grandes catástrofes que arruinarían todo lo que hemos logrado, necesitamos mecanismos unificadores. Por eso la humanidad ha instituido organizaciones internacionales como El Banco Mundial, La Organización de Naciones Unidas, etc., para lograr que la humanidad delibere y llegue a consensos.

Particularmente durante el último siglo, nos hemos dado cuenta que no tenemos otra opción sino ser más considerados. Después de padecer dos guerras mundiales, todos sabemos que nadie gana, que en realidad todos pierden y pagan un costo enorme.

Es debido a esto que la humanidad ha establecido diversos círculos de conexión, como ciertos dispositivos que permiten a Washington y Moscú estar en comunicación directa en caso de una amenaza de ataque nuclear. Las potencias se tienen confianza en este reglón pues entienden que nadie saldría triunfante de tal desastre. De hecho, es precisamente la carrera armamentista la que permitió llegar al entendimiento que necesitan estar comunicados y conectados. Por una parte, es una conexión egoísta, pero por otra, esta situación los ha acercado. Aunque nos odiamos más y queremos eliminarnos, estamos conscientes de que el otro bando tiene el mismo poder que nosotros y lo debemos tomar en cuenta.

El desarrollo egoísta se ha intensificado con los años a través de las conexiones que tienen la industria y el comercio internacional. Los negociantes de los países desarrollados comprendieron que si trasladaban sus fábricas a países de menor desarrollo como China o India, podrían encontrar mano de obra más barata que en sus propios países. De esta forma gradualmente, las plantas y fábricas se mudaron de Occidente, a los países del tercer mundo en donde los habitantes estaban educados paras ser obreros. Por una parte, los industriales incrementaron sus ingresos, pero por otra, los países se quedaron sin trabajo y creció el desempleo. A los dueños no les importó que los trabajadores se quedaran sin su ocupación: su única intención fue ganar dinero. Por lo que a ellos respecta, es el gobierno que debe cuidar de los desempleados.

Cuando los gobiernos tienen que atender el sostén de millones de desempleados, el país se empobrece, se endeuda e imprime dinero sin respaldo. El resultado del proceso es que los países desarrollados de Europa y Norteamérica se han vuelto pobres, con poblaciones pobres. El resultado aún no es tan evidente, pero es un proceso acumulativo que gradualmente se está manifestando.

Lo peor, es que los propietarios de la industria y el comercio internacional se han enriquecido todavía más y han fortalecido su poder al trasladar sus fábricas a los países pobres. Realizaron una ganancia doble, más de la que tenían en sus países de origen. Estas ganancias acrecentaron su poder y con éste, empezaron a afectar la política en Europa y Estados Unidos.

Así fue como ocurrió que el ego ascendió a la cima de la pirámide humana, el dinero se convirtió en el producto más importante y la riqueza es la soberana. Al final lo que hemos conseguido es una crisis financiera y económica, la última crisis que ahora empezamos a experimentar.

Pero con esta crisis no sólo enfrentamos la cuestión económica, sino que también nos estamos hundiendo en otras situaciones complejas causadas por nuestro ego, precisamente porque esos países que antes eran desarrollados, ahora tienen ciudadanos pobres. La sociedad se está destruyendo, se ha descuidado la educación y todo el sistema social se está desmoronando.

La crisis es incluyente y global. Por un lado, la interconexión nos está afectando a todos. Todos los países están interconectados, los aparentemente ricos y los pobres. Éstos últimos manufacturando la producción mundial de artículos. Por otro lado, lo que el Tercer Mundo produce debe encontrar compradores en el antiguo mundo desarrollado. Sin embargo, no existen compradores allá porque las personas no tienen dinero; como vemos, la crisis no hace más que profundizarse.

Ahora estamos llegando a un mundo global y una crisis que nos señala las conexiones mutuas. Uno de sus síntomas es el problema ecológico, causado por nuestra carrera por producir y vender tanto como sea posible, para que pueda ganar unos miles de millones extras que pondré a dormir en algún banco. Pensamos que esto continuaría para siempre, pero ha llegado su fin porque ya no existen compradores. No hay hacia dónde expandirse. El resultado es una crisis que ha afectado a la educación, la cultura, las relaciones humanas y sigue extendiéndose. En verdad, en el corazón de esta crisis, se encuentran las relaciones humanas.

La crisis se manifiesta en las personas que luchan por sobrevivir. El sector que quiere manufacturar puede aún progresar, pero nadie compra su producción. Los habitantes en los países desarrollados que ahora están agotados y que no tienen dinero, ya no pueden comprar todo. Anteriormente, se trataba de un círculo cerrado, un proceso de producción y consumo: los individuos producían y consumían los productos; ahora el círculo ha desaparecido. Los acaudalados descubrieron una solución fraudulenta: comenzaron a jugar con el dinero; aunque no hubiera producción, crearon una demanda ficticia de acciones en el mercado de valores. Por eso se formó una burbuja financiera que no tenía sentido ni razón de existir. Al final, hemos llegado a otro tipo de crisis. La publicidad y el juego entre los bancos y los sistemas financieros crearon una realidad económica ficticia.

Ahora la crisis es evidente en todas las áreas de la vida. Hemos llegado a tal estado en que las personas sobreviven a duras penas y padecen una terrible miseria. Los jóvenes recién egresados de las universidades, desean formar una familia y ganarse la vida decentemente. Quieren hacer algo con su vida, pero pronto se dan cuenta que nadie necesita de ellos y se encuentran desempleados. Este fenómeno continuará agravándose y extendiéndose porque ni siquiera podremos abastecernos de materias primas.

En un extremo del mundo se desperdician enormes cantidades de alimentos mientras que en el otro las personas mueren de hambre. Los sobrantes de comida ni siquiera llegan a lugares que los necesitan, porque el ego humano no se preocupa por los demás. Los otros no importan en tanto que no se conviertan en una amenaza y entonces, no tenemos otra opción sino darles sólo lo justo y necesario para calmarlos.

Podemos comprobarlo en el trato que el mundo desarrollado le da a África. En el pasado, los países africanos se sostenían por sí solos, manufacturaban productos y eran una buena fuente de materias primas. Cuando los productos europeos llegaron, deliberadamente se vendieron a precios menores que los productos locales. Esto acabó con los mercados locales y los habitantes dejaron de producir lo necesario para su sustento. Cuando los locales dejaron sus profesiones tradicionales, los países que exportaban productos baratos a África, elevaron sus precios ya que no existía mayor competencia de los productores locales. Es de esta forma que los africanos se volvieron pobres e indigentes en nuestros días. Este es un ejemplo tan sólo, de muchos países que se encuentran en condiciones similares.

Ahora que nos encontramos en una crisis global provocada por el ego humano, empezamos a percibir la conexión que existe entre nosotros. La crisis global la resienten tanto los países desarrollados del Tercer Mundo, como Asia, en donde algunos países ya han iniciado su desarrollo, o África que ahora está en la pobreza.Estamos conscientes de que estamos en el mismo barco. Si uno de nosotros lo daña, todos lo sentiremos y será imposible avanzar. De hecho, nos encontramos en tal situación que nuestros egos se vuelven contra nosotros como un búmeran, con una acción contraproducente.

Podemos verlo claramente en Europa en donde los países conectados por sus ganancias son ahora más fuertes y exitosos. Se ha formado una conexión inquebrantable entre ellos y si alguno de los países en el sistema, como Grecia, se retira del Mercado Común, podría provocar que los otros 26 países se derrumbaran. Esta situación tan peligrosa colocaría al Mercado Común, a la sociedad europea, al Banco Central Europeo y al Euro, su moneda, en un escenario tan desesperado que ninguno de ellos podría actuar sin el consentimiento de los otros.

Desde la situación actual, vemos que debemos ser más considerados con nuestros semejantes. En verdad existe una animosidad y una historia de hostilidades entre nosotros, fraguadas por siglos de guerras y dominación de una nación a otra. Sin embargo, a falta de opciones, hemos llegado a un punto en que no será suficiente ser considerados. No podemos continuar el juego con las reglas de una sociedad egoísta del

Mercado Común, reglas establecidas por nuestra naturaleza egoísta. Ya no puede funcionar así.

En cambio, debemos actuar según la naturaleza incluyente y global, como la ecología y la misma naturaleza del ser humano. Esto es, desde el interior de la Naturaleza y desde sus alrededores, sentimos que nos enfrentamos a nuevas condiciones que pesan sobre nuestra existencia obligándonos a amar a los otros y no sólo a tratarlos con cierta consideración egoísta.

Estas palabras podrían parecer irreales, descabelladas, incluso inaceptables, pero podemos acercarnos a amar a los demás construyendo en nuestro interior una voluntad de compromiso. En lugar de que sea la Naturaleza que nos fuerza a amar a nuestros semejantes y vivir en amor recíproco, con el fin de evitar la hambruna, la enfermedad y los desastres naturales, podemos construir otra fuerza que nos impulse a acercarnos al amor mutuo.

Esa fuerza puede existir sólo a través de un ambiente que nosotros estableceríamos para que fuera más efectivo que nuestra propia naturaleza y estuviera por encima de la economía, la educación y los alimentos. Esa sociedad sería tan poderosa que resistiría nuestros corazones egoístas y nuestra naturaleza actual. Nos forzaría a cambiar nuestra actitud hacia los otros, pasar del odio al amor. Para eso necesitamos trabajar para entender la clase de sociedad que necesitamos.
Deberá ser una sociedad que nos aliente por medio de refuerzos positivos y nos rechace si no nos acercamos a los demás. Debemos exaltar la consideración, la cercanía, la empatía, la garantía mutua y el amor, para que estos valores continúen creciendo entre nosotros.

La sociedad necesita explicarnos constantemente cómo estudiar la naturaleza humana e ir desarrollando a la sociedad en consecuencia. Necesitamos aprender sobre la influencia que ejerce el ambiente en cada uno de nosotros y de esta forma estaremos listos para el cambio, sabremos lo que es necesario transformar y hallaremos la fuerza para lograrlo.

Una acción sencilla, como mover una mano de un lugar a otro, requiere de una cierta energía. De igual forma, en nuestras relaciones, es necesario el estímulo positivo proveniente de la Naturaleza. Para el individuo debe resultar insoportable sentirse odiado por su competitividad e indiferencia, experimentar el repudio de los otros y una fuerte resistencia a estos comportamientos. En contraste, se podría hablar con gentileza a los demás, con consideración, garantía mutua y amor, causando satisfacción y plenitud. Es necesario construir un ambiente que me provea de ambas fuerzas: la negativa como respuesta a mi ego y la positiva como respuesta a mi amor por mis semejantes.

Cuando hago algo tan sencillo como mover la mano de un lugar a otro, es porque tengo la energía para hacerlo. Del mismo modo, en nuestras relaciones, necesito sentir que el estímulo positivo viene a mí desde la Naturaleza. Necesito que se me haga difícil sentir el odio, la competencia, la lejanía, y la repulsión que pueden causarme los demás, y también necesito sentir una fuerte resistencia a comportarme de esta manera. Hablando amablemente a los demás, con consideración y en garantía mutua, el amor será recibido rápidamente como el calor, al igual que la satisfacción y la plenitud.

Al crear un ambiente así, debemos tomar en consideración la fuerza cuantitativa y la fuerza cualitativa que convenzan, alienten, recompensen y adviertan a todos y cada uno de nosotros. A través de una participación conjunta en la creación del ambiente, construiremos la nueva Naturaleza que ejercerá su influencia en nosotros. Complementaremos la fuerza egoísta que gobierna la naturaleza humana con una fuerza buena, altruista, que no poseemos aún, pero que debemos promover y desarrollar.

Debido a que ya entendemos que lo necesitamos, todo depende de cómo nos organizaremos, qué tanto nos comprometeremos en trabajar para convencernos de que esto es indispensable, utilizando los medios de comunicación y cualquier otro sistema a nuestro alcance.

Nosotros nos encontramos mezclados, pero ahora sólo por motivos egoístas. Aquí es donde las palabras mágicas "garantía mutua" expresan la conexión comprometida entre nosotros que debemos tomar en consideración. Con tal conexión de garantía mutua, el que perfore un agujero en el bote, o actúe con motivos egoístas, causará que todos se ahoguen en el mar de egoísmo que es común a todos.

Por lo tanto, aunque se trata de un ambiente en el que todos estamos conectados en forma egoísta, la garantía mutua entre nosotros empieza cuando entendemos que el ambiente debe enseñarnos la necesidad de cambiar nuestras conexiones de egoístas a altruistas. Con la garantía mutua debemos sentirnos como en familia, cada persona se convierte en garante de todos los otros. Lo que hace uno afecta al resto. Si estudiamos nuestras relaciones malas junto a nuestras conexiones positivas, gradualmente deberíamos lograr una nueva consciencia que nos ayudará a construir estas buenas conexiones entre nosotros.

De esta forma, entenderemos que la Naturaleza nos ha estado incentivando durante milenios con este propósito, mediante una situación que conocemos como "crisis". La esencia del estado de crisis es el nacimiento de una nueva humanidad, para que podamos conectarnos a esa fuerza interior que existe en la Naturaleza -el poder del amor- y equilibrarnos con ella, a través de la armonía necesaria con esa fuerza que existe en el mundo.

La fuerza del amor que existe en la Naturaleza sostiene a los niveles inerte, vegetal, animal y al Hombre. Es la fuerza que otorga la vida. Si adquirimos esa fuerza de amor en nuestras relaciones, como en "ama a tu prójimo como a ti mismo", de hecho estaríamos adquiriendo la ley general de la Naturaleza, materializándola dentro de nosotros.

Para implementar la ley, debemos ser opuestos a ella, con el fin de percibir lo mala que es la discordancia. Por medio del contraste, podemos salir de nuestro enorme ego para entrar en el amor y llenar la brecha que existe entre ellos. A través de la brecha, sentimos la perfección, la eternidad y la grandeza del proceso que hemos atravesado. Lo alcanzamos en nuestra percepción y entendemos cuán poderoso, eterno y perfecto es.

Así como no existe el bien sin el mal, lo dulce sin lo amargo, todo lo que nos deleita en la vida, todo lo que logramos y apreciamos lo medimos comparándolo con su opuesto. Por eso medimos los objetos comparándolos con otros. No es suficiente que me sienta contento: necesito tener un poco más que el vecino. Podría vivir con pocos centavos al día, bajo la condición que tenga un poco más que el prójimo. Eso es lo que nos da satisfacción, tener éxito. Por ahora es lo más importante para nosotros.

Esa ley actúa de la misma forma. Si logramos el amor, lo comparamos al odio que lo precedió. A través del parámetro existente, percibimos lo que hemos ganado, cuánto hemos crecido y cuánto se ha acrecentado nuestra satisfacción en comparación con otras situaciones que hemos experimentado antes, que están implantadas en la memoria colectiva de la humanidad; así es como alcanzamos el placer y la plenitud.

Establecer la condición del amor hacia los demás nos llevará a un estado perfecto de gozo y perfección. La energía para cambiar del egoísmo al amor proviene de dos fuentes. Por un lado, la Naturaleza nos alienta a alcanzar el equilibrio y la armonía entre nosotros; pero para lograrlo está empleando algunos golpes que amenazan nuestra existencia.

Estamos transitando por estos procesos con el fin de llegar a la Ley del Amor que existe en la Naturaleza hasta que logremos implementar esa ley dentro de nosotros. Todas las formas anteriores existen sólo para que podamos identificar en ellas la forma opuesta, la insensatez, el gran rompimiento que sufrimos. Con este rompimiento construiremos un mecanismo admirable llamado "Hombre".

En resumen, la cuestión es construirnos como seres humanos. Somos nosotros quienes debemos crear el ambiente que cambie nuestra situación del odio al amor. Debemos medirnos y estudiarnos, examinar las leyes de la Naturaleza y la sociedad humana, aprender cómo conducirnos, decidir qué clase de relaciones deben prevalecer entre nosotros. En consecuencia, erigiremos una sociedad, un ambiente y nos adaptaremos a éste. En realidad, estaremos amaestrándonos -amaestrando al ego-, volviéndonos dueños de él y, por lo tanto, volviéndonos "humanos".

El humano en nosotros no está en los niveles inerte, vegetal o animal. Estos son cuatro fundamentos. No se trata tampoco de otro desarrollo egoísta. Ser "humano" significa que necesitamos trabajar para hacernos humanos. Necesitamos darle a luz y elevarnos a ese nivel interiormente. Nadie lo hará por nosotros. Recibimos fuerzas egoístas, pero somos nosotros los que debemos diseñar el sistema que nos educará.

Nos elevamos a través de los grados del amor. Así como nosotros cambiamos el ambiente, éste a su vez nos transforma. De esta manera, trabajamos juntos, en cada etapa, verificando los avances, corrigiendo y continuando en el avance. Según las etapas creamos un ambiente que ejercerá su influencia en nosotros para promovernos al siguiente nivel.

Nadie puede hacerlo solo. Yo no puedo tirar de mí mismo para salir de un pantano. La condición para triunfar es por consiguiente la construcción de una fuerza exterior que me afecte, que no me deje escapar y que me obligue a otorgar, ya sea de buen grado o por la fuerza; es la única forma de lograrlo.

La Naturaleza nos ubica en esta condición nueva e incluyente para sobrevivir. Aparece en nuestra consciencia como una crisis que nos hace pensar que nos destruirá y que no hay salida. La Naturaleza nos introduce a nuestra situación general y en ella debemos construir todas las situaciones positivas empleado la influencia del ambiente en cada uno de nosotros, aunque somos nosotros que lo construimos sobre la marcha.

Durante el proceso, me analizo para saber quién soy, qué soy, cuál es mi naturaleza, mi carácter y cuáles son mis predilecciones. A partir de esto construyo el ambiente que me impulsa a cumplir con las nuevas condiciones de la existencia que la Naturaleza me presenta, exigiéndome a estar de acuerdo con tales cambios como resultado del conocimiento de la meta.

Por lo tanto, primero necesitamos establecer la educación. Las personas necesitan comprender que no tenemos opción, igual como les decimos a los niños que deben ir a la escuela para salir adelante en la vida. Estamos naciendo en un nuevo mundo. Para nacer cada uno y todos unidos debemos estar persuadidos que tenemos que relacionarnos entre nosotros y con el ambiente en forma diferente.

Necesitamos reconocer lo que somos y que lo que nos rodea forma parte nuestra y debemos llegar a este entendimiento por nosotros mismos. A eso se le llama "construir al ser humano". Por ejemplo, en el pasado, los perros eran parecidos a los lobos. Con el tiempo el hombre los ha domesticado volviéndolos fieles a él. De ser enemigos, los perros se convirtieron en amigos. De igual forma debo tratar a mi ego, como a un perro que debo domesticar y transformar. Por lo tanto me "divido" en dos: la nueva consciencia que es el ser humano en mi interior, y el ego, que es el perro. La relación entre los dos me permite construir mi nuevo yo.

Podemos domesticarnos y llevar al máximo nuestro potencial para evolucionar como humanos, construyendo el ambiente correcto que nos forzará a arropar a nuestro ego con la cubierta opuesta, que es positiva para nuestra existencia. Cada persona debe estar consciente de los puntos clave en la Educación Integral y que existe un proceso especial para crear una realidad especial. Verdaderamente estamos construyendo al ser humano y lo hacemos observando la ley de "ama a tu prójimo como a ti mismo", que es la ley incluyente que debemos implementar hoy en día.

Particularmente en esta época tenemos la oportunidad de descubrir la Ley General de la Naturaleza porque nuestros egos han llegado al final de su desarrollo, a un estado en el que estamos listos para la corrección. Todo lo que necesitamos es influir a nuestros egos para que adquieran una forma humana, usando una fuerza exterior que construimos nosotros a través de la sociedad. Al crearla, implementamos la fuerza general de la Naturaleza y descubrimos su profundidad total, su vitalidad, eternidad, magnitud y armonía.

Entonces, gradualmente pasaremos de una vida de "perros" a alcanzar el nivel de humanos, en donde permaneceremos. Nos adheriremos tan fuertemente a este grado que nuestros cuerpos, nuestras vidas y todo lo que hemos vivido en nuestra historia no será sino el preludio, una preparación para lo que alcanzaremos en el futuro. Es por este motivo que contemplamos la crisis actual como labores de parto de un nuevo mundo lleno de luz.

Capítulo 14
La mujer en el mundo conectado

La mujer como la fuerza dirigente en el nuevo mundo

Al examinar la sociedad corregida dentro de la cual queremos vivir, se debe prestar particular atención a la unidad familiar. La familia será un microcosmos del mundo en que vivimos. Es evidente que el progreso correcto dará como resultado relaciones familiares positivas y buenas relaciones en la siguiente generación.

En la sociedad del nuevo mundo, es preciso construir la economía y el mercado del empleo en sincronización con la preservación de nuestras familias, hogares y la educación de los niños. No cabe duda que la mujer desempeñará un rol clave en la promoción del desarrollo personal de cada miembro de la familia y el desarrollo de la sociedad.

Las mujeres son una fuerza con la que se puede contar. Constituyen más del 50% de la población mundial y su poder y capacidad son incuestionables. Ellas pueden administrar la casa, la familia, las relaciones con su esposo, las relaciones entre los hijos y sus propias relaciones con cada uno de ellos. La mujer es madre, esposa, maestra y educadora, la economista del hogar , de su esposo e hijos. Como madre, la mujer es también la esencia espiritual de la familia, complementando con educación la información que los niños adquieren en la escuela.

La mujer es la única persona que irradia sentido y espíritu a sus hijos a través de la sabiduría interior que ella transmite a su familia. La mujer es una fuente de educación, cultura y conocimiento que entrega a sus retoños.

Debemos atribuir un gran significado al pilar de la familia, la mujer. Debemos poner a la mujer en un pedestal en todos los medios alabando su lugar en la familia, en particular, y en la sociedad en general. La nueva realidad requerirá que se establezcan nuevos modelos que apoyen el papel fundamental que se deterioró en el siglo pasado: el rol de la mujer.

Entre más ensalce la sociedad y le atribuya importancia al papel de la mujer en el mundo conectado, entre más lo visualice como una carrera en sí misma -que requiere un entrenamiento especial-, más lograrán tener éxito las mujeres en su papel de mujeres, esposas y madres. Ganaremos personas que estarán más calificadas para la vida en común y una sociedad mejor en su conjunto.

Debido a la disminución del papel de la mujer en la familia, la unidad familiar -la piedra angular de la humanidad- está en decadencia. Se encuentra desnuda y sin protección, sin su columna de sostén, y con ella se tambalea toda la civilización fundada a su alrededor, marchitándose y declinando en su velatorio.

Como especie que busca prolongar su existencia, debemos aprovechar la ventana de la oportunidad que tenemos para cambiar la opinión pública. Este cambio no puede ser dictado desde arriba. Tiene que llegar a través de la influencia de la sociedad en nosotros.

Nos tendremos que relacionar a otros elementos tales como la evolución biológica, ya que nuestros genes también se desarrollan. Por consiguiente necesitamos ocuparnos de la necesidad de las mujeres de progresar, salir de la casa y cultivar su profesión.

Si bien es un gran cambio en el rol de la mujer, comparado con lo que tenemos por costumbre ver en las últimas décadas, si no restituimos el equilibrio en el papel de la mujer, lamentablemente veremos a la sociedad deslizarse hacia un abismo y la generación continuará su caída libre hacia las drogas, la prostitución y el crimen; el sistema escolar no puede reemplazar a la familia.

La única que puede remediar a la sociedad que se desintegra es una mujer que entiende su papel en la ecuación. Por lo tanto, debemos unirnos para cambiar la posición de las mujeres. Debemos exigir que no se manipule o se juegue con las mujeres sencillamente por ser mujeres, madres y portadoras de la vida. Es la mujer que decide lo que sucederá, cómo sucederá y determinará el rostro del mundo. Las mujeres tienen el intelecto y la sensibilidad, la flexibilidad y el nivel de desarrollo requerido para comprender los cambios rápidamente.

Debemos cultivar la importancia del papel de las mujeres en la familia porque sin esto, la siguiente generación no podrá disfrutar de la vida. Vemos lo que ocurre en el mundo; cada generación está más perdida que la anterior, más desorientada y sin rumbo. Quisiéramos que la siguiente generación fuera más sana y feliz, ¿y quién más calificado para llevar a cabo esta empresa que las mujeres?

Debemos enseñar a las mujeres ciencia, psicología, educación y todo el conocimiento actualizado que les brinde un rol sustancial en la construcción del sistema educativo del nuevo mundo. Ese papel requerirá que reciba una educación pedagógica, administrativa de una familia moderna, conozca lo que se enseña a los niños y trabaje con las autoridades. A las mujeres se les tendrá al corriente de los nuevos programas y entrenamientos para fortalecer su núcleo interior y el de su familia.

Todo depende de educación y entrenamiento; y si queremos llevar a la humanidad al nivel humano, tenemos que realizarlo a través de las mujeres, de las madres. No podremos sacar nada de la siguiente generación sin educación, sin inculcar valores a las personas, contenidos y herramientas que los acompañen a lo largo de su existencia. Sólo una madre puede cultivar esto en sus hijos y darles un bagaje para la vida.

A la larga, el 90% de lo que hacen los hombres/maridos se origina en la influencia de la esposa. Ellos quieren complacerla. Por lo tanto, si calificamos a la mujer en la psicología de las relaciones humanas, descubriremos que tiene todas las herramientas para dirigir el mundo.

Pero las mujeres han perdido de vista la importancia de su papel; han perdido su núcleo y toda la humanidad sufre como consecuencia de ello. Todo empezó en los años 60 cuando las mujeres se unieron al mercado del trabajo en gran número para proveer las necesidades de la familia moderna; no tuvieron otra opción sino conseguir un trabajo para ayudar con los ingresos de las casa. Hay quienes consideran esto como un progreso pero no todos los desarrollos humanos son favorables como podemos verlo en diversas áreas de nuestra vida.

Existen muchas razones por las que las mujeres salieron de casa para ingresar al mundo del trabajo. El sueño americano dominó nuestras vidas y la idea de que una familia necesita una casa, dos autos en la cochera y toda clase de aparatos domésticos provocó que las mujeres se precipitaran a encontrar un empleo. La mayoría de ellas fue a trabajar porque no les quedó otra opción.

La humanidad debía progresar de generación en generación en su educación, cultura y relaciones familiares. ¿Pero estamos avanzando realmente en estas áreas? ¿Eso es el desarrollo? Podemos ver la destrucción de la familia, niños que no conocen a sus padres, padres que no saben lo que necesitan sus hijos y cómo dárselos. Por lo tanto, tanto los padres como los hijos no están educados para vivir en una casa, en un ambiente cálido, solidario, unido.

Estamos perdiendo a la siguiente generación. Si examinamos las estadísticas de las tasas de criminalidad, depresión y otros males de la sociedad, entenderemos lo que tenemos que evitar si las familias vuelven a ser familias nuevamente. La tasa de criminalidad caerá y se resolverán numerosos problemas domésticos. El cambio proyectará sobre toda la sociedad un halo de bienestar, incluyendo a los hombres, las mujeres y los niños. Todo esto es posible y depende de la importancia que le atribuyamos. De hecho, podemos hacerlo aquí y ahora en lugar de esperar que sobrevenga una crisis mayor.

Es necesario que las mujeres entiendan que ellas también necesitan incluirse en la Naturaleza porque al final todos queremos una vida mejor. Necesitamos aprender lo que las leyes de la Naturaleza nos piden y saber si nos podemos alinear a estas leyes: este es el único camino.

Debemos confiar en los científicos y psicólogos que entienden cómo opera el sistema de las leyes de la Naturaleza. Podemos fiarnos de los economistas y los estudios estadísticos que nos advierten que nos están "lavando el cerebro". Necesitamos comprender que los expertos en opinión pública crean modas y tendencias ficticias, engañándonos y obligándonos a consumir y comprar excesivamente y adherirnos a ciertos puntos de vista sobre la vida.

Sólo las mujeres pueden percibir cuán mala es la situación y sólo la fuerza femenina puede cambiarla. Si quieren, las mujeres pueden lograrlo. Debemos explicarlo a las organizaciones de mujeres y que con su ayuda sea posible transformar a la opinión pública. Cada organización trabajará en su propia área para elevar la consciencia de la mujer acerca de la familia y determinar la posición de la mujer como el centro de la vida familiar.

Cuando esta consciencia se impregne en la opinión pública, las mujeres pueden exigir las regulaciones que darán solidez a su estado. Si las mujeres se unen se constituirán en una fuerza que ningún gobierno podrá resistir. Las mujeres podrán hacer aprobar cualquier ley que propongan. Las organizaciones de mujeres comprenderán que la solución es sencilla: hacer resaltar y alabar las cualidades naturales de las mujeres.

En resumen, debemos enfatizar que las mujeres necesitan acceder a carreras universitarias, capacitaciones y cursos para adquirir conocimientos, sobresalir en todas las áreas de la vida, incluyendo la educación, la cultura, la psicología y la economía. Lo anterior deberá hacerse realidad para que ellas puedan complementar la educación de sus hijos, además de la enseñanza natural que reciben en la escuela, para que cada niño sea único en su especialidad. Si comenzamos a corregir la situación negativa en la sociedad -que no está sincronizada con las leyes de la Naturaleza- y la corregimos positivamente, inculcando en la opinión pública las explicaciones adecuadas, tendremos un inmenso poder a nuestra disposición: el poder de la fuerza femenina, como así también de la fuerza masculina.

Michael Laitman

Capítulo 15
Las prisiones como centros educativos

Cómo pueden los internos ayudar a la sociedad

Muchos estudios de criminalística tienen dudas sobre la efectividad del encarcelamiento como medida preventiva. La influencia de la prisión en los internos particularmente como medio de disuasión y rehabilitación es un tema que requiere de una reflexión profunda. Muchos países experimentan un incremento de la criminalidad no sólo en el número de incidentes sino en su gravedad. Asimismo, los informes muestran que los prisioneros que han sido puestos en libertad regresan por reincidencia.

Existen muchos motivos por el incremento en la actividad criminal, pero el común denominador es la incapacidad de la sociedad de impartir una educación adecuada. Por un lado, desde temprana edad los niños están expuestos a las escenas de crimen, violencia, conducta agresiva y competitividad. Por otro lado, las instituciones encargadas de la educación descuidan los valores y se enfocan erróneamente en los exámenes y calificaciones.

Pero no sólo las escuelas contribuyen al problema. Cuando nuestros hijos vuelven a casa de la escuela, les preguntamos, ¿cómo te fue, qué aprendiste, cómo te fue en el examen? En otras palabras la principal preocupación de los padres son también las calificaciones.

Al mismo tiempo, los niños se encuentran bajo una constante presión social en la escuela. Tienen que enfrentar una competencia feroz, luchar no sólo por su posición social, sino con la envidia, la codicia, la violencia y las drogas, fenómenos que tratamos como "males necesarios". ¿Pero, lo son en realidad?

No estamos pugnando por convertir a los jóvenes en seres humanos, ni educándolos para ser humanitarios. No estamos interesados en ver que los niños crezcan siendo un modelo de educación, buenas personas, que saben cómo comunicarse con los demás apropiadamente, que conocen la diferencia entre lo correcto y lo incorrecto, el bien y el mal.

La proliferación de la violencia se ha convertido en uno de los problemas mayores de la sociedad en general y de las escuelas en particular. Parecería que las escuelas se han convertido en semilleros de futuros presidiarios.

¿En qué nos hemos equivocado? ¿Acaso no estamos educando a los niños para ser íntegros desde el momento de su nacimiento? ¿Será posible que no los estemos cultivando para resolver problemas en la familia y no reciben las herramientas y el conocimiento para educar a sus hijos en el futuro?

Con demasiada frecuencia escuchamos que los padres abusan de sus hijos. Pero el abuso emocional es el más frecuente y rara vez denunciado. La conclusión lógica sería que las personas nunca han sido educadas para ser padres y entender la naturaleza de los niños y cómo deben ser tratados. Los padres no recibieron buenos ejemplos para actuar con sus hijos.

La inclinación del corazón del hombre puede ser malvada desde su juventud, como está escrito en el Génesis, pero dicha inclinación puede cambiarse para bien. Puede canalizarse por los caminos que beneficien a la sociedad. Por ejemplo, la terquedad puede volverse tenacidad cuando se lucha por alcanzar ideales a favor de la sociedad.

En los hogares de hoy, los niños crecen viendo películas, series de televisión violentas, y se divierten con juegos violentos en sus aparatos electrónicos. Están expuestos a historias de crimen y abusos sexuales. En la escuela los rodea una sociedad despiadada que amenaza su seguridad personal, en donde el más poderoso es quien sale triunfante y al final son juzgados sólo por sus calificaciones.

Lo que es más, las buenas calificaciones no son suficientes. Para ser apreciados, necesitan tener mejores calificaciones que sus compañeros. Así es como se mide el éxito. Los que nacen con talentos naturales los usan en detrimento de los demás siguiendo los ejemplos que han recibido. El débil usa su astucia y cortesía. Parece que se comportan bien, pero en realidad, no es así, sencillamente conocen sus limitaciones y dominan el arte de obtener lo que quieren de manera legal, pero sin duda maliciosa.

Los niños no crecen en el vacío. Los patrones de nuestra sociedad y sus reglas los moldean, y la responsabilidad de su comportamiento reposa en los hombros de la sociedad.

Hemos descuidado la parte más importante de la vida: aprender a ser buenas personas en una sociedad buena. Por ejemplo, no educamos a las personas para ser buenos esposos y esposas, para mantener una vida familiar sana y ciertamente las familias se están desintegrando. No enseñamos a la gente a relacionarse con los demás, y no les hablamos del hecho que formamos parte de una sociedad integral en la que todos somos interdependientes. La persona que no percibe esta dependencia mutua reaccionará egoístamente y hará lo que siente que es bueno para sí misma, incluso si es ilegal y si está consciente que le aguarda un castigo. Estas personas son peligrosas en extremo puesto que son desinhibidas y no recibieron los ejemplos adecuados.

En nuestra sociedad egoísta cualquiera puede hacer lo que desea mientras que no contravenga la ley, mientras que los daños se limiten a las fronteras que ha fijado la sociedad. Pero en una sociedad integral, opera una ley totalmente diferente. La persona debe dar, ser íntegra y estar consciente de las conexiones que tiene con todos. Sólo observando estas condiciones se puede decir que cumple con la ley.

La ley es participación general, garantía mutua, porque cada uno es garante de todos los demás. Es debido a esto que tenemos que mostrar a las personas la aplicación de estas leyes. Vemos que la Naturaleza, la ecología y todo lo que está ocurriendo en el mundo integral y global nos invita a convertirnos en asociados. El hecho de no recibir la educación apropiada para llevarlo a cabo es la fuente de todos nuestros problemas.

A través de la educación, podemos prevenir el incumplimiento de la ley por parte de las personas. Como parte de la educación integral, podemos inculcar modelos de buenas conexiones que se enseñarían en la escuela y en el jardín de niños. En lugar de sentarlos en filas de pupitres frente al maestro, los niños se sentarían en círculo para comunicarse entre ellos y aprender de los otros. Experimentaremos yendo más allá de nuestros egos para conectarnos y construir el grupo. Es lo mismo que una unidad de élite o un equipo deportivo en el que los individuos se reúnen y se compenetran para alcanzar sus metas, gracias a sus esfuerzos conjuntos y vínculos estrechos.

Necesitamos enseñar a la gente a ser ellos mismos los agentes del orden. Sabrán lo que tienen que hacer, se convertirá en un hábito, en una segunda naturaleza. Cada incidente fuera de lo común dentro de la clase deberá tratarse mediante un debate dentro de un tribunal de justicia. Durante la deliberación los niños determinarán lo correcto o lo incorrecto del acontecimiento y presentarán todos los argumentos del caso. En el proceso de escrutinio, los niños reaccionarán y se verán influidos adquiriendo impresiones. Hasta que un niño no atraviesa por este proceso, no ha recibido una educación en el sentido humano de la palabra.

"Educación" en el sentido humano de la palabra significa que el niño recibe y experimenta ejemplos de vida. Los escrutinios se realizan mediante debates, audiencias de justicia y actuaciones. Habrá un juez, un abogado, un fiscal y el jurado. Todo el proceso podrá ser grabado y más adelante los niños tendrán la oportunidad de ver el video y analizar su conducta.

Todos deben participar en las discusiones; los roles de los niños deben cambiar y recrear la escena desde diversos puntos de vista. La recreación permitirá a los niños comprobar lo opuesto que puede ser su comportamiento de una situación a otra.

Es una actividad muy enriquecedora cuando los niños "absorben" diversos roles y personajes. De esta forma, aprenden a entender a los otros cuando los puntos de vista de los otros son contrarios. Si el niño experimenta lo que significa ser defensor, fiscal, y otros roles, captará que existe otra visión completamente opuesta a la suya, que de cualquier forma es muy válida.

Como parte de la Educación Integral, los niños no permanecen en la escuela todo el tiempo. Disfrutan de salidas a bancos, hospitales, fábricas, plantas y hasta prisiones para aprender sobre el trabajo de los individuos y qué los motiva.

Estas salidas deberían analizarse a la luz del propósito de las visitas. Mediante este proceso, los niños aprenden que todo el mundo está conectado, que todos crean algo para los demás y de esta forma amplían sus horizontes.

Si empezamos a formar a los niños como seres humanos de esta forma y continuamos con esta educación a lo largo de su escolaridad, nos acercaremos más a la constitución de una sociedad equilibrada y estable, en la cual la seguridad personal de la gente será una realidad. No tendremos temor de enviar a nuestros hijos a la escuela o dejarlos salir por las tardes.

Hoy en día el problema es que ciertos elementos de la sociedad obtienen grandes ganancias con las películas violentas. ¿Pero acaso es una buena razón para permitir que envenenen la mente de nuestros hijos? Los niños son los seres más impresionables, y nosotros como padres somos los encargados de su formación. Con esta responsabilidad, no puedo permitir que mi hijo vea películas de violencia o se divierta con juegos violentos o esté expuesto a los malos ejemplos que he descrito. No quiero que estudie en una institución en donde se promueva la arrogancia y la competitividad a ultranza, que conduce a la violencia. Quiero darle buenos ejemplos. Una persona aprende de los ejemplos que observa y nosotros no les estamos dando buenos ejemplos.

Por lo tanto, para que nuestra sociedad sea sana, tenemos que esforzarnos para transformar los paradigmas educativos. Si hablamos con los maestros y educadores, los psicólogos y sociólogos, sabremos lo que es necesario hacer y cuáles son las limitaciones que debemos imponer en la sociedad.

Cuando vemos la televisión o navegamos por la red de Internet, experimentamos muchas emociones relacionadas con la violencia que moldean nuestra mentalidad. En vista de que ya estamos conscientes de los efectos negativos que tienen estas imágenes en nuestra vida diaria, y debido a que tenemos una consciencia en común con muchas personas en el mundo, podemos detener la distribución de este tipo de contenido y prohibir la distribución en los medios.

Una sociedad integral es la que contempla beneficiar a la gente, a diferencia de una sociedad democrática que sostiene que el individuo puede hacer lo que quiere mientras no perjudique a nadie y si sus acciones no provoquen anarquía. El extremo de la democracia es la anarquía y el otro es la dictadura. El individuo tiene que elegir cuál es su postura, decidir cuál es el propósito de las diversas sociedades y determinar su meta personal. La finalidad de la democracia era tener en cuenta el bienestar de la población, ¿pero cómo podríamos llevarlo a cabo si todos somos egoístas? El beneficio de la población viene en primer lugar, antes de limitar al ego.

En la mayoría de las prisiones del mundo, no sólo las condiciones son vergonzosas, degradando la dignidad de los encarcelados, sino que no existe un esfuerzo verdadero por rehabilitarlos y convertirlos en buenos ciudadanos. Es debido a esto que los castigos no cumplen con su objetivo. Los presos que cumplen su condena reinciden en su conducta. Es su modo de vida. Pero si este es el caso, ¿por qué se encarcela a los criminales? ¿Se debe encarcelar a una persona para cumplir su condena o tenemos la obligación de reeducarla para que sea un ser humano correcto? ¿Cuál es el papel de la prisión?

En tiempos remotos, en algunos países nunca se implementó el sistema carcelario. La gente sabía que era inútil. Existían las ciudades de refugio a donde huían los criminales y allí estaba prohibido matarlos. Pero si a un ciudadano se le sorprendía robando, tenía que trabajar para pagar lo robado. Cada transgresión tenía su castigo apropiado de corrección, pero no se encarcelaba. Si realmente queremos corregir nuestra situación, la corrección no depende de las condiciones materiales sino de la educación.

Es por este motivo que las prisiones deben convertirse en escuelas. Cuando los reclusos gozan de un tiempo libre deben recibir educación. Deben aprender psicología, historia y lo que es un ser humano. Como parte del temario del ser humano, deben aprender sobre el mundo global actual, que subraya las conexiones entre todos. Y ya que los prisioneros están bajo la tutela de la prisión, se les debe obligar a seguir un programa intenso de educación.

Hoy en día, las prisiones de hecho ayudan a los reclutas a convertirse en verdaderos profesionales del crimen. Los internos conocen a criminales endurecidos y aprenden de ellos a mejorar sus capacidades. Naturalmente que esto no ayuda a la corrección del individuo sino sólo le agrega más corrupción. A pesar de los esfuerzos de rehabilitación en las prisiones, es bien sabido que sólo unos cuantos internos se reforman luego de su liberación y logran reconstruir una vida normal. La mayoría reincide en sus transgresiones.

Los rasgos humanos se dividen en dos grupos principales: los interiores, que recibimos por herencia y son innatos, y los exteriores que adquirimos a través de la educación, del ambiente, los medios y la sociedad en general. Ninguno de estos elementos depende del individuo, a pesar de que constituyen su personalidad y determinan su destino. Por lo tanto el prisionero no puede emplearlos, porque el medio en el que se mueve no le provee buenos ejemplos.

La estructura de la rehabilitación por consiguiente debe cambiar drásticamente. Por ejemplo, los reclusos pueden dividirse en grupos de quince o veinte y ser conducidos por un psicólogo que trabajaría con ellos para organizarlos. Se les darían conferencias relativas a temas tales como la estructura de la sociedad humana; el ser humano mismo; las relaciones y psicología humanas; qué es el hombre según su percepción de la realidad y conducta hacia los demás; qué es el ego que siempre nos gobierna; y cómo poder contemplarnos desde afuera y juzgarnos a nosotros mismos.

Sería indispensable convertir a todo encarcelado en un buen psicólogo que se entiende a sí mismo y puede contemplar el mundo desde diferentes ángulos. Después de este entrenamiento el interno que deje la prisión puede convertirse en un consejero juvenil porque ya ha recorrido el camino negativo y fue reformado en la prisión. Al salir de la cárcel esta persona puede convertirse en un activo para la sociedad debido a su capacidad de comprender ambos modos de vida, contribuyendo como un elemento positivo y benéfico para la sociedad.

En tanto que el recluso no complete el proceso de corrección y se vuelva útil a la sociedad, es mejor que permanezca en prisión y no le cause mayor daño a la sociedad. Por ahora, se libera a los prisioneros y básicamente se aguarda hasta el momento que regresan. ¿Entonces, por qué se perdieron tantos años? ¿Por qué la sociedad invirtió tanto dinero y esfuerzo en ese interno? ¿Qué ganó la sociedad? ¿Qué se gana con el tiempo que pasó el detenido en prisión si no corrigió nada e incluso regresa a ser un criminal con mejores armas después de pasar años en la "universidad del crimen" en que se han convertido las prisiones?

Por consiguiente, las cortes que dictan sentencia a las personas para su detención deberían considerarse como obsoletas. Los castigos no deben aplicarse según la naturaleza del crimen o su gravedad, sino el tiempo que llevará convertir al criminal en un elemento útil a la sociedad. Al abandonar la prisión, el recluso aprendería una profesión y se le enviaría a un lugar en donde pueda beneficiar a la sociedad. A esto le llamaríamos "la corrección de la sociedad y la corrección del Hombre".

Por ejemplo, no hay necesidad de encarcelar a una persona que ha robado por primera vez. En lugar de esto, el infractor puede estudiar en casa o en un internado, tomar exámenes que acrediten la terminación de la capacitación. De hecho, no importa si este individuo cometió un fraude con el dinero de los clientes en el banco, o si es un carterista que roba los bolsos de la gente. El criterio se determina de conformidad con el proceso de corrección requerido. En tanto la sociedad no determina que el delincuente está corregido seguirá capacitándose. La idea es que las personas sean corregidas efectivamente y estas personas sean positivas y útiles a la sociedad.

Estados Unidos es el ejemplo perfecto del fracaso por instituir una sociedad corregida, una población equilibrada. Como país, ha perdido el sentido de tratar adecuadamente a las personas hace ya mucho tiempo. En la sociedad norteamericana actual, el individuo no puede convertirse en una persona de bien a través del trabajo duro y honrado. Los valores en el país han cambiado radicalmente y mientras que hace medio siglo la modestia era una característica valiosa, probablemente debido a la influencia dominante de la religión, en nuestros días lo que se valora es todo lo contrario a la modestia.

En el capitalismo clásico, la persona trabaja duro para ganar una vida honrada. Es motivo de orgullo ser un triunfador por su propio esfuerzo. Pero hoy, aquellos que ganan son los magos de las finanzas. Estos son los más respetados y poderosos en la sociedad. Este cambio resume la pérdida de principios que solían simbolizar a los Estados Unidos y su espíritu norteamericano.

Los ciudadanos de los Estados Unidos democráticos poseen más licencias para portar armas que cualquier ejército en el mundo, incluyendo el mismo ejército de ese país. En total existen cerca de 300,000 millones de habitantes en Estados Unidos y un número similar de armas de fuego autorizadas en el país, una por cada hombre, mujer y niño.

El número de personas encarceladas en Estados Unidos es alarmante. Cerca de uno por cada cien habitantes del país se encuentra en prisión. El número es mayor que en Irán y China, tanto relativamente como en números absolutos. Sin embargo, el crimen no decrece.

Para realizar un cambio en ese enorme país, se debería promulgar una ley para la Educación Integral en todas las instalaciones carcelarias. Los reclusos deberán ser educados tanto en grupos físicos como mencionamos anteriormente, como a través de cursos en línea, para que a su debido tiempo ellos se conviertan también en educadores.

Un prisionero que recibe capacitación para ser educador no es una persona ordinaria. Es un individuo muy especial y así es como debe ser educado. Esta sería la condición para su liberación.

El tiempo que el recluso pasa en prisión, debe mostrar que puede llegar a ser un modelo de educador. Este es el propósito y esa sería su profesión en libertad. No tiene importancia si el convicto es un economista que se robó miles de millones, un mendigo, o un asaltante de bancos. Todos saldrán de la prisión como educadores porque es parte del proceso de rehabilitación de un interno.

El prisionero tendrá que transmitir a los demás mediante buenos ejemplos lo que ha aprendido. Por ejemplo, los graduados se unirán al equipo de delincuencia juvenil de las instalaciones, en donde tendrán que demostrar durante seis meses seguidos si pueden o no educar a los delincuentes, transformarlos y corregirlos. Naturalmente, todas sus acciones serían monitoreadas y examinadas, porque se trata de su diploma, su pase para salir de la prisión.

En la cárcel, cada recluso estaría obligado a capacitarse en la Educación Integral. De hecho, no sólo en las prisiones, sino que el público en general debe tomar esta capacitación. Sin ella, sería imposible corregir cualquiera de las crisis que experimentamos en la educación, en la economía o en las familias. Estamos atravesando por una crisis psicológica y crisis de salud, con un impresionante incremento en el abuso de las drogas, depresión y desesperación. Todo aquello que está relacionado con las vidas personales y sociales de la gente está en crisis. Pero en tanto que no podamos detener los intereses egoístas que se aprovechan del conflicto social global, no saldremos adelante.

Las prisiones pueden ser grandes ejemplos del mundo entero. Si tenemos éxito en estos lugares, también triunfaremos en la sociedad en apariencia normal. Convertir a las prisiones en universidades para formar seres humanos sería una revolución en la percepción social. El criterio para jóvenes y adultos, hombres y mujeres son los mismos. Cualquiera que sea el crimen que haya cometido una persona, necesita sentir, comprender y considerarse como una parte integral e interdependiente del ambiente. Es a partir de este fundamento que el recluso continúa con su crecimiento.

El número de personas en prisión en Estados Unidos nos confirma el hecho de que la sociedad norteamericana está seriamente enferma. Ese país no puede estar orgulloso de su democracia, porque la democracia fue concebida para trabajar a favor de las personas. Pero si tienen a millones de personas encarceladas esto prueba que esta democracia no está sirviendo a la población como corresponde. De hecho, nos indica que esta población ha sido olvidada y nadie se ocupa de ella. Detrás de los discursos acerca de las oportunidades iguales, esta sociedad está mostrando una falta de respeto por la persona humana y por la educación de la siguiente generación de norteamericanos.

En Francia, por ejemplo, la cultura, la religión y la familia, son el fundamento que mantiene la unión de la población. Se sienten orgullosos de ser franceses. Es una sola nación, a diferencia de Estados Unidos.

Debido a la diversidad étnica en Estados Unidos, no hay nada que los una. La disparidad profunda, la falta de un lenguaje en común plantea grandes dificultades y requiere una revisión, una transformación de actitud, con visión de la vida y de los valores. Y como la Educación Integral trasciende todas las diversidades que crean malos entendidos, debe implementarse en Estados Unidos.

Por encima de todo, debería existir un paraguas protector que dijera: "pertenecemos a una nación, un país, una humanidad, y un mundo. Si bien mantenemos la singularidad de cada persona, debemos conectarnos por encima de ello porque la Naturaleza nos obliga". Este es el enfoque adecuado de acuerdo a la ley de la Naturaleza. La Naturaleza es la que nos fija nuestro deber de conectarnos más allá de las diferencias en el mundo integral, en la sociedad integral. Estamos conectados lo queramos o no. No tenemos elección, no hay otra forma de salvarnos de las dificultades como no sea a través de la unión.

Si empezamos a actuar de este modo en muchos lugares en el mundo, veremos cómo afecta al resto del planeta. Hoy es difícil convencer a los líderes fanáticos o autócratas, por lo que el cambio depende de una sola cosa: alguien que dé un paso adelante para servir de modelo. Sólo si ese país educa primero a la población demostrará la necesidad de la Educación Integral.

No se puede influir al mundo con valores y principios cuando provienen de alguien que resulta ser un corrupto. Por consiguiente, si Estados Unidos quiere ser un ejemplo para el mundo debe empezar por reducir el número de reclusos, debido a que su población está más educada y es más considerada, lo que reduce los índices de criminalidad. Cuando Estados Unidos sea un modelo en todas esas áreas, podrá exportar sus valores a los demás países.

No tenemos la intención de cambiar las leyes de Estados Unidos porque sería imposible. Sólo deseamos que en las prisiones sean admitidos educadores que tengan una maestría en educación social. Estos educadores, capacitados para trabajar con personas, lograrán que los internos aprendan a hacer las conexiones correctas e integrales.

Organizarán lecciones dentro de las cárceles y los internos deberán participar. Estos estudios también podrán transmitirse por televisión, Internet o presentando la información en un DVD. Los maestros darán cursos y charlas a los internos, y los psicólogos contribuirán con sus conocimientos. Debemos preparar educadores con esta ideología y obtener permiso de las administraciones carcelarias para convertir las prisiones en escuelas que eduquen a los internos.

Los logros de los reclusos deben difundirse en los medios y la sociedad verá lo que se necesita para corregirse. De esta forma, aprenderemos que no existe una gran diferencia entre los que están adentro y los que están afuera, porque en lo que respecta a las leyes del mundo, de la Naturaleza, la ecología y las relaciones humanas, todos somos delincuentes. Todos tenemos la culpa de lo que sucede en el mundo. No existen víctimas, todos somos responsables por lo bueno y lo malo.

Vivimos en un mundo que es integral y circular, sin principio ni final, por lo que no hay a nadie a quien culpar. Todos los fenómenos que suceden en la sociedad humana los provocan sus integrantes. Debemos materializar la naturaleza de una sociedad integral, uniforme y empezar a relacionarnos en forma distinta con nosotros mismos, con los otros y con la Naturaleza que nos creó.

Epílogo

Un nuevo motor para la vida

Durante milenios, la humanidad se ha preguntado, ¿Dónde vamos? ¿Dónde nos lleva la evolución? ¿Qué podemos cambiar para mejorar nuestra existencia? ¿Qué camino seguirá nuestra naturaleza humana? Hemos descubierto modos de desarrollo, pero siempre somos conducidos en la misma dirección.

Luego de muchos miles de años de desarrollo nos encontramos dentro de una interesante situación: la fuerza egoísta que originó nuestro desarrollo está declinando. La misma fuerza que nos impulsó a mejorar nuestro modo de vida, a aprender, a entender y aspirar a la felicidad, fortuna y fama. Pero debido a la disminución del empuje del ego, una sensación de fatiga y hastío se ha apoderado de nosotros al grado de que se ha extendido la depresión y desesperación.

Vivimos el "aquí y ahora" y no buscamos un mayor desarrollo o invertir en el futuro. De hecho, estamos cambiando, pero vamos en el sentido contrario al proceso que siempre nos había impulsado.

Estamos experimentando una crisis integral que afecta todos los aspectos de nuestras vidas. Esta crisis no es particular a un solo país o cultura. Es una crisis global que influye en todos los contextos de nuestra existencia.

Parece que hemos agotado nuestra capacidad y energía, que tenemos en demasía. Viajamos al espacio exterior y exploramos las profundidades de los océanos, pero al mismo tiempo, estamos agotando los recursos de la Tierra. Podríamos destruir toda la vida sobre el planeta apretando un botón, y sin embargo estamos a merced de la Madre Naturaleza, aunque lo peor de todo es que hemos perdido nuestra dirección. No es que la dirección en la que estábamos fuera buena, pero al menos nos desarrollaba. Ahora, ni siquiera eso existe. Estamos empezando a preguntarnos, ¿qué nos está sucediendo? y ¿cuál es el propósito de la vida?

Estas preguntas que se plantean en la actualidad nos atañen a todos, no sólo a los filósofos y pensadores. Hemos llegado a un alto en el que no continuamos desarrollándonos, pero no podemos permanecer paralizados, porque perderíamos todo lo que hemos ganado hasta ahora. La industria que hemos venido desarrollando durante siglos afloja el paso, la ciencia ha llegado a un punto muerto y la cultura y la vida social han tocado fondo, como lo vemos en la programación de las televisoras, que dirige y refleja nuestros valores actuales. Técnicamente, podemos hacerlo todo, pero el contenido que llena nuestra vida es cada vez más bajo, malo, superficial y en total disonancia con nuestras capacidades tecnológicas.

Nunca antes la vida familiar había sido tan desastrosa. Las personas se sienten solas, como ciegos, buscando su camino siguiendo las paredes dentro de una habitación vacía. No se relacionan con otras personas, o intentan conocerlas, no tienen la habilidad de conectarse a los demás de modo adecuado, placentero y aconsejable. Las parejas dejan para después el matrimonio, y la edad para tener hijos está aumentando. No tenemos certeza en el futuro, porque nuestra naturaleza, el ego -este mal generalizado que nos controla- ya no nos dirige hacia ninguna dirección en particular.

Estamos experimentando una crisis profunda y gran desesperanza.

La depresión es la enfermedad más común a nivel mundial y la primera causa de muchos otros padecimientos. La incertidumbre es nuestra constante en el presente y tenemos temor del futuro por los desastres naturales o los que causa el egoísmo humano, ya que estamos totalmente fuera de control. Lo sabemos y lo entendemos; y muchos científicos han reconocido las tendencias. Incluso el público en general lo observa también. No obstante, fuera del diagnóstico de los síntomas, no hay gran cosa que podamos hacer. Estamos indefensos cuando se trata de resolver esta crisis masiva.

Podemos pensar que esta crisis es como una enfermedad que afecta a toda la humanidad. Sus síntomas son la disfunción en diversas áreas, como un cuerpo parcialmente funcional debido a un desequilibrio en sus sistemas. De la misma manera, la sociedad humana no trabaja adecuadamente; se encuentra en desarmonía y sus sistemas están desequilibrados. Sin embargo, todo lo que podemos hacer es reconocer que estamos gobernados por el egoísmo humano, la mala voluntad, la envidia, el odio, la codicia y la búsqueda del poder y el respeto. Somos como un ser a punto de auto-destruirse, y junto con él a toda la civilización, bajo una imposibilidad de detenerse. Es como si conociera de antemano el resultado de su conducta, pero sintiera propensión al suicidio.

Debido a la crisis económica, el desempleo está en alza. Hemos erigido industrias que manufacturan productos que suplen necesidades realmente inexistentes, provocando el consumo redundante de tales artículos. Peor aún, para incrementar sus ganancias, los industriales fabrican aparatos que dejan de funcionar antes de lo debido, sólo para forzarnos a comprar uno nuevo. La sociedad ya no puede seguir este ritmo de producción, y cuando la sociedad reduce su consumo, los fabricantes se colapsan junto con el sistema financiero, los bancos, las compañías de seguros y las firmas de inversionistas. Los expertos afirman que en el futuro previsible, sólo el 10% de la población mundial necesitará trabajar para proveer nuestras necesidades, mientras que el resto de las personas estará de sobra. Cientos de millones se quedarán fuera del mercado del empleo para siempre.

Los millones de rechazados en la bolsa de trabajo necesitan ocuparse en alguna función social. Ellos necesitarán promover un cambio social, una transformación en el comportamiento humano y lograr que la humanidad regrese al equilibrio con la Naturaleza. Es necesario comprometernos a la construcción de un nuevo ser humano adecuado para una nueva era a la que estamos llegando. Si el único problema que percibimos en la situación actual es nuestro ego, podemos asumir que al darse el cambio, nos elevaremos a un grado superior al del ego. Así es como la humanidad ha evolucionado. Luego de una crisis, surge una nueva situación que parece mejor, justa, avanzada y nos ofrece una nueva vida. Después, una vez que nos hemos instalado en esta nueva estructura, descubrimos que no todo era como habíamos esperado.

Al evolucionar, nuestro desarrollo siempre nos trae estados negativos y de sufrimiento. Cuando las sensaciones negativas y los discernimientos llegan a un punto crítico, que no podemos tolerar más, hacemos una revolución o una guerra. Alternativamente, creamos un cambio a través de nuestro intelecto mediante nuevas percepciones y nivel de consciencia. Cuando esto sucede, se suscitan nuevos valores y filosofías, permitiéndonos avanzar a una nueva etapa.

Parece que ahora nos enfrentamos a una situación igual. Ya hemos agotado la dirección anterior, observamos y entendemos que la causa de nuestra complejo escenario es el ego y no podemos dejar que continúe arruinando nuestras vidas. Por consiguiente nuestra naturaleza exige un cambio.

Esta es la particularidad de nuestro estado. Nunca antes habíamos cambiado la naturaleza humana, sólo pasábamos al siguiente nivel de desarrollo como el cambio de velocidades de un automóvil. Estamos ahora en la última velocidad, hemos pisado el acelerador a fondo y el motor está perdiendo su poder. Ahora debemos cambiar de combustible o cambiar el motor. Tenemos que cambiar el camino, los valores y las metas. El viejo motor no funcionará en la nueva era hacia la cual nos conducimos, por lo que necesitaremos uno nuevo. Es decir, necesitamos transformar la naturaleza humana, el motor egoísta que nos empujó al desarrollo, al descubrimiento y a la percepción. El resultado final es que tenemos que cambiar nuestra naturaleza.

Existen dos fuerzas en la Naturaleza, como ya ha sido expuesto: la fuerza de recepción, nuestro ego, y la fuerza de otorgamiento, el dar. Estas dos fuerzas son las creadoras de la vida. La combinación, el equilibrio y la armonía entre ellas hará que nuestras vidas sean mejores, pacíficas y avancen. Hemos llegado a un estado en que la fuerza de recepción, el ego, ha dejado de funcionar; por esto sentimos el hastío y la desesperanza, percibida en cada esfera de nuestra vida. Los científicos y los investigadores empiezan a percibir una solución. Es preciso cambiar nuestro combustible y adaptar el motor para trabajar con la fuerza de otorgamiento, para que esté a la cabeza, arrastrándonos hacia adelante, con la fuerza de recepción como subsidiaria.

La sociedad humana ha evolucionado. Hemos desarrollado la educación, la cultura, la industria, y particularmente el comercio. De este modo, hemos empleado el otorgamiento como un medio para recibir más. Ahora estamos cambiando a un nuevo *modus operandi*, en donde la fuerza de otorgamiento es el elemento prominente, y la fuerza de recepción es tan sólo un medio para alcanzar la meta. Esto es, estamos pasando a un nuevo modo de funcionamiento, nuevas conexiones, nuevas relaciones; estamos cambiando la fuerza que dirige.

Necesitamos construir este nuevo motor para que opere en concordancia con la fuerza de otorgamiento. Y como el motor es la sociedad humana, tendremos que tratar con el cambio de cada persona y por ende el de la sociedad en general. No es necesario sustituir la industria o la ciencia, sino las relaciones entre nosotros; entonces todo estará bien.

Para transformarnos, primero necesitamos un nuevo sistema para educar a la gente. La nueva educación considerará a las personas como individuos y como un grupo global que llamamos "humanidad". Las preguntas que debemos plantearnos respecto a la nueva educación son: "¿Quiénes somos? ¿Qué somos? ¿Cómo hemos evolucionado a través de los milenios a nuestro estado actual y cómo debemos evolucionar en adelante? ¿A qué tipo de cambio nos tendremos que someter y por qué medios? ¿Qué tan gradualmente se deberá promover el cambio en cada uno de nosotros como personas, y en la colectividad a nivel social, nacional e internacional?". Este cambio afectará a toda la civilización humana.

Además del aprendizaje, que se apoyará en estudios científicos, biológicos y sociológicos, necesitamos desarrollar la parte educativa: cómo cambiar y por qué medios. En otras palabras, ¿cómo lograr que la fuerza de otorgamiento nos controle y nos haga avanzar en lugar de que lo haga la fuerza de recepción? ¿Cómo materializamos estos cambios en las personas y en la sociedad? ¿Cómo y en qué orden, se deben hacer los cambios en los niños, los adultos, hombres, mujeres y en toda sociedad conforme a su mentalidad, religión y tradiciones? Hoy en día, tenemos millones de personas que son despedidos de talleres clandestinos, que manufacturan redundantes productos sin valor. Estas personas pasarán a tener un nuevo empleo: cambiar la sociedad humana.

Dividiremos el trabajo razonablemente entre todos, para que podamos vivir con dignidad, como lo hacen las sociedades animales en la Naturaleza. Entre las hormigas o las abejas, por ejemplo, algunas son obreras, algunas reproductoras, algunas producen alimentos. Cuando se dividan los empleos entre nosotros, de la misma forma, sólo trabajaremos algunas horas por día, tal vez no diariamente. Pasaremos el resto del tiempo procurando el bien de la sociedad para que se mantenga sana y estable. En este sentido, todos recibirán lo necesario para una vida digna. Pero la ocupación principal será la transformación personal de cada uno de nosotros y para todos en conjunto como sociedad.

De esta manera, crearemos una nueva educación y una nueva sociedad. Los medios cubrirán ampliamente este contenido y las industria cinematográfica, la música, televisión, literatura, periódicos, promoverán historias que divulguen la transformación de la sociedad y el hombre. Hoy en día, nuestro deber es cambiar a la humanidad. Es debido a esto que Publicaciones **ARI** ha iniciado la impresión de una serie de libros, la producción de material audiovisual de contenido como video clips y películas para niños y adultos. Nuestra meta es acercarnos a los cambios por lo que tendremos que pasar.

Acerca del Autor

El Dr. Michael Laitman es Profesor de Ontología y Teoría del Conocimiento, Doctor en Filosofía, con una Maestría de Grado en Ciencias de la Cibernética Médica. Es fundador del Instituto ARI, con subsidiarias repartidas en Norteamérica, Centro y Sudamérica, Asia, África y Europa del Este y del Oeste.

El Dr. Laitman se dedica a promover cambios positivos en las políticas y prácticas educativas a través de ideas y soluciones innovadoras de los problemas educativos más acuciantes de nuestra época. Él ha introducido una nueva perspectiva en la educación, implementando reglas para un mundo interdependiente e integrado.

Michael Laitman

Una guía de vida en un mundo globalizado

El Dr. Laitman nos ofrece una guía específica para vivir en la nueva aldea global, nuestro interesante mundo tecnológicamente interconectado. Su perspectiva fresca alcanza todas las áreas de nuestra vida humana: social, económica, ambiental, con un particular énfasis en la educación. Nos detalla un nuevo sistema educativo global, basado en valores universales para crear una sociedad solidaria en una realidad emergente, estrechamente interconectada.

Durante sus reuniones con la señora Irina Bokova, Directora General de UNESCO y con la doctora Asha Rosa Migiro, Secretaria General Adjunta de Naciones Unidas, discutió los problemas mundiales educativos actuales y su visión para solucionarlos. Este tema global y crucial se encuentra en medio de una transformación mayor. El Dr. Laitman resalta la urgencia de emplear positivamente las nuevas herramientas de comunicación disponibles, considerando las aspiraciones únicas de la juventud de hoy y prepararlos para la vida dentro de un mundo global altamente dinámico.

En años recientes, el Dr. Laitman ha trabajado de cerca con numerosas instituciones internacionales y ha participado en diversos eventos internacionales en Tokio (con la Fundación Goi para la Paz); en Arosa, Suiza; en Düsseldorf, Alemania; así como con el Foro Internacional de las Culturas en Monterrey, México. Estos eventos fueron organizados con el respaldo de la UNESCO. En estos foros globales, contribuyó a las discusiones vitales referentes a las crisis mundiales y ha subrayado los pasos que se requieren para crear un cambio positivo mediante el establecimiento de una consciencia global.

El Dr. Laitman ha tenido espacio en las siguientes publicaciones, entre otras: *Corriere della Sera, Chicago Tribune, Miami Herald, Jerusalem Post, The Globe,* y en *RAI TV* y *Bloomberg TV.*

El Dr. Laitman ha dedicado su vida a explorar la naturaleza humana y la sociedad, buscando respuestas al significado de nuestra vida en el mundo moderno. La combinación de sus antecedentes académicos y un conocimiento muy extenso lo sitúan como uno de los pensadores y conferencistas más solicitados en el mundo. El Dr. Laitman ha escrito más de cuarenta libros que han sido traducidos a dieciocho idiomas, todos con el propósito de ayudar a los individuos a lograr la armonía en ellos mismos y con el ambiente que los rodea.

La propuesta científica del Dr. Laitman permite a las personas provenientes de todo medio, nacionalidad y creencias pasar por encima de sus preferencias y unirse al mensaje global de la responsabilidad mutua y la colaboración.

Otros títulos

La Psicología de la Sociedad Integral

La Psicología de la Sociedad Integral nos ofrece una perspectiva educativa revolucionaria. En un mundo interconectado e interdependiente, enseñar a los niños a competir con sus compañeros es tan complicado como enseñar a la mano izquierda a engañar a su compañera, la mano derecha. En una sociedad integral todos sus integrantes contribuyen al bienestar y buen desenvolvimiento de ésta. La sociedad a su vez es responsable y cuida del bienestar y el éxito de todos sus elementos, lo que produce una co-dependencia. En un mundo globalizado e integrado, esta es la forma de vida razonable y sostenible.

En este libro, el diálogo entre los profesores Michael Laitman y Anatoly Ulianov nos muestra los principios de una reveladora propuesta educativa. Ausencia de competencia, formación a través del ambiente social, igualdad entre compañeros, recompensa a los altruistas, estructura dinámica del grupo y los instructores, son algunos de los nuevos conceptos que se proponen en este libro que deben tener todos quienes quieren ser mejores padres, maestros y personas en la sociedad integral del Siglo 21.

"El tema que trata *La Psicología de la Sociedad Integral* debería hacer pensar a la gente acerca de otras posibilidades. Cuando se intenta resolver un problema complejo, se deben explorar todas las perspectivas. Pasamos mucho tiempo compitiendo y tratando de soslayar que el concepto de trabajar sencillamente en colaboración tiene en sí mismo, tintes innovadores." --Peter Croatto, *ForeWord Magazine*

Los Beneficios de Una Nueva Economía; resolviendo la crisis económica global a través de la garantía mutua

¿Se han preguntado por qué, a pesar del esfuerzo de los grandes economistas en el mundo la crisis económica se niega a desaparecer? La respuesta a esta pregunta se encuentra dentro de nosotros, de todos nosotros. La economía es un reflejo de nuestras relaciones. A través del desarrollo natural, el mundo se ha convertido en una aldea global integrada, dentro de la que todos somos interdependientes.

La interdependencia y la "globalización" significan que lo que sucede en una parte del mundo afecta a la otra. Como resultado, una solución a la crisis global debe incluir a todo el mundo, pues si una sola parte es sanada, las otras partes enfermas, la contagiarán nuevamente.

Los Beneficios de Una Nueva Economía, fue escrito pensando en nuestro futuro común. Su propósito es ayudarnos a desenmarañar el enredo económico de hoy, sus causas, cómo puede solucionarse y el resultado anticipado. El camino hacia una nueva economía no radica en recaudar nuevos impuestos, imprimir dinero y cualquier otro remedio del pasado. Más bien, la solución se encuentra dentro de la sociedad misma en la cual todos apoyen a los otros con garantía mutua. Esto crea un ambiente social de cuidado y consideración y el entendimiento de que nos elevaremos o caeremos juntos, porque todos somos interdependientes.

Este libro contiene trece ensayos independientes escritos en 2011 por diversos economistas y financieros en diferentes disciplinas. Cada ensayo trata un tema específico y puede leerse como una unidad aislada. Sin embargo, un tema los conecta a todos: la ausencia de garantía mutua es la causa de nuestros problemas en el mundo global e integral. Pueden leer estos ensayos en el orden de su preferencia. Nosotros, los autores, pensamos que si leen al menos algunos de ellos, obtendrán una perspectiva exhaustiva de la transformación que se necesita para resolver la crisis global y crear una economía prospera y sostenible.

Una Guía Para el Nuevo Mundo: por qué la garantía mutua es la clave para recuperarnos de la crisis global

¿Por qué el 1% de la población mundial posee el 40% de la riqueza? ¿Por qué los sistemas educativos a través del mundo están creando niños insatisfechos, con un nivel educativo muy bajo? ¿Por qué existe el hambre? ¿Por qué aumenta el precio de los alimentos cuando hay más que suficiente para todos? ¿Por qué existen países en donde la dignidad humana y la justicia social son inexistentes? ¿Y cuándo se corregirán todas estas injusticias?

Durante el año 2011 estas preguntas conmovieron los corazones de millones de personas alrededor del mundo. La demanda de justicia social se ha convertido en una reivindicación a la que todos se pueden unir. Todos soñamos con una sociedad que ofrezca seguridad, que podamos confiar en nuestros vecinos y garantizar el futuro de nuestros hijos. En una sociedad así, todos se preocuparían por todos y florecería la garantía mutua, siendo todos garantes del bienestar de los demás.

A pesar de todos los retos, creemos que el cambio es posible y que podemos descubrir el medio de llevarlo a cabo. Por lo tanto, el libro que tiene en sus manos es positivo y optimista. Tenemos la oportunidad única de alcanzar la transformación global en forma apacible y *Una Guía Para el Nuevo Mundo: por qué la garantía mutua es la clave para la recuperación de la crisis global,* intenta ayudarnos a pavimentar el camino hacia la meta.

El libro se divide en dos partes y algunos capítulos suplementarios. La primera parte define el concepto de la garantía mutua. La segunda parte nos ofrece las pautas para construir una nueva sociedad dentro de la garantía mutua y resume los principios presentados en la primera parte. Los capítulos suplementarios son publicaciones anteriores del Instituto **ARI** sobre ideología social, educativa y económica.

Michael Laitman